Genèse culturelle de l'Europe

v^e^-viiie siècle

Ouvrages de
Michel Banniard

Le Haut Moyen Age occidental
Paris, PUF, coll. « Que sais-je ? », 1986

Viva voce
communication écrite et communication orale
du IVe au IXe siècle en Occident latin
Paris, Études augustiniennes, à paraître en 1990

Michel Banniard

Genèse culturelle de l'Europe

Ve-VIIIe siècle

PRÉFACE DE
PIERRE BONNASSIE

Éditions du Seuil

EN COUVERTURE :

Constitutiones civiles
tempore longobardorum.
Vercelli, Bibliothèque capitulaire.
Manuscrit du VIIIe s. Fol. 18 v°.

ISBN-2-02-010972-7

Préface

Lorsque lui en vient l'humeur, Michel Banniard sait à merveille faire de l'histoire littéraire à l'ancienne manière. Son chapitre 5 (« Médiateurs littéraires ») est à cet égard exemplaire : en une cinquantaine de pages d'une clarté et d'une densité rares, il nous présente « la vie et l'œuvre » des neuf plus grands écrivains de l'époque qu'il étudie : trois auteurs de l'Antiquité finissante (saint Augustin, Boèce, Cassiodore), trois témoins des temps de transition (Grégoire de Tours, Grégoire le Grand, Isidore de Séville), enfin un précurseur (Bède) et deux acteurs (Alcuin, Paul Diacre) de la renaissance carolingienne. L'étudiant pressé trouvera là matière à acquérir, sans efforts démesurés, des connaissances propres à satisfaire l'examinateur le plus exigeant.

Mais le propos de Michel Banniard est autre. Il n'est pas d'autopsier une culture morte, pas plus que d'embaumer ses représentants les plus illustres ; il est de retrouver une parole vivante. Viva voce *: ainsi avait-il déjà intitulé sa thèse de doctorat consacrée à l'analyse des relations entre communication orale et communication écrite dans l'Occident latin du* IVe *au* IXe. *Ici il s'agit pour lui d'étudier, en prenant la même période pour champ d'investigation, comment évolue le rapport de connivence qu'entretient une société avec sa langue. Rapport qui peut être étroit, passionné (et qui est alors culturellement fécond), mais qui peut aussi se distendre jusqu'à déboucher sur un divorce. Qu'est-ce qui alors a changé ? La société ? La langue ? Ou les deux ? Et quand a eu lieu la rupture ? Et comment ? Enfin, la désunion n'indique-t-elle pas que s'annonce déjà une nouvelle alliance autrement dit que s'ébauche une nouvelle culture ? C'est tout le problème, posé ici dans sa* *dimension littéraire et linguistique, du passage de l'Antiquité au Moyen Age.*

Au départ, l'union est sans nuages. Au Ve *siècle, de l'Atlantique à l'Adriatique et des berges du Rhin au rivage des Syrtes, le latin est partout compris et parlé. Certes, il n'est pas toujours prononcé de la même manière, mais l'heure n'est pas encore à la régionalisation dialectale. D'ailleurs, les écoles veillent à faire respecter le bon usage de la langue : elles continuent à enseigner, dans leurs raffinements les plus extrêmes, la grammaire, la rhétorique et la déclamation. Non seulement aucune baisse de niveau ne se décèle, mais l'*ars dicendi *gagne de nouveaux auditoires avec le développement de la prédication chrétienne. Quant à l'écrit, il règne sans partage dans tous les domaines de la vie publique et privée, et sa diffusion s'améliore encore grâce à des innovations techniques (emploi croissant du parchemin, passage du* volumen *au* codex, *accélération de l'écriture). Le* Tardoantico *n'est en aucune manière une « basse » Antiquité : l'immense culture d'un saint Augustin témoigne à elle seule de la vitalité intellectuelle de l'époque.*

Puis viennent les orages. Certes, personne aujourd'hui ne voit plus dans les « grandes invasions » un phénomène cataclysmique. Il n'empêche que l'Occident a été secoué et que l'installation des nouveaux arrivants, accentuant les effets d'une évolution propre à l'Empire romain finissant, n'a pas été sans conséquences alarmantes : recul de la civilisation urbaine, développement de l'insécurité, apparition de pratiques juridiques souvent sommaires, recours grandissants à des procédures orales, résurgence dans les campagnes d'un vieux fond culturel païen... Partout de nouvelles ethnies, peu nombreuses mais de mœurs et de parlers inouïs, se sont implantées ; partout de nouveaux usages, parfois très rudes, se font jour, bousculant des habitudes séculaires. L'heure impose de préserver tout ce qui peut l'être, mais aussi d'inventer des solutions originales à des problèmes inédits.

Préserver. L'un des apports les plus marquants du livre de Michel Banniard est de nous montrer comment se sont constituées des « réserves culturelles ». La plus riche, la plus brillante est Ravenne, tant sous les rois ostrogoths que sous les exarques byzantins ; s'y adjoint Rome revivifiée par l'action et la parole de Grégoire le Grand. A cette Italie qui a subi bien des désastres mais qui s'est intellectuellement et moralement réarmée, l'Espagne prête son renfort : Isidore de Séville, pour ne citer que lui, y accomplit un gigantesque travail de compilation des savoirs profanes et sacrés, fournissant ainsi au Moyen Age un accès aisé aux héritages antiques. Mais en bien d'autres lieux se manifestent d'efficaces sauvegardes : dans l'entourage des évêques — administrateurs autant que pasteurs — qui continuent à fonder leur gestion sur la rédaction de chartes ; dans les monastères surtout. Mouvement souvent asocial à ses origines (et qui le reste longtemps sous la forme de l'érémitisme), le monachisme s'institutionnalise, et les règles que se donnent les cénobites font la part belle à la lecture et à l'écriture. Le latin donc résiste. Mieux, il gagne du terrain : moines irlandais et évêques anglo-saxons en développent la pratique dans les îles Britanniques. En ces terres où il ne subit pas la contamination du langage parlé, le latin écrit se maintient à un haut degré de pureté. Bangor, Iona, Lindisfarne, Jarrow, York, Cantorbéry deviennent des hauts lieux de la latinité. Comme bientôt, en Germanie, Fulda, fondée par l'Anglo-Saxon Winfrid, à savoir saint Boniface.

Inventer. D'immenses problèmes se posent, de fond et de forme. Le premier, qui ne cessera de hanter le Moyen Age, est celui de l'intégration d'un héritage païen dans une culture chrétienne. D'abord, la tentation est grande d'effectuer un tri drastique, en jetant par-dessus bord des pans entiers de la construction gréco-romaine (toute la littérature mythologique en premier lieu). Puis se fait jour une attitude plus réfléchie : celle qui va consister, selon l'heureuse expression de Michel Banniard, à opérer un « déminage » des œuvres antiques. Saint Augustin, puis Cassiodore formulent le programme et énoncent les méthodes de cette longue tâche qui à terme permettra de marier l'étude des lettres profanes et celle des lettres sacrées, en faisant de la première la propédeutique obligée de la seconde. On se place ainsi sur le chemin des grandes synthèses, qui d'Isidore, par Raban Maur, conduira à saint Thomas d'Aquin.

Mais l'heure n'est pas seulement aux définitions de principes. Si la réflexion doctrinale, qu'avive la double nécessité de rester vigilant face à un paganisme encore vivace et de combattre les déviances religieuses (l'arianisme en particulier), absorbe une grande part de l'activité des intellectuels de l'époque, des urgences plus grandes encore s'imposent à eux. Elles sont d'ordre pédagogique. Comment se faire entendre d'un peuple chrétien — à vrai dire souvent mal christianisé — dont la diversité ethnique, sociale, linguistique ne cesse de croître? Il y a le public traditionnel, celui des notables de la ville et de leurs clientèles : trop souvent les évêques, eux-mêmes issus pour la plupart de la vieille classe sénatoriale, se bornent à s'adresser à lui. C'est si facile : ces gens-là ont fait leurs classes et apprécient le beau langage, le « style sublime », le sermo grandis. *Mais il y a aussi les esclaves, encore si nombreux : on peut bien sûr se contenter de les menacer du fouet pour leur inculquer la crainte de Dieu ; mieux vaut pourtant — c'est ce que préconise Isidore — leur expliquer avec douceur que leurs souffrances contribuent à racheter le péché originel et que l'institution de la servitude relève d'un plan divin de salut de l'humanité par la pénitence. Enfin surtout, du Nord au Sud de l'Europe, les masses paysannes illettrées attendent qu'on leur parle un autre langage que celui de Cicéron. Révision déchirante : il faut se décider à oublier cette rhétorique qu'on a apprise au prix de tant d'efforts et qui distingue du commun l'homme de qualité ; il faut créer de toutes pièces un nouvel art oratoire adapté à la prédication, qui ne retienne de l'ancienne langue que les éléments — lexicaux, syntaxiques — qui sont encore compris. On invente donc le* sermo humilis, *le discours humble, le plus proche possible du latin parlé tardif. Est-ce suffisant ? Oui, pendant un temps. Oui, dans les régions, très romanisées, où la langue ne s'est pas encore trop éloignée des normes « classiques ». Mais plus tard et ailleurs ? Il faut aller plus loin encore, brûler ses vaisseaux et opter, sans esprit de retour, pour un latin franchement évolutif, c'est-à-dire « incorrect ». On va alors employer — y compris dans l'écriture lorsque c'est nécessaire — la langue des incultes, le* sermo rusticus. *Michel Banniard fait ainsi apparaître l'absurdité des jugements qui consistent à juger décadent un latin qui au contraire s'efforce de rester vivant. Barbarismes et solécismes qui déparent, dit-on, les textes ne résultent — au moins dans de nombreux cas — que de l'adoption volontaire de formes linguistiques devenues d'usage courant.*

Ainsi se prépare le temps des métamorphoses, celui où de la chrysalide latine se dégagent les langues romanes. Michel Banniard a su remarquablement percevoir leurs premiers balbutiements et il montre que leur naissance résulte non d'une quelconque fatalité, mais d'une accumulation d'inventions verbales réalisées par les communautés de locuteurs. Dans les campagnes du VIIIe *ou du* IXe *siècle, à des dates diverses selon les lieux, une nouvelle parole commence à se faire entendre que nous pouvons déjà appeler française ou occitane ou espagnole... Mais il faudra encore bien du temps et beaucoup d'imagination pour donner forme écrite à ces langages neufs.*

En 1970, dans un livre pionnier[1], Philippe Wolff avait montré ce que l'histoire — et spécialement celle des IVe-IXe *siècles — pouvait attendre des recherches linguistiques. « Un état de langue, écrivait-il, reflète un état de pensée qui est primordial... C'est ce qui pour l'historien donne toute sa signification à l'histoire linguistique : elle lui permet d'atteindre profondément l'évolution de l'esprit humain. » Aujourd'hui, Michel Banniard nous donne, d'un même mouvement, une histoire de la langue et une histoire de la pensée : synthèse exemplaire et d'autant plus importante qu'elle concerne — et en ce sens le titre du livre est pleinement justifié — une période décisive dans la genèse de la culture européenne.*

Pierre Bonnassie

1. *Les Origines linguistiques de l'Europe occidentale*, Paris, Hachette, 1970 (rééd. : Toulouse, Presses universitaires du Mirail, 1982).

Centres de culture laïque et ecclésiastique vers 533

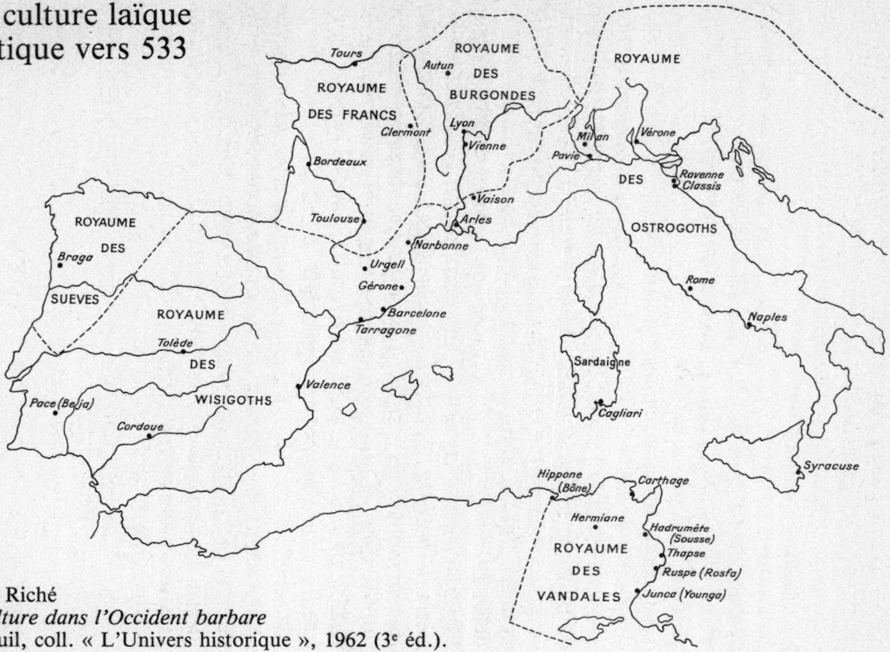

Extrait de Pierre Riché
Éducation et Culture dans l'Occident barbare
Paris, Éd. du Seuil, coll. « L'Univers historique », 1962 (3e éd.).

Avant-propos

*Genèse culturelle de l'Europe (*Ve-VIIIe *siècle).*

Le titre et le sujet de ce livre surprendront peut-être le lecteur. Il s'agit d'une période dont la division traditionnelle des disciplines historiques a séparé les siècles en deux secteurs distincts (Antiquité d'un côté, Moyen Age de l'autre). Il y est traité en outre d'un espace dont les limites ne sont pas fixées de manière intangible, puisque entre l'Empire romain, tel qu'il existait encore au début du Ve siècle et l'Europe, telle qu'elle se définit dès le VIIIe siècle, et surtout telle que nous la pensons aujourd'hui, s'ouvrent des étendues dont les coordonnées ont sensiblement changé au cours du temps. Enfin, le point de vue adopté suppose qu'il existe entre le début et la fin de la période considérée une évolution importante au terme de laquelle s'est mise en place une partie significative des caractères par lesquels peut se définir une culture européenne médiévale.

Le sujet nous a paru cependant à la fois légitime et intéressant. Car, précisément, le cloisonnement entre les études qui concernent l'histoire antique et l'histoire médiévale prive parfois le chercheur, l'érudit et le curieux, d'une continuité précieuse dès lors qu'il apparaît opportun de comparer les stades successifs de la civilisation étudiée. Surmonter la division chronologique a pour corollaire de dépasser la fragmentation géographique que provoque l'effondrement de l'Empire, ainsi que les oscillations frontalières qui s'ensuivent. Est-il d'ailleurs abusif de se donner comme cadre historique un espace qui ne se définit par aucune frontière politique, linguistique ou ethnique ? L'exemple du XXe siècle où l'Europe cherche à se penser comme un ensemble sinon uni, du moins homologiquement identique, conduit à chercher ses racines. Or les plus profondes et les plus distinctes de celles-ci ne sauraient être que culturelles.

Le présent ouvrage s'efforce donc de présenter de la manière la plus systématique possible quels chemins, quelles composantes, quelle chronologie caractérisent la genèse au terme de laquelle la culture antique est devenue médiévale. Dans le passage de l'Occident romain à l'Europe chrétienne, les Ve, VIe, VIIe et VIIIe siècles ont été décisifs. C'est pourquoi, en dépit des difficultés dues à l'ampleur du sujet et à la dispersion bibliographique qui en résulte, l'auteur s'est efforcé d'offrir une véritable synthèse. Elle est certes incomplète. Un commerce déjà ancien avec ce haut Moyen Age ; la pratique régulière d'enseignements spécifiquement orientés vers cette problématique à Limoges et à Paris ; la participation à de nombreux séminaires à Paris et à Toulouse ; la poursuite de travaux consacrés à l'émergence des langues et cultures romanes : tout cela a poussé l'auteur à prendre le risque d'une publication dont la hardiesse et les imperfections seront peut-être en partie excusées par l'esprit de curiosité qui l'a animé.

1

Temps barbares ou transitions historiques ?

1. Introduction : une époque frontalière

Préjugés sur l'Antiquité tardive et le haut Moyen Age.

Les chercheurs en histoire médiévale sont-ils mieux placés que les spécialistes de l'histoire littéraire médiévale pour aborder sans préjugés défavorables une période de l'Europe qui est à la fois bien plus documentée qu'on ne le croirait et bien moins connue qu'elle ne le devrait ? Ce n'est pas sûr, tant les brûlots intellectuels qu'ont été en leur temps les *Considérations* de Montesquieu et les *Études* de Gibbon ont, à travers la prise du pouvoir réussie par les intellectuels révolutionnaires du siècle des Lumières, laissé des traces profondes dans notre enseignement. Loin d'avoir été effacée, cette empreinte a été plus durement marquée encore par les historiens « scientifiques » du siècle suivant, voire par bien des grands noms du nôtre. Un exposé sur l'histoire culturelle de l'Europe de 476 à 774 ne saurait se faire sans qu'on prenne clairement position sur ces perspectives. Car, aux habituels caractères prêtés à cette période : décadence, âges obscurs, anarchie..., il convient de préférer les concepts de temps de transition et de re-création, prélude aux naissances médiévales des IXe et Xe siècles.

Champ chronologique.

476 et 774 sont deux dates symboliques par lesquelles la genèse intellectuelle de l'Europe prend ses références chronologiques dans l'histoire de l'Italie. En 476, l'Empire romain, réduit en Occident à peu près au seul espace d'où a commencé sa propre expansion plus de six siècles auparavant, perd son dernier empereur, Romulus Augustule. Sa déposition ne met cependant que provisoirement fin à l'Empire en Occident, puisque la restauration partie de Constantinople ranime, pour une courte période au VIe siècle, une image de l'*orbis romanus* du siècle précédent. En 774, le roi des Francs descend en Italie, à l'appel du pape Léon III, pour réfréner les ardeurs expansives du royaume lombard et entreprend, en fait, la conquête du Nord de la Péninsule. Du Ve au VIIIe siècle, l'Italie a donc été successivement ostrogothique, byzantine, lombarde, puis franque. Nous la prenons en 476 au moment où l'Empire s'efface pour la retrouver au moment où il va être restauré. Mais la géographie de cet Empire aura été profondément modifiée : l'Afrique et l'Espagne en ont disparu. Au contraire, à la Gaule se sont ajoutés les espaces germaniques, convoités autrefois par Auguste, jamais conquis, et maintenant entrés, de force et de gré, dans l'Occident chrétien.

Tectonique culturelle.

Ce décalage vers le Nord et vers l'Est de la plateforme antique se reflète d'une manière frappante dans l'histoire culturelle et dans l'histoire linguistique. Les centres de conservation et de transmission du savoir se déplacent en effet vers un arc géographique qui coiffe les anciennes limites de l'Empire, depuis la Manche jusqu'aux rives de la Weser, en passant par la mer du Nord. Certes, la Méditerranée et sa civilisation continuent d'irradier le continent européen : mais les voies du commerce et du pouvoir remontent, se déplacent lentement vers l'axe Rhin-Danube dans un mouvement qui, commencé dès le IVe siècle, culmine au VIIIe (peut-être comme une conséquence de l'invasion de l'Espagne par l'Islam). En un mouvement parallèle, les foyers du savoir se multiplient dans la Bretagne d'abord déromanisée, délatinisée et déchristianisée au VIe siècle, puis reconquise par la civilisation romano-chrétienne à partir du VIIe siècle. Ils surgissent un peu miraculeusement au cœur de la Germanie dans la première moitié du VIIIe siècle. Ils sont la conséquence notamment de l'œuvre missionnaire entreprise par le fondateur de l'abbaye de Fulda, saint Boniface.

Montées des centres de gravité traditionnels vers des territoires excentrés, la culture, la langue et la religion de Rome sont assimilées et revigorées par des peuples qui, pour être eux aussi d'origine indo-européenne, ne sont cependant pas latins. Parties de leurs terres natales dont elles ont reçu la force et la nourriture initiale, elles y retournent pour les enrichir une nouvelle fois. Un triple mouvement caractérise donc ces siècles : de récession d'abord (perte de la Bretagne, de l'Afrique romaine, de l'Espagne) ; de reconquête ou de conquête ensuite (Irlande, Bretagne, Germanie) ; de translation enfin (du Sud vers le Nord, puis du Nord vers le Sud). Cette translation, par l'orientation même de ses déplacements, ascendants et descendants, a pour passage obligé la Gaule, dès lors placée au carrefour de tous les échanges culturels. C'est ainsi que l'affirmation de la chrétienté insulaire et l'apparition d'une chrétienté germanique coïncident à partir du VIIIe siècle, à la fois avec une renaissance des lettres latines en Occident, la consécration écrite des langues germaniques, la naissance des langues romanes, leur reconnaissance enfin comme langues écrites, à l'imitation et à l'égal des nouvelles langues vernaculaires de la chrétienté.

Pour une division ternaire.

A regarder de haut cette évolution, on distinguera volontiers deux grandes phases. De 400 à 700, soit de la dynastie théodosienne aux préludes carolingiens, l'histoire culturelle et linguistique de l'Occident peut être regardée comme une époque de transition pendant laquelle les structures de l'Antiquité tardive évoluent lentement à son début et rapidement vers sa fin. De 700 à 900, soit de l'avènement des Carolingiens à leur effacement, s'étend une période capitale de naissances successives qui ferment le haut Moyen Age. A l'achèvement de ce procès prend place le Moyen Age proprement dit. Il ressort de cette chronologie que la division bipartite de l'histoire du Moyen Age, souvent coupée en un haut Moyen Age que l'on arrête vers l'an 1000 et un Moyen Age proprement dit, qui se déroule du XIe au XVe siècle, ne paraît pas toujours pertinente. Une division ternaire adoptée par certains historiens, principalement allemands, semblerait plus judicieuse. Elle distinguerait :

I	+ +	haut Moyen Age (VIe-IXe siècle)
II	+ +	Moyen Age proprement dit ou classique (Xe-XIIIe siècle)
III	+ +	Moyen Age tardif (XIVe-XVe siècle).

Ainsi, serait manifestée la singularité tant de la première époque, dont la phase initiale correspond à l'Antiquité tardive, que de la dernière qui dans sa durée ultime s'ouvre sur la Renaissance. La période médiévale proprement dite trouverait également son originalité : celle du temps où les caractères principaux seraient en place, où serait dessinée avec la plus grande netteté la typologie de la culture médiévale. Cette tripartition a son équivalent dans l'histoire de l'Antiquité romaine :

A	+ +	archaïque (des origines à — 200)
B	+ +	classique (de — 200 à + 200)
C	+ + +	tardive (de +200 à + 600).

Cette division chronologique permet en outre de constater combien les 298 ans qui séparent les deux dates extrêmes de l'histoire étudiée n'appartiennent pas à un seul monde, le médiéval, mais relèvent bien plutôt d'un champ d'interférences riches, où les phases I du Moyen Age et C de l'Antiquité se superposent.

2. Critères culturels

« Spätantike » et « Tardoantico ».

Ces considérations ne sont pas le fruit d'un jeu conceptuel abstrait, mais le résultat des recherches du demi-siècle qui vient de s'écouler et plus particulièrement de son dernier quart. La voie a été ouverte par Henri Marrou invitant les spécialistes à renouveler leur point de vue sur les derniers siècles de l'Empire romain — que l'on appelait alors, non sans connotation péjorative, le Bas-Empire — et lançant quelques ponts vers les premiers siècles du Moyen Age. L'histoire de la culture a le mieux frayé le chemin à une reconsidération de ces Ve-VIIIe siècles. La notion d'Antiquité tardive s'est substituée à celle de décadence ; l'idée de renouvellement a remplacé le concept d'effondrement. Depuis, l'histoire proprement dite (militaire, institutionnelle, urbaine, économique, ethnique) a modifié les conceptions des spécialistes, quand des préjugés tenaces ne les détournent pas de vues plus neuves sur des questions anciennes. Dans un domaine particulier, la recherche en sociolinguistique diachronique a, depuis une vingtaine d'années, pris pour cible les siècles dont nous nous occupons. Elle a apporté des données qui inclinent fortement les linguistes à déplacer vers l'aval la date de la disparition de la langue latine comme langue de communication générale : pour employer une formule choc, nous dirons que l'Europe était encore latinophone au VIe siècle. On mesure l'importance d'un tel paramètre dans une typologie du changement culturel.

Pierre de touche linguistique.

D'un point de vue strictement philologique, les Ve et VIe siècles appartiennent de plain-pied à l'Antiquité tardive. Nous aborderons ces questions plus en détail dans un chapitre ultérieur. Il convient de souligner d'emblée que la prédication populaire se fait toujours en latin dans la Provence du VIe siècle, mais aussi dans le Soissonnais de la première moitié du VIIe. Nous sommes alors confrontés à un monde où le latin est une langue parlée en voie d'évolution rapide certes, mais où l'invention des langues romanes n'en est encore qu'à ses préludes. Tout change à la fin du VIIIe siècle : mais ce sera déjà le terme de notre parcours. Les conséquences d'une telle reconsidération de la période dans une perspective historique ouverte sur l'histoire des mentalités sont considérables. Elles signifient en particulier que l'opposition entre culture savante et culture populaire fut moins aiguë qu'on n'aurait eu tendance à le croire, ou, plutôt, que les isoglosses séparant ces massifs mentaux étaient alors constituées par des éléments plus proprement conceptuels, par des structures mentales, plutôt que par des modes de communication.

Marches lentes vers le Moyen Age.

Les bases chronologiques essentielles sont donc celles d'une marche lente vers le Moyen Age. Seule la surface événementielle et les gémissements des chroniqueurs du Ve siècle donnent l'impression d'un basculement brutal pendant cette époque dite des grandes invasions. En réalité, une partie importante des processus irréversibles de dissolution de l'Empire qui s'accélèrent, surtout depuis 450, avait déjà commencé au IVe siècle ; et, inversement, l'abandon des caractéristiques qui permettent de parler d'une civilisation antique tardive ne s'accomplit pas avant le VIIIe. S'il est très légitime de repérer des syndromes prémédiévaux dans l'évolution institutionnelle, culturelle et sociale de l'Occident latin dès le IVe siècle, il est abusif de faire commencer l'histoire du Moyen Age dès 395, voire plus tôt. Ces discussions autour des lignes de partage entre deux stades de notre civilisation occidentale ne sont nullement oiseuses : c'est un travail important de l'esprit et un devoir pour la science de s'efforcer de ne pas confondre ce qui est distinct et de ne pas distinguer ce qui est semblable, bref, de classer, trier et ordonner le réel.

Tout change d'un point de vue pratique selon que l'on regarde le Ve siècle avec une optique d'antiquisant ou une perspective de médiéviste. Rappelons donc avec mesure quelques traits significatifs. Le Ve siècle est une période de démembrement. Territorial : à partir de 461, l'Empire a perdu la quasi-totalité de ses provinces. Institutionnel : corrélativement à cette rupture, l'administration centrale romaine cesse non seulement de pouvoir être obéie, mais même d'être entendue. Militaire : les armées romaines de campagne dans les provinces passent sous l'autorité de chefs autonomes, avant souvent de se disperser. Dynastique : la mort de Valentinien III met un terme à la dernière grande dynastie impériale, la dynastie théodosienne. Juridique : la loi, qui régissait jusqu'alors l'ensemble des citoyens libres, doit peu à peu céder non pas la place, mais une place à la coutume barbare qui cohabite alors avec elle. Cette logique désagrégative ne fonctionne cependant pas de manière ravageuse. Matériel : des villes importantes (Rome, Trèves) ont à souffrir des sièges répétés et des pillages dont l'archéologie suit encore les traces.

Car les forces de conservation équilibrent ces pertes, ne serait-ce que parce que en définitive les royaumes barbares tout neufs qui s'installent au sein de la *Romania* sont conduits par une aristocratie qui est elle-même très désireuse de recueillir l'héritage impérial et non de l'anéantir. C'est ainsi notamment que la machine administrative (et notamment fiscale) passe région par région au service des souverains barbares : importante phase qui met d'un seul coup la totalité des outils intellectuels indispensables à une telle activité à l'abri d'une éradication immédiate. D'autre part, l'Église, quoique touchée par l'effondrement de l'Empire, n'a pas été profondément désorganisée : elle garde son unité de fonctionnement et constitue un conservatoire administratif, linguistique et culturel d'autant plus fort que les nouveaux habitants sont eux-mêmes déjà christianisés, fût-ce d'une foi que l'Église juge hérétique. Enfin, le cadre urbain se maintient, malgré certaines ruines : les thermes continuent notamment de fonctionner ; les aqueducs restent intacts ; symbole de la civilisation romaine, les grandes *viae* assurent toujours la circulation sur le territoire.

Acculturation.

De plus, l'assimilation et l'acculturation des nouveaux venus se font assez rapidement. La première et la plus spectaculaire est certainement celle des Francs dont la conversion directe du paganisme au catholicisme à la fin du Ve siècle marque une étape décisive dans leur intégration au monde romain. Non la première : il y a beau temps qu'ils ont servi dans l'armée sous les enseignes romaines du temps de Julien. La deuxième est celle des Wisigoths, eux-mêmes assez profondément christianisés pour se sentir concernés par les problèmes christologiques, mais qui, après plus d'un siècle sur la terre d'Espagne, et malgré leurs efforts pour préserver leur identité, finissent par se convertir au catholicisme avant de se fondre dans l'unité hispanique. La troisième aurait pu être celle des Ostrogoths, sans doute les plus romanisés des Germains : la reconquête byzantine ne laisse pas le temps de cette évolution. Mais elle se produit avec un siècle de retard quand les Lombards, pourtant moins acculturés que leurs prédécesseurs, passent, au début du VIIe siècle, de l'arianisme au catholicisme. Ainsi l'Empire disparu ne s'efface guère de la carte de l'Europe : la rapidité avec laquelle se reconstitue une unité religieuse autour de l'Église catholique romaine donne une idée de l'ampleur et de la profondeur à la fois du renouvellement ethnique que connaît l'ancien espace impérial et du bouillonnement culturel dont il est le théâtre.

La contre-marche justinienne.

La reconquête et la restauration justiniennes représentent-elles, comme on l'a soutenu, un facteur supplémentaire de désagrégation, ou au contraire constituent-elles un frein à l'effacement de l'Antiquité ? La question est ouverte. Rappelons cependant que la reconquête de l'Afrique en 533 permet, en rendant à la navigation les côtes sud de la Méditerranée, de retrouver une certaine continuité, favorable à la circulation des biens, mais aussi des idées ; d'autant que la reprise, même partielle, des côtes de l'Espagne contribue à cette réouverture. L'Italie redevient de la sorte le lien naturel de circulation maritime entre l'Est et l'Ouest, grâce à une flotte byzantine qui a recouvré la maîtrise des mers. Le centre de gravité naturel de la civilisation antique que fut la mer intérieure est restitué : signe et cause d'une continuité fragile, mais indéniable. La circulation des manuscrits au VIe siècle en porte témoignage. L'Italie est saccagée par vingt ans de guerres. La réorganisation byzantine est insuffisante. Mais est-ce tout à fait un hasard si elle est la plus précoce et la plus riche des nations du continent dans la reconstitution d'une culture de haut niveau ? Les efforts de Justinien pour rétablir un enseignement régulier de la rhétorique et du droit n'y sont-ils pas pour quelque chose ? D'autre part, le verrou byzantin qu'est l'exarchat de Ravenne maintient longuement une interface active entre culture latine et culture grecque. Bref, on ne peut écarter totalement l'idée que cette première restauration de l'Empire en Occident a contribué à freiner la dégradation de l'héritage culturel antique.

Thèmes et diachronies

Les grandes phases de l'élaboration du Moyen Age sont connues. Il a paru souhaitable dans le cadre de cet ouvrage de combiner une présentation thématique avec une présentation historique. On se propose de commencer par étudier les structures du *Tardoantico* au Ve siècle afin de dresser l'état des lieux de la culture au moment où l'Empire romain va s'effacer. On s'efforcera dans une partie suivante d'analyser les sauvegardes culturelles, c'est-à-dire les structures à travers lesquelles culture et savoir seront préservés et transmis aux siècles ultérieurs. Le moment sera venu dans un troisième temps de fixer les époques de l'évolution, en décrivant les strates chronologiques pays par pays. Dans une quatrième étape, nous centrerons notre attention sur des figures clefs de la période, sur ses médiateurs littéraires. Sera examinée ensuite, et cinquièmement, une question que les traités érudits ne font en général qu'effleurer : les métamorphososes linguistiques de ce haut Moyen Age, considérées du point de vue de la communication. Enfin, une brève synthèse essaiera de faire apparaître combien ces siècles ont été tout autant créateurs que destructeurs, en une conclusion où se discernera la naissance proche des littératures médiévales.

2

Les structures du Tardoantico : le Ve *siècle*

Civilisation et Empire

Culturellement (et linguistiquement), le Ve siècle appartient pleinement à l'Antiquité tardive. Il constitue le point de référence pour l'évolution que nous aurons à suivre. Les mentalités, le regard, les conceptions de l'Occident latin sont, pour ainsi dire, « impériales ». Reflet et cause de cette permanence est l'attachement à l'œuvre de Virgile, lu et commenté dans les écoles, mais aussi, copié, appris, imité. Or, on sait combien son *Énéide* fonde l'idéologie — même poétisée et transfigurée — de l'unité impériale. Rome est conçue comme la source et la garantie de la civilisation : elle a unifié les mœurs, les langues et les cœurs, en un *orbis romanus* qui est devenu un gage de paix. Ce finalisme historique si brillamment présenté aux chants VI et VIII se retrouve dans l'esprit de tous les intellectuels de l'Empire et se perpétue en Occident au moins jusqu'à Sidoine Apollinaire. Seul un penseur aussi original et aussi puissant qu'Augustin a eu la force après les secousses du début du siècle de songer à une civilisation chrétienne qui s'établirait sans plus appartenir à ce cadre immémorial. Puisque la tradition gréco-romaine perdure ainsi selon des modalités qui remontent à l'époque hellénistique, il est nécessaire de les rappeler, car elles procurent les repères essentiels au moment où se déclenche la tourmente.

1. Prépondérance et persistance de l'écrit

Niveaux de culture.

Nous considérerons la culture antique tardive dans la perspective relativement limitée qui prend en compte l'instruction de l'aristocratie et des *potentes*. Au bas de la gamme des connaissances, les techniques élémentaires : lecture, écriture, calcul. En haut, la formation élitiste par excellence : la philosophie. Les degrés intermédiaires sont *grosso modo* la connaissance du droit, la maîtrise de l'art oratoire et la capacité de s'exprimer dans les deux langues de l'Empire : pour les Latins, celle de manier le grec, et réciproquement en Orient. Sur cet arbre de la culture classique s'est greffé un rameau nouveau, l'enseignement chrétien. Celui-ci achève de s'intégrer à la structure initiale qu'il couronne, bien plutôt qu'il ne la concurrence. Cette symbiose s'accomplit au ve siècle : nous y reviendrons.

« Literacy » et inscriptions.

L'Antiquité, classique et tardive, est d'abord caractérisée par un degré élevé de ce que les Anglo-Saxons appellent *literacy,* que l'on pourrait traduire par la maîtrise de la communication écrite. L'importance de celle-ci saute aux yeux pour peu que l'on considère les volumes qui sont familiers aux historiens, le *Corpus des Inscriptions latines (Corpus Inscriptionum Latinarum).* Les dizaines de milliers d'occurrences qui figurent dans ces volumes ne constituent qu'une faible part de celles qui ont été gravées. Projetées sur une carte en synchronie, elles montrent que tout l'Empire en a été couvert, même si des foyers plus importants y apparaissent, tels des pôles de médiatisation. L'écriture sur la pierre est sans doute la forme la plus frappante d'un genre de publication dont la durée remplace le nombre. Elle est là pour instruire et pour commémorer : l'acte de lire y est essentiel. Cette présence signifie qu'il existe — outre le ou les commanditaires — un public capable de les lire. Que subsiste l'habitude de graver des messages, cela signifie que la maîtrise de la communication écrite perdure ; au contraire, la raréfaction, voire la disparition, des inscriptions trahit un abaissement du niveau culturel. Cette règle est globalement valide, même s'il faut pondérer les données d'une manière statistiquement satisfaisante et si aucune méthode n'autorise jusqu'à présent à établir une corrélation précise et sûre entre le nombre d'inscriptions d'une région ou d'une ville donnée et leur degré d'alphabétisation.

Épitaphes chrétiennes à Rome.

En dépit des incertitudes et des discussions, il est certain que l'Antiquité tardive est ancrée dans le monde de la communication écrite. Le développement des épitaphes qui, au IVe siècle, permettent de suivre la substitution de la foi chrétienne aux traditions païennes suffirait à nous en convaincre. Rome pullule de modestes inscriptions dont la formulation, coulée dans l'ancien moule païen, manifeste le passage au christianisme de son commanditaire.

Le cimetière formé de catacombes, dit *Aux deux lauriers (Ad duas lauros),* sis sur la *via Labicana,* offre aujourd'hui encore plus de 2 000 textes qui individualisent 10 pour cent des sépultures dénombrées. Le souci de la dernière demeure y est souvent affirmé : *se biba, se vibo fecit* (« elle a fait faire [la tombe] de son vivant, lui aussi ») ; *fecit sibi et coniugi suae* (« il l'a fait faire pour lui et pour son épouse »). Il s'agit notamment d'écarter le risque d'un réemploi de la tombe, surtout quand elle se trouve placée à proximité d'un lieu sacré comme les *loculi* de tel ou tel martyr. Aussi trouve-t-on même la référence à l'intermédiaire qui a permis l'acquisition : *a Pisto fossore se vivo emet* (« il a acheté de son vivant [l'emplacement] au fossoyeur Pistus »). La brièveté des formules n'a pas empêché leur rédacteur d'être influencé par le registre parlé de la langue : ces courtes injonctions s'adressent à un très modeste public. Mais, précisément, leur valeur apotropaïque repose sur l'efficacité réelle de la communication écrite.

Manifester ainsi son droit à la présence n'est pas la seule motivation des commanditaires. L'affection pour les défunts y apparaît : *cuius familia malitia non meminit ullam* (« sa famille n'a le souvenir d'aucune méchanceté de sa part »). Naturellement les prières s'élèvent de ces pierres : *Domine, libera Victorianum, Domine, conserba Calendione in nomine tuo sancto* (« Seigneur libère Victorianus, conserve Calendion en ton nom saint »).

Graffiti altimédiévaux.

Toute cette textualité pétrifiée correspond en fait à la volonté d'assurer une communication dont on perçoit aisément les modalités. Le recours à l'écriture n'est pas un artifice trompeur imposé par des conventions figées et inutiles à un public qui ne saurait les lire. Encore n'omettra-t-on pas le fait que l'absence d'inscriptions ne signifie pas que le défunt ou sa famille étaient illettrés : ils n'ont pas pu payer le lapicide. A moins donc de manifester un grand esprit de paradoxe, on conviendra que nous sommes là face à une preuve solide de cette situation culturelle. Elle se prolonge au-delà du ve siècle, mais dans des conditions différentes. Car, si les inscriptions se raréfient, cela est provoqué par la désaffection du cimetière : il est plein ; on n'y enterre plus. Mais un lieu de pèlerinage y est apparu, aménagé par Damase et entretenu par les papes successifs dans la petite basilique bâtie au siècle précédent pour honorer deux des saints martyrs ensevelis là (Marcellin et Pierre).

Jusqu'à ce que leurs dépouilles soient dérobées en 827 sur l'ordre d'Éginhard, le sanctuaire est visité par des voyageurs qui ont couvert les murs de *graffiti* encore lisibles par centaines : noms propres de pèlerins qui ont voulu commémorer leur passage. L'onomastique fleure désormais un autre monde : Almund, Anvaldus, Ceolbert, Culpertus, Folcualdus, Luiprandius, Lotarius, Nodbertus, Raubonus. Des noms de clercs s'y mèlent : Sergius, Romanus, ainsi que des désignations hellénophones : Anastasus, Eustathius. Clercs, Germains et Grecs : tout ce monde passe à la communication écrite en latin, comme le révèlent les formules de prières qui se lisent dans les *graffiti : Leo biba in Deo semper cum omnebus suis* (« que Léon vive pour toujours en Dieu avec tous les siens »). Ou en grec, transcrit en caractères latins, comme en témoigne la prière suivante : *mnisthi tou doulou sou, Theos, è elpis mou éléèson tou doulou sou* (« souviens-toi de ton serviteur, Dieu, aie pitié de moi ton serviteur »).

Cette incursion dans le domaine épigraphique devrait démontrer que la culture du *Tardoantico* relève très largement d'un monde où la communication écrite joue un rôle essentiel. Cette conviction est confirmée par de nombreux autres indices.

Christianisme et culture écrite.

L'un d'eux est la diffusion d'une religion fondée sur une Révélation qui passe entièrement par le truchement d'une tradition écrite. L'enseignement religieux païen n'était guère codifié en une réglementation livresque. La coutume et les rites se transmettaient de manière orale. Quant aux formules sacrées, dont Varron ou Caton nous ont légué quelques fragments, elles formaient un *corpus* plutôt réduit, diffusé de manière souvent confidentielle. Certains des cultes les plus importants de l'Antiquité païenne classique (Bacchus, Bona Dea) ou tardifs (Mithra) fonctionnaient surtout de manière mystérique. Il en alla tout autrement avec la diffusion du message chrétien qui exigeait la multiplication d'un ensemble de textes de référence. Une des causes de l'adoption du *codex* à la place du traditionnel *uolumen* fut la nécessité d'avoir un accès facile aux paragraphes recherchés. La multiplication des lieux de culte favorisa au IIIe siècle une diffusion rapide des copies sacrées : autant d'occasions de contact avec le fait écrit. Au cours des persécutions les plus dures, sous Dèce, les pasteurs avaient ordre de remettre les exemplaires de la Bible aux autorités qui devaient les détruire. Certains payèrent de leur vie ce refus : ainsi la connaissance de la tradition écrite fut magnifiée dans une civilisation pour laquelle une telle science était déjà essentielle.

2. Normes scolaires et tradition littéraire

« *Litteratio* ».

L'école antique garde en effet tout son prestige. Les études s'étendent dans le cas d'un élève privilégié de sa petite enfance à la vingtième année de son existence. La première étape de l'éducation est aussi la plus humble, que Varron et Augustin — la continuité est remarquable — appellent la *litteratio.* Elle consiste en l'acquisition de la lecture, de l'écriture et du calcul pratique. Les maîtres d'école, appelés *litteratores,* emploient des méthodes pédagogiques parfois rudes pour inculquer ces éléments à leurs élèves. Autant que nous sachions, ils sont soit payés directement par les parents, soit parfois rémunérés par les municipalités. Leur nombre doit être fort élevé, puisque l'alphabétisation est généralisée, sinon générale dans l'Empire. Leur statut social est fort modeste ; ils peuvent être esclaves ou affranchis. L'humilité de leur rang explique que nous en ayons peu de traces. Ce sont principalement des témoignages littéraires (Cicéron et surtout Quintilien) et autobiographiques (précisément Augustin) qui transforment en certitude ce qui n'aurait été autrement qu'une forte présomption. Il faudra s'en souvenir lorsque sera venu le moment de considérer ce que deviendra cette partie des structures éducatives antiques.

« *Grammatica* ».

Passé l'apprentissage élémentaire, l'enfant s'engage dans l'étude de ce qui s'appelle alors le *savoir de l'homme libre,* les *artes liberales.* Deux cycles successifs divisent cette phase, l'étude de la *grammatica* d'abord ; l'apprentissage de la *rhetorica* ensuite. Quoique distinctes, ces disciplines peuvent être enseignées par le même maître. Le *grammaticus* doit assumer une tâche double : donner la maîtrise de la langue latine et de ses normes d'un côté ; expliquer les grand écrivains de l'autre. L'enseignement de la grammaire est dispensé d'après des traités composés spécialement à cette intention. Les auteurs les plus célèbres après Varron, le modèle et le maître depuis le dernier siècle de la République, sont Charisius, Diomède, Servius et surtout Donat. Ce dernier fut le professeur admiré de saint Jérôme, et son œuvre, qui nous est entièrement parvenue, a régné sans partage dans l'Occident latin. Le plus savant cependant est Priscien, qui enseigne à Constantinople au début du VIe siècle. Son acuité intellectuelle, supérieure à celle de Donat lui-même, le rend digne de son lointain ancêtre Varron et fait par moments de lui un précurseur de la linguistique.

Donat.

Les manuels offrent une pédagogie très active, en questions-réponses (déjà les *Partitions oratoires* de Cicéron procédaient ainsi) qui nous permettent d'assister au fonctionnement d'un cours. De nombreuses définitions émaillent l'enseignement : « Un trope est le transfert d'un mot de son sens propre à une similitude qui lui est étrangère *(tropus est dictio translata a propria significatione ad non propriam similitudinem) ;* une métaphore est un transfert de mot et d'objet *(metaphora est rerum uerborumque translatio).* » Tout le fondement de la *grammatica* est constitué par l'étude des huit parties du discours *(octo partes orationis).* Il s'agit de passer en revue les outils grammaticaux principaux, et cela d'un point de vue essentiellement morphologique. Ainsi l'étude du nom se fait d'après ses différentes propriétés : propres/communs ; masculin/féminin/neutre ; singulier/pluriel, etc. On étudie méthodiquement la conjugaison des verbes, et là aussi on apprend à distinguer actif/passif/déponent ; *perfectum/imperfectum ;* indicatif/optatif (les Latins s'en attribuent un à l'imitation des classifications grecques)/subjonctif ; participe/gérondif/infinitif. Ainsi l'acquisition des normes positives repose-t-elle sur la maîtrise parfaite de la langue traditionnelle.

Norme.

C'est qu'il convient de s'écarter le moins possible de la grammaire classique, telle qu'elle était codifiée depuis cinq siècles, en conformité à la définition célèbre de Varron : « La latinité est le respect scrupuleux d'une parole conforme à la langue de Rome *(latinitas est incorrupta loquendi obseruatio secundum Romanam linguam).* » Cette recherche d'une norme avait été clairement réitérée par Quintilien ; il s'agit de délimiter et de respecter un registre de langue fondé sur l'usage de l'élite culturelle : « Par conséquent j'appellerai usage langagier l'accord de tous les gens de bien. »

Ces préoccupations apparaissent sans aucun changement sous la plume de Donat et font partie du bagage commun des intellectuels contemporains sans exception. Jérôme avoue combien le latin si peu normatif de la Bible lui a paru illisible dans sa jeunesse : « Son langage sans culture était de la broussaille *(sermo horrebat incultus).* » Augustin de son côté se réfère fréquemment à cette fonction essentielle de la grammaire : « Avec cet art on apprend la pureté du langage. » Un extrémiste comme le prêtre Salvien de Marseille entreprend, au milieu du ve siècle, de stigmatiser les vices de la société romaine même chrétienne dans une diatribe un peu délirante. En contrepartie, il exalte les vertus des ethnies barbares. Contrairement à ce que laisserait attendre un tel sujet, toutes ses imprécations sont rédigées en un latin très littéraire où les effets rhétoriques doivent leur pugnacité à la tradition latine la plus conservatrice.

Référence purement littéraire.

Ainsi les manuels et les traités de grammaire nous introduisent dans l'histoire des mentalités. Le citoyen de l'Antiquité tardive s'efforce d'être fidèle à son modèle idéal. Cela suppose une vigilance permanente qui exclue toute déviation, mais aussi tout changement. Car s'ajoutent aux valeurs positives ce qu'on pourrait appeler des normes négatives, détaillées dans une énumération des fautes à ne pas commettre, c'est-à-dire en une description de ce que Quintilien nommait les *uitia oris*. Il est vrai que les grammairiens ne concentrent guère leur attention sur les traits distinctifs de la langue parlée quotidienne parce qu'elle ne les intéresse pas vraiment. On a beaucoup de mal à glaner chez eux des indications précises sur le latin parlé tardif populaire.

Ils sont bien plutôt occupés à classer les différents usages selon qu'ils appartiennent à la langue de la poésie ou à celle de la prose savante. Les solécismes et les barbarismes qui sont le plus souvent décrits par Donat sont en réalité des licences poétiques remontant le plus fréquemment à Virgile, et dont le maître circonscrit étroitement l'emploi. On rencontre ainsi chez lui des barbarismes comme : *relliquias Danaum* (En, 1, 30, le double *l* est fautif). Tout l'enseignement du grammairien du *Tardoantico* repose sur l'emploi intelligent mais répétitif des autorités.

Orthoépie de l'élite.

Cela ne signifie pas que les problèmes que pose la prononciation, si sujette à variation selon les locuteurs, les époques et les lieux, ne soient pas abordés par le *grammaticus*. Déjà Cicéron, dans le *Brutus,* recommandait une articulation qui ne « sente pas son paysan », mais au contraire s'identifiât à l'orthoépie, à l'élocution urbaine de l'élite romaine. Nul doute que de son temps les accents fussent variés : l'unité italienne n'était pas si ancienne. Rappelons-nous comment Virgile narre son exil de la Gaule cisalpine et sa découverte de Rome. Combien de Cisalpins, dans le même cas que lui, mais moins savants, devaient apporter leur accent, voire leurs idiomatismes, dans la capitale ? Or, Cicéron, si minutieux par ailleurs dans ses descriptions prescriptives, passe rapidement sur les imperfections de la parole.

Le silence du *grammaticus* n'est pas surprenant. Il n'est ni dialectologue ni linguiste. Comment d'ailleurs imaginer qu'au fil des siècles il aurait pu accumuler des exemples vivants : la masse des modèles négatifs aurait noyé l'armature de son enseignement. Il en ressort qu'à la pratique orale seule appartient depuis toujours l'entraînement à la correction phonétique du langage. Les élèves imitent le maître ; celui-ci corrige leurs défauts accidentels, mais ne met par écrit que ses préceptes essentiels.

Aide-mémoire de prononciation.

Cependant, le foisonnement des métiers intellectuels subalternes à la faveur du développement de la bureaucratie après les réformes de Dioclétien a dû créer une forte demande en ce sens. Celui qui veut être embauché comme tachygraphe par la municipalité d'Antioche ou de Ravenne a certes l'obligation d'acquérir une bonne maîtrise de la langue écrite et donc de l'orthographe. Mais il doit aussi ne pas s'exposer à des méprises en raison de régionalismes phonétiques ; d'ailleurs, ses fonctions lui imposent un minimum de bonne présentation orale. Il se développe donc certainement toute une clientèle avide d'acquérir ce bagage technique, loin des hautes préoccupations philologiques. Les capacités scolaires de ces demandeurs sont sûrement des plus limitées : il leur faut l'appui d'aide-mémoire formés de listes de mots qui, en regard des mauvaises, indiquent les bonnes formes. Composées en dehors du patronage prestigieux des grammairiens, ces listes sont trop modestes pour survivre à leurs usagers. Toutefois, et par chance, quelques-unes nous sont parvenues. La plus célèbre, placée à la suite d'un traité de grammaire dû à Probus, s'appelle pour cette raison l'*Appendix Probi* (« Le supplément à Probus »). Copiée à Rome, sans doute par des Africains au milieu du Ve siècle, elle énumère les prononciations en usage courant et offre en regard les prononciations normatives : *saeculum* non *seclo ; baculum* non *baclo* (la voyelle prétonique s'efface en latin parlé tardif familier).

Conservatoire culturel et conservatisme linguistique.

Ainsi comprend-on comment l'école de l'Antiquité tardive peut constituer un frein puissant à l'évolution linguistique, non pas tant parce qu'elle empêche toute évolution que parce qu'elle contient et refoule ces tendances à la transformation et à la régionalisation dialectales. Elle propose les modèles à imiter et maintient une sorte de filtre à double sens (on dirait aussi bien à double entrée) qui assure entre les différents niveaux de locuteurs une compétence suffisamment variée pour que l'unité langagière ne soit point perdue. Bien entendu, l'efficacité d'un tel régulateur suppose qu'il bénéficie d'un appui prestigieux. La perspective des postes et des carrières impériales remplit ce rôle. Précisément, des esprits plus ambitieux peuvent souhaiter une ascension sociale plus brillante que celle de tachygraphe ou de comptable. L'autre volet de la formation assurée par le *grammaticus* cherche à donner à l'élève les moyens intellectuels nécessaires pour y parvenir.

Textes littéraires.

L'élève, entrant dans l'adolescence, étudie les auteurs qui sont depuis longtemps considérés comme des classiques. Parmi les poètes, le premier rang revient sans partage à Virgile, dont on étudie principalement *L'Énéide*. Toutes les écoles l'enseignent, à tel point que dans *La Cité de Dieu,* Augustin peut déplorer que ces poèmes imprègnent les esprits et les cœurs des écoliers plus qu'il ne conviendrait de fables incompatibles avec la foi chrétienne. Cela ne l'empêche naturellement pas d'en être un fin connaisseur et l'on a pu prouver qu'il l'avait presque toujours présent à sa mémoire. L'autre grand modèle poétique est Térence dont les pièces sont toujours commentées dans les écoles, à défaut d'être jouées. On lit également Horace, Ovide, Lucain, Catulle, Juvénal, parfois sous la forme simplifiée de morceaux choisis, à la manière de nos recueils scolaires modernes.

Classique également est le choix du maître de la prose, Cicéron. Ce dernier est l'auteur le plus goûté des lettrés de l'Antiquité tardive. L'étude de son œuvre ne conduit pas seulement l'élève à acquérir une prose impeccable, elle lui ouvre en outre la voie vers la discipline reine en ces jours comme cinq siècles plus tôt, l'*ars dicendi*. On lit donc ses traités de rhétorique, avant de passer à ses discours. Le parcours s'achève en général par une incursion dans les traités de philosophie. L'exemple du songe dans lequel saint Jérôme se voit accuser de préférer Cicéron au Christ est là pour signifier clairement l'attachement des intellectuels chrétiens à cette tradition. Et quand saint Augustin compose son *De doctrina christiana,* il nourrit son livre IV de citations littérales de l'Arpinate.

Loin derrière l'étude de Cicéron vient celle de Salluste et de Sénèque.

« Emendatio ».

L'Antiquité tardive demeure fidèle dans ses méthodes d'explication à une tradition vieille de plus de huit siècles. Quatre phases régissent cette étude. La première et la seconde n'en forment en fait qu'une, la lecture qui comprend à la fois la *lectio* (« lecture ») proprement dite et l'*emendatio* (« correction »). Nous sommes ici au cœur de la transmission de la culture antique. Car la tradition écrite repose sur la copie permanente des œuvres. Autant de copies que d'exemplaires : chaque acte qui aboutit à la reproduction d'un manuscrit est unique. Autrement dit, chaque geste du copiste est susceptible d'erreur. A cela s'ajoute la longue coulée des siècles qui impose de reproduire sans cesse, non seulement à travers l'espace, mais aussi à travers le temps, les manuscrits. Le maître et ses élèves doivent donc procéder à la vérification du manuscrit sur lequel ils travaillent, et, au besoin, à sa correction. Celle-ci se fait par comparaison avec d'autres recensions, mais sans souci philologique : la règle est de parvenir à une forme *esthétiquement* satisfaisante.

« Distinctio ».

Même bien établi, un texte ne se lit pas aisément. Les mots sont liés les uns aux autres et il n'y a quasiment pas de ponctuation. Dans ces conditions, une pré-lecture est nécessaire, qui permet à l'élève de séparer les mots, de distinguer les membres de phrase et de discerner les périodes en disposant là où cela est nécessaire des signes diacritiques qui l'aideront à respecter ces contraintes lors de la lecture à haute voix. C'est le deuxième temps de la lecture, la *distinctio* (« marquage diacritique »). En outre, il convient que les inflexions de la voix ne trahissent pas le sens du texte, ou même qu'elles ne commettent pas un non-sens ! Quintilien avait longuement souligné la difficulté de cet exercice et rappelé la nécessité de le pratiquer avec soin.

Augustin montre, quatre siècles plus tard, comment des mélectures peuvent conduire à des absurdités dogmatiques au simple niveau de la prononciation. Deux siècles après lui, à l'entrée du haut Moyen Age, Isidore de Séville insistera de la même façon sur les risques de ridicule qu'encourent les *lectores* qui ont mal préparé leur *Vorlesen* et qui s'exposent ainsi aux quolibets des connaisseurs. Cent cinquante ans plus tard encore, Alcuin déplorera les bafouillements de ses moines tourangeaux, mal dégrossis, peu au fait des subtilités de la ponctuation, qui offrent une image acoustique piteuse de l'Écriture lors des réunions. Cette continuité n'est pas illusoire : elle est liée à la procédure elle-même de passage entre communication écrite et communication orale dans l'Antiquité. La chute de l'Empire ne met aucunement fin à l'impérieuse nécessité de ces études. Mais elle contraint les intellectuels à pallier les défaillances du système collectif. Dans le succès ou l'échec de cette tentative se juge l'effondrement ou le maintien d'une des bases essentielles de la culture du *Tardoantico*.

« *Enarratio* ».

L'enseignement ne se borne pas à des techniques : l'élève est invité à commenter littérairement et à juger esthétiquement le texte qu'il a préparé. Il s'agit de l'*enarratio* (« description »), qui procède par étapes bien précises : exposé de la vie de l'auteur ; analyse du titre de son œuvre ; si c'est un poète, établissement de la métrique ; définition du sujet essentiel et, enfin, précision sur la longueur totale de celle-ci. La méthode fait songer à l'introduction type des volumes qui forment les collections savantes des éditions modernes d'auteurs latins, grecs ou médiévaux. Cette ouverture générale est assez rapidement expédiée pour passer au commentaire mot à mot, qui est le vrai régal des *grammatici,* c'est-à-dire l'*explanatio*. Sont pas à pas expliqués le sens de chaque terme, sa place dans l'architecture du vers et son rapport aux figures de rhétorique. La démarche est totalement analytique, à tel point que jamais la vue du commentateur ne dépasse un groupe de deux ou trois vers.

Les mots rares ou difficiles sont expliqués avec minutie, fréquemment par le recours à l'étymologie, dont le caractère est rarement scientifique, malgré de jolies intuitions. Les constructions inusuelles ou délicates sont traduites par une véritable paraphrase en prose. Enfin, la scansion des vers fait l'objet d'une vigilance d'autant plus grande que l'hexamètre est un mètre qui force le génie de la langue latine. Autant dire qu'une attention aiguë est accordée à la récitation impeccable des poèmes. Nous voyons souvent Augustin occupé à cette tâche. Ainsi l'oreille de l'écolier s'affine et par le biais d'un mot à mot laborieux, il mémorise la forme phonétique traditionnelle de termes dont la prononciation a pourtant beaucoup évolué depuis la fondation de l'Empire.

Toute cette technique du commentaire est le bien commun des intellectuels du *Tardoantico,* païens ou chrétiens. L'exégèse chrétienne, grecque et latine, demeure fidèle aux principes et aux méthodes de l'*exégèsis* et de l'*enarratio*. L'important est de percevoir l'unité culturelle de ce Ve siècle, du point de vue strict des *artes*. Cette confluence s'approfondit encore au niveau le plus élevé du savoir scolaire antique, l'*ars dicendi*.

3. Arts et savoirs de l'élite

Prestige de l'art oratoire.

Ce serait une erreur de croire que l'art oratoire a disparu avec la République. Les pages où Tacite analyse dans son *Dialogue au sujet des orateurs* les raisons qui ont provoqué une crise de l'éloquence dès le Haut-Empire doivent être lues non comme un témoignage objectif d'un historien serein, mais comme une prise de position esthético-idéologique. Car la tradition antique a continué de fort bien se porter tout au long du Bas-Empire. Rappelons que l'activité principale des avocats a toujours été judiciaire : le passage au principat, puis au dominat n'a nullement ralenti la tâche des tribunaux. L'intense créativité juridictionnelle des IVe et Ve siècles a nécessité l'élaboration d'une synthèse comme le *Code Théodosien*. Le maintien d'une telle effervescence s'est traduit au siècle suivant par l'élaboration du *Digeste* à Constantinople : l'étymologie du terme *juridique* garde son sens plein de « dire le droit ».

L'éloquence du barreau n'est de toute façon pas seule à donner aux intellectuels l'occasion de montrer leurs talents oratoires. Les généraux ont gardé l'habitude de haranguer leurs troupes : ainsi voit-on Julien prononcer avant la bataille qu'il va remporter contre les Alamans à Strasbourg un discours digne de ceux lancés par Scipion l'Africain. En outre, les fréquents *pronunciamientos* qui poussaient régulièrement les *duces* « régionaux » à briguer l'empire sont accompagnés de manifestes. D'autre part, si l'éloquence proprement politique a perdu son caractère conflictuel depuis le dernier siècle de la République, elle a été remplacée par une éloquence d'apparat qui fait, elle aussi, appel à toutes les ressources de la rhétorique classique. L'avènement d'un empereur ou sa venue dans quelque cité importante de province donnent ainsi l'occasion à des manifestations oratoires de première importance. Les *Panégyriques impériaux* composés tout au long du IVe siècle en sont l'illustration.

Parole et conflits idéologiques.

Cette puissance du verbe ne disparaît nullement avec la tourmente : en plein milieu du Ve siècle, Sidoine Apollinaire prononce dans Lyon fraîchement arrachée des mains des Burgondes un *carmen* en l'honneur de Majorien, dernier empereur à avoir foulé le sol de la Gaule. Encore Sidoine s'exprime-t-il en hexamètres, comble du traditionalisme ! Ces formes ne sont pas que des apparences vaines sans effets concrets : en 467, le poète occupe les fonctions encore glorieuses de préfet de la Ville.

D'ailleurs, les débats d'idées passent également par une codification obligatoire. Quand, sous le règne de Théodose, éclate l'affaire de l'*Autel de la victoire,* c'est le plus fin lettré du parti païen, Symmaque, qui est chargé de plaider la cause de la tradition. La réplique d'Ambroise est fondée sur une égale maîtrise de l'expression. Enfin, le poète Prudence clôt le débat par un *carmen* qui, tout en respectant l'adversaire lettré, déploie les fastes d'une rhétorique chrétienne. Car les intellectuels chrétiens ont été contraints, pour se faire entendre, d'emprunter les armes de leurs adversaires. Comme Lucrèce, cinq siècles plus tôt, avait dû dérouler le génie de la forme poétique admise pour séduire le public qu'il visait par ses idées révolutionnaires, les apologètes et les penseurs chrétiens coulent leur nouvelle religiosité dans des modèles éprouvés.

Tâches du rhéteur antique.

Les bases de l'*ars dicendi* remontent aux principes découverts et codifiés dès l'époque d'Isocrate, et transmis avec fidélité et talent par les écoles hellénistiques dont le prestige était assez grand au IIe siècle avant notre ère pour que la parole romaine se mît à l'école du logos grec. Un important effort d'adaptation fut nécessaire, qui aboutit au siècle suivant à l'ouverture d'écoles de rhétorique latine. Rappelons que l'*Orator* par excellence alla parfaire sa formation à Rhodes et qu'il était capable de composer un discours aussi bien en grec qu'en latin — tout comme sa correspondance témoigne de son bilinguisme total. Cicéron est celui qui a laissé la codification définitive de l'*ars dicendi* que nous pouvons aujourd'hui encore lire dans ses grands traités *(De oratore, Orator, Brutus),* comme dans ses exposés mineurs. Ils ont été la source continue des études, plus même que l'œuvre, pourtant fondamentale de Quintilien, l'*Institutio oratoria* (« L'institution oratoire »). Il a manqué au maître impérial le prestige qu'a conféré à l'*homo nouus* sa longue et tumultueuse carrière d'orateur.

Quand, à la fin du IVe siècle, Augustin apprend puis enseigne la rhétorique à Carthage, tout son enseignement est fondé sur cet héritage cicéronien. Les principes en sont immuables et reposent avant tout sur de nombreuses classifications. Se distinguent notamment :

- trois types d'éloquence : épidictique, judiciaire, délibérative ;
- cinq parties dans l'art : invention, disposition, élocution, action, mémorisation ;
- six étapes dans un discours : exorde, narration, division, argumentation, digression, péroraison ;
- trois niveaux de style : humble, sublime, mixte.

Ces classifications se poursuivent en une série de ramifications dont l'étude est passablement compliquée. Il y a loin de la simple connaissance à la véritable virtuosité. Mais tout public comprend suffisamment de connaisseurs pour qu'un Grégoire de Nazianze prêchant pour la première fois aux confins de la partie grecque de l'Empire manie une rhétorique certes familière, mais aussi sûre de ses procédés que le fut près de mille ans plus tôt celle d'un Lysias.

Exercices préalables.

Évidemment, une telle maîtrise ne peut s'obtenir qu'en associant à la théorie des exercices intensifs. Les écoles de l'Antiquité tardive retentissent donc de *declamationes* où les plus talentueux des étudiants font éclater les applaudissements de leurs condisciples. Le grammairien a déjà mis en place certains automatismes qui constituent autant d'exercices préparatoires *(progumnasmata)*. On est préparé à réciter une fable, à dérouler une narration, à plaider en faveur d'une tradition ou à la combattre, à proposer une loi, ou, au contraire, à en demander l'abrogation. L'élève doit apprendre à s'exprimer à la place de tel ou tel personnage mythique ou historique (c'est l'*éthopée*). La description précise d'un objet (paysage, tempête, tableau de genre) est un des sujets redoutés *(ekphrasis)*.

Ces exercices sont minutieusement codifiés en un même langage d'un bout à l'autre de l'Empire. L'imagination se voit ainsi guidée, mais aussi stimulée par de véritables grilles sémantiques. Ainsi l'éloge d'une personne *(enkomion)* comprend automatiquement une telle division : 1) Biens extérieurs : a) origine noble ; b) milieu d'enfance ; c) avantages particuliers. 2) Biens physiques. 3) Biens spirituels : a) vertus ; b) conduites. Le degré supérieur des *progumnasmata* amène l'élève à une première pratique véritablement oratoire.

« Declamationes ».

Le moment alors venu de prononcer un discours en forme, il faut rédiger son texte, le mémoriser et en donner une récitation publique devant ses condisciples : c'est la *declamatio*. Outre les membres de l'école, des amis choisis et la famille peuvent assister à l'essai. De jeunes réputations se construisent ainsi. Le maître procède ensuite au commentaire et à la correction. Les deux types traditionnels n'ont pas changé depuis Quintilien et depuis Sénèque le Rhéteur : *suasoriae* (« persuasions ») et *controuersiae* (« controverses »). Les premières prennent pour topique une question morale qu'elles débattent. Les secondes appartiennent au champ des études juridiques. Il convient de savoir monter et plaider un dossier. Les thèmes ne sont pas réalistes : l'important tient à l'habileté technique de l'élève, sans autre souci de vérisme.

Conservatisme créateur.

L'effet de ces programmes est triple. D'abord, ils assurent la continuité d'un savoir en produisant des spécialistes avertis de toutes les techniques les plus raffinées de l'expression orale, comme nous dirions aujourd'hui. Il importe de comprendre que ce formalisme n'est nullement, comme on l'a souvent affirmé à tort, signe, effet et source d'une sclérose généralisée. Autant prétendre que la pratique des gammes et du solfège détruit la créativité musicale ! Deuxième résultat : il conquiert aux belles-lettres une surface sociale suffisante pour que cet art, technique entre tous, puisse rester vivace d'un bout à l'autre de l'Empire. Les amateurs en étaient si nombreux que lorsque le christianisme se fut imposé, après la paix de l'Église, à une proportion élevée de citoyens, l'instruction orale collective des fidèles se fit de plus en plus, lorsqu'elle s'adressait aux élites urbaines, selon les modes et les formes d'une rhétorique à la fois traditionnelle et régénérée.

C'est ainsi, et c'est la troisième conséquence qui doit être soulignée, que la masse culturelle ainsi constituée ne sera pas facilement destructible, même par les pires secousses de l'histoire. A la fin du Ve siècle, Ennode de Pavie continuera de s'initier à ces *declamationes*. En plein VIe siècle ostrogothique, elles vivent dans les écoles romaines ou laissent leur écho dans les œuvres de Cassiodore. Encore n'est-ce là que la partie visible pour nous de ce qu'on appellera volontiers l'iceberg culturel.

« *Artes liberales* ».

Les études ainsi définies forment la partie essentielle de l'éducation et de la culture antiques. Elles n'en représentent cependant pas la totalité : l'Antiquité tardive ne borne pas le savoir et la culture aux domaines considérés précédemment. Au contraire, l'idéal d'une véritable formation qui aurait largement dépassé les stricts besoins sociaux a été hérité par elle de la tradition classique, telle qu'elle se mettait déjà en place dans l'enseignement socratique (encore que celui-ci refusait de faire place à la rhétorique en tant qu'*ars*). La connaissance de la géométrie et de la musique faisait, on le sait, partie du programme d'éducation que définissait mille ans plus tôt Platon. Les pédagogues hellénistiques ont modifié, complété et d'une certaine manière systématisé cette première conception d'un enseignement universel (*enkuklios paideia*, « encyclopédie »), d'où est sortie une sorte de vulgate culturelle partagée par les intellectuels du Haut-Empire.

Les arts libéraux *(artes liberales)* constituent le protreptique nécessaire à l'entrée dans les études philosophiques. Seuls des originaux (et des marginaux) comme les épicuriens et les cyniques récusaient un tel programme d'enseignement. Chez Cicéron, on comptait : grammaire, rhétorique, dialectique, arithmétique, géométrie, musique, astronomie, philosophie et droit. Chez le premier adaptateur au christianisme de la culture classique, Clément d'Alexandrie, on rencontre : grammaire, rhétorique, dialectique, arithmétique, géométrie, musique, astronomie, philosophie. Enfin, chez Augustin : grammaire, dialectique, rhétorique, musique, arithmétique, géométrie, astronomie, philosophie. Autrement dit, les sept voies qui deviendront le canon médiéval se mettent déjà en place : au *triuium* (grammaire, rhétorique, dialectique) s'ajoute un *quadriuium* (géométrie, arithmétrique, astronomie et musique).

Masse culturelle et continuité.

Le *quadriuium* représente un degré supérieur de culture qui n'est que le lot de l'élite au sein d'un groupe culturel déjà minoritaire par rapport à l'ensemble du corps social. Il n'échoit assurément qu'aux esprits les plus accomplis. Mais, si leur nombre est en vérité restreint, il n'est pas ridiculement bas. Il suffit pour se rendre compte de son importance de considérer l'histoire religieuse du IVe et du Ve siècle : la longue série de conflits qui ont opposé les intellectuels païens à leurs rivaux chrétiens, d'un côté, et les intellectuels chrétiens entre eux, de l'autre, en d'interminables querelles dogmatiques est le signe non pas d'une décadence culturelle, mais bien au contraire d'une intense activité créatrice. Le conflit christologique du IVe siècle et le débat prédestinationiste du Ve, avant les controverses monophysites du VIe, font s'élever dans tout l'Empire des voix si nombreuses et souvent d'une telle qualité (pensons à Julien d'Éclane, le jeune et redoutable adversaire d'Augustin) qu'il n'est pas possible de ne pas considérer ces siècles comme un véritable laboratoire intellectuel. Et de même que les plus récents travaux de prosopographie ont montré que la classe sénatoriale ne s'est pas effacée avec l'Empire, mais a perduré dans les aristocraties régionales, de même la puissante machine culturelle romano-grecque ne pouvait s'effacer à la première tempête.

Outils intellectuels : le grec.

Cette part la plus haute de la culture repose séculairement sur un bilinguisme parfait. Depuis le siècle des Scipions, un intellectuel romain devait avoir une maîtrise sans faille de la langue et de la culture grecques, quitte à s'en cacher dans ses déclarations officielles. L'école enseignait dans les deux langues : l'élève apprenait à lire Homère aussi bien que Virgile. On a retrouvé des cahiers d'écoliers latins qui s'exerçaient en grec et inversement. Nous sont également parvenus des guides de conversation courante latin/grec qui constituaient des manuels d'initiation élémentaire du genre de nos modernes *Assimil* ou *Berlitz* (ce sont les *Hermeneumata pseudodosithanea*). L'interpénétration entre les deux langues (qui justifie en définitive que l'on parle de civilisation gréco-romaine) était si grande que la langue des premiers débuts du christianisme à Rome fut le grec et que, jusqu'au IVe siècle, le grec demeura la langue de la liturgie dans la capitale. Si l'on prend de grands noms, Tertullien comme Apulée étaient totalement biculturés. Un érudit comme Jérôme également. On est arrivé à des situations aussi extrêmes que de voir un Grec de naissance comme Ammien Marcellin rédiger ses Histoires *(Res gestae)* dans la langue de Rome. Enfin, rappelons que, jusqu'au milieu du VIe siècle, le latin est la langue officielle de la cour à Constantinople, puisque l'empereur Justinien le parle avec prédilection.

Scission grec/latin.

Mais ces dernières attitudes ont été, en quelque sorte, les chants du cygne de cette union. En fait, et comme on l'a justement souligné, ce sont les Latins qui ont fait le plus d'efforts pour tisser une toile culturelle continue qui réunît les deux aires du bassin méditerranéen. Les hellénophones sont loin d'avoir accompli les mêmes prouesses : la fierté de leur passé et la richesse d'un héritage littéraire où il leur suffisait de puiser expliquent certainement leur attitude. En outre, quand le christianisme eut ses premiers grands maîtres, Clément d'Alexandrie, Origène, ceux-ci étaient les héritiers d'une tradition uniquement grecque. Quand apparaissent les premiers intellectuels chrétiens latins, le monde grec a déjà créé tout ce qui lui est nécessaire et peut vivre en vase clos.

De leur côté, les Latins s'étaient pourvus d'une culture philosophique. Les efforts de Cicéron, la créativité de Sénèque avaient ouvert la voie au renouvellement radical que provoque l'œuvre de Tertullien. Dès la fin du Haut-Empire, tout est devenu dicible en latin. Après les convulsions du IIIe siècle qui, en Occident, ont peut-être retardé l'éclosion d'une grande littérature chrétienne, les intellectuels chrétiens latins bâtissent leur propre maison culturelle. Leur production devient si abondante qu'elle épuise à elle seule l'intérêt de leur public. Cette évolution en quelque sorte organique est aggravée par l'action des forces centrifuges qui scindent peu à peu l'Occident romain et l'Orient byzantin. Commencé dès le IIIe siècle, ce procès culminera lorsque au VIIIe siècle les empereurs d'Orient renonceront complètement à une politique active dans la Méditerranée latine. L'effet à court terme est que l'Occident latin oublie le grec.

Théologie latine.

Cette transformation est, d'une certaine manière, légitimée et couronnée par l'extraordinaire rayonnement de l'œuvre d'Augustin. Ce dernier raconte dans ses

Confessions à quel point il a peiné pour acquérir de maigres rudiments de grec. On a, depuis, prouvé que sa connaissance du grec classique est inexistante, que par contre il a peu à peu acquis la capacité de lire le grec biblique, et, sur le soir de sa vie, qu'il comprend le grec des Pères, quoique souvent aidé d'une traduction. Ainsi, le plus grand des Pères latins édifie toute son œuvre immense sur une culture de langue essentiellement latine. Le *De Trinitate* est le premier ouvrage de l'histoire intellectuelle de l'Occident qui soit composé par un penseur dont la réflexion ne s'est pas d'abord nourrie d'une conceptualisation grecque. A la fois sevrée de la tradition orientale, mais aussi libérée de sa tutelle, la pensée théologique occidentale s'édifie sur une rupture. Elle n'est ni voulue, ni réellement consciente. De toute manière, Augustin est bien plus, par rapport à la tradition classique, un homme de renouvellement qu'un homme de renoncement. Mais, avant de regarder de plus près comment a été installé ce relais déterminant, il faut s'attarder sur les autres outils.

4. Les outils matériels

Supports de l'écriture : « papyrus ».

Ceux-ci forment la base matérielle indispensable d'une civilisation fondée sur la culture écrite. Après avoir insisté sur l'importance de l'alphabétisation et de la tradition littéraire dans l'Antiquité tardive, il convient, en effet, de montrer quel est le support physique de cette culture. Les neuf dixièmes de la production écrite antique (au moins) sont confiés à un matériau extrêmement périssable, le *papyrus*. Ce dernier est importé d'Égypte dans tout l'Empire et est employé sous forme de rouleaux *(uolumen)*. Cette disposition est la plus répandue et la plus traditionnelle : elle définit le canon du support écrit de l'époque classique et tardive.

Les actes, les documents, les lettres sont ainsi copiés sur cette matière fragile, dont l'usage est universel. Certaines administrations occidentales y demeureront fidèles jusqu'assez loin dans le haut Moyen Age. La chancellerie royale mérovingienne émettra ainsi jusqu'à la seconde moitié du VIIe siècle des documents écrits sur papyrus. Les bureaux de Ravenne feront de même jusqu'au VIIIe, et la chancellerie pontificale jusqu'au XIe. Rappelons que l'étymon du mot papier (bien que faux archéologiquement) est *papyrus*.

Parchemin.

On sait que le support le plus noble de l'écriture est le parchemin, fait d'une peau spécialement apprêtée d'un animal dont la nature était variable : chèvre, mouton, veau. Bien plus résistant, mais aussi beaucoup plus coûteux que le papyrus, il est d'un emploi plus rare. Il faut attendre les goûts fastueux de l'Antiquité tardive pour que son usage prenne quelque ampleur. Un des plus beaux exemplaires qui nous soit parvenu est une copie des Évangiles réalisée probablement pour Théodoric, le *Codex Argenteus*. Il a été écrit sur un parchemin dit pourpre, dont la qualité exige une calligraphie claire et brillante qui requiert des lettres d'or ou d'argent. Les plus beaux évangéliaires que nous ayons gardés sont édités de cette manière (évangéliaire de Godescalc et Évangiles du couronnement des empereurs germaniques).

Il est trop tôt, naturellement, pour parler du papier proprement dit qui, importé de Chine par les Arabes au VIIIe siècle (Samarcande), passe en Espagne musulmane où sa présence est attestée à partir du XIIe siècle, avant de se généraliser dans toute l'Europe.

Écrire sur papyrus et sur parchemin suppose l'emploi d'une encre que l'on dépose à l'aide d'un instrument effilé, pour la finesse du trait, et souple, pour ne pas écorcher le support. Cet instrument peut être soit un roseau fendu (d'où le nom de *calame*), soit une plume d'oiseau taillée : cette dernière technique traverse les siècles.

Tablettes.

L'Antiquité, puis le Moyen Age usent couramment de tablettes de cire. Elles sont constituées d'un support matériel fixe (planchettes de bois ou d'ivoire), d'abord évidé, puis rempli d'une lame de cire. Écrire consiste à graver la cire avec une pointe ; effacer, à boucher le sillon ainsi creusé. L'outil de l'écriture est donc un stylet, effilé à une extrémité, aplati l'autre. Assemblées, ces tablettes forment des diptyques, triptyques ou polyptyques, selon leur nombre. Elles sont d'un usage absolument généralisé. On a retrouvé des tablettes où des écoliers s'étaient exercés, mais aussi des comptes (tablettes de Vindolanda, dans le mur d'Hadrien au Ier siècle). Il est également arrivé que des supports plus rustiques soient utilisés. Des paysans d'Afrique passent, à la fin du Ve siècle, des contrats qui sont consignés sur des planchettes de cèdre. Inversement, l'ivoire, somptueusement gravé, sert à partir du IVe siècle à offrir des diptyques consulaires décorés de sculpture à ceux qui entrent en charge.

L'usage de ces tablettes est habituel dans le haut Moyen Age. On y copie des litanies. Les écrivains y rédigent les brouillons de leurs œuvres. Les abbés y consignent les comptes de leur monastère.

Codex.

L'Antiquité tardive délaisse de plus en plus la forme traditionnelle de conservation — de stockage — des textes sous forme de rouleaux qui ne peuvent se lire qu'en défilement continu *(uolumen)* au profit d'une nouvelle forme, beaucoup plus proche de notre propre conception du livre, le *codex*. Le point de départ en a été les cahiers que formaient les tablettes de cire, disposition qui a été imitée très tôt avec des feuilles de parchemin. Puis, au IIe siècle en Égypte, les chrétiens ont réalisé des *codices* de papyrus qui permettaient un usage bien moins onéreux de cette technique. Cette méthode s'est généralisée. Ces livres de papyrus ont des dimensions très variables, de la double feuille à des ensembles de plusieurs dizaines. Il devient ainsi possible de posséder en un unique cahier le texte entier d'un des Évangiles.

La technique du *codex* ayant subi beaucoup de variations à travers l'Europe médiévale, sa description détaillée serait compliquée. Outre le pliage et l'assemblage des feuilles, le travail préparatoire consiste généralement à tracer des lignes qui guideront le scribe. Des trous marquent le cadre général de ce tracé. On délimite notamment avec soin la justification, dont la place évolue légèrement dans le haut Moyen Age. Des signes spéciaux signalent la place des majuscules qu'il convient de calligraphier. Les cahiers sont numérotés dans l'angle inférieur gauche de la première page qu'ils présentent à l'aide de chiffres avant le Ve siècle et ensuite avec des lettres. Cet usage de l'Occident latin évoluera lui aussi sensiblement à l'approche du Moyen Age.

Usages.

Les *codices* servent à de multiples usages qui entraînent une définition différente de leur format. Les plus grands d'entre eux qui nous soient parvenus sont de luxueuses copies des poètes Virgile et Lucain, ainsi qu'un exemplaire du *Digeste*. De très grand format également sont des exemplaires de la Bible (on les appelle *grandiores* ou *gigantes*), dont certains, rares, ont survécu à l'épreuve des siècles.

Mais on crée à côté de ces somptueux livres des ouvrages beaucoup plus maniables, comme cet Évangile de saint Jean daté des Ve/VIe siècles, qui ne mesure que cinq centimètres sur quatre et ne compte que onze lignes par page. On a également retrouvé des Évangiles irlandais, des règles monastiques de poche.

Le texte est copié sur plusieurs colonnes parallèles. Les écrits antiques aussi bien que les œuvres patristiques sont ainsi reproduits dans les *codices* sur deux ou trois colonnes aux IVe et Ve siècles. Plus rarement, la copie est faite sur une seule colonne formée de longues lignes, cette dernière disposition paraissant la plus archaïque. Un travail fort délicat est la mise en regard d'un texte et de son commentaire, comme cela devient de plus en plus nécessaire avec le développement de l'exégèse d'abord, puis, plus tard, l'apparition de gloses.

Écrire.

Le geste du copiste de l'Antiquité tardive est le reflet inchangé d'habitudes immémoriales qui traverseront le haut Moyen Age. Il écrit sur ses genoux, la plume étant tenue entre trois doigts étendus ou légèrement repliés. Comme les deux autres doigts sont repliés et inopérants, le poids de la main repose entièrement sur l'index. L'avant-bras n'a pas d'appui. L'acquisition de cette technique est peu aisée et sa pratique un exercice rude, d'autant plus qu'il existe des types d'écritures différents dont les deux principaux sont la calligraphie et la cursive.

La première relève de la copie d'œuvres à conserver ; la seconde de rédactions utilitaires. La calligraphie suppose un forte pression de la main et exige l'emploi d'une plume large, qui trace les lettres une à une, en distinguant les gras et les maigres, sans accrocher le support, ni commettre de taches, en respectant une certaine régularité des proportions. Au contraire, l'écriture cursive s'exécute d'une main légère et rapide en utilisant une plume fine, qui ne fait qu'esquisser le contour des lettres en un trait continu.

Capitale.

Dans l'Antiquité tardive, l'écriture livresque principale est la capitale canonisée. Cette écriture dure presque inchangée pendant près de six siècles à partir du Haut-Empire. C'est elle qui a été notamment utilisée pour la réalisation des *codices* sur parchemin comme le *Vergileus*

Mediceus, révisé à l'extrême fin du Ve siècle à Rome par le consul Asterius. Une variante de cette capitale canonisée, la capitale carrée, est également employée pour copier les chefs-d'œuvre de la tradition, et notamment Virgile, mais aussi certains grands poètes chrétiens comme Prudence. La capitale, combinée avec d'autres formes, comme l'onciale, sera encore en usage en Espagne, du temps d'Isidore de Séville.

Cursive.

A partir du IIIe siècle, la cursive romaine ancienne est remplacée par la cursive récente, qui correspond au besoin d'accélérer l'acte d'écrire. Cette cursive représente le fruit d'une évolution continue depuis la cursive impériale ancienne, telle qu'elle est attestée du temps de Néron. Sa principale caractéristique est d'être de format minuscule. La distinction entre capitale (majuscule) et cursive (minuscule) ainsi établie va perdurer au-delà du *Tardoantico*.

Onciale.

A partir du IVe siècle se généralise un type d'écriture nouveau, l'onciale, dont la formation est probablement due à l'effort pour réunir en une synthèse les caractères de la capitale et de la cursive. Son développement semble coïncider avec l'expansion de l'emploi du parchemin pour la copie des livres en Occident, c'est-à-dire au désir de répondre à une demande accrue de copie, mais cette fois de qualité. Dans sa forme parfaite, l'onciale fut employée en effet pour reproduire les grands textes classiques et pour multiplier les copies des textes chrétiens dans leurs versions de luxe.

A partir du VIe siècle, cette écriture se transforme sensiblement et commence une évolution qui lui fera perdre sa pureté initiale. L'écriture onciale, partie d'Italie au temps de saint Grégoire, retournera sur le continent un siècle plus tard, en y rapportant intacte toute la finesse de la belle onciale romaine, préparation à la restauration de l'écriture qui donnera la minuscule caroline.

Autres écritures.

A côté de ces grands types ainsi très sommairement rapportés, apparurent d'autres modèles d'écriture : semi-onciale ancienne, dite orientale ; semi-onciale récente ; semi-onciale cursive, etc. Cependant, l'essentiel de l'usage tardif en Occident a été énuméré. Il est nécessaire de faire une simple allusion à l'écriture orientale, car les techniques ont évolué aussi à Constantinople et les échanges à ce niveau le plus spécifique n'ont guère cessé entre monde grec et monde latin.

Il ne faut pas non plus oublier qu'à côté de ces écritures existent des méthodes encore plus professionnelles, comme la tachygraphie. Cet art, attesté depuis longtemps dans l'Antiquité, et dont la manifestation la plus connue est celle de la notation tironienne, fut constamment enseigné et employé. Son importance ne décroît que lentement, puisque nous savons que les sermons d'Augustin sont pris à la volée et que deux siècles plus tard il en ira de même dans la Rome de Grégoire le Grand.

Ces multiples indications permettent de se faire une idée de l'étendue de ces massifs culturels qui occupent l'espace du *Tardoantico*. Les savoirs impliqués dans cet outillage culturel sont multiples. Les individus qui les mettent en œuvre représentent des chiffres difficiles à quantifier, mais qu'il n'est pas déraisonnable d'estimer à plusieurs centaines de milliers, constituant un maillage continu dans tout l'Occident. Les traditions et les techniques sont assez variées pour permettre des adaptations, mais assez enracinées pour résister aux bouleversements.

5. L'« auctoritas » hellénique

Désir du savoir.

On ne peut même pas parler d'héritage dans le cas de cette richesse culturelle, car ce mot suppose qu'il y ait un décès et que le bien possédé par le défunt doit être transmis à son héritier. Cette image, employée parfois à propos de la disparition de la civilisation antique lors de l'effondrement de l'Empire romain en Occident, n'est que très partiellement appropriée, dans toute la mesure où la totalité des éléments qui composent cette culture est toujours bien vivante en ce *Tardoantico*. Le passage de l'Antiquité classique à l'Antiquité tardive supposa-t-il cependant des abandons ? Certainement, car l'expansion d'un christianisme devenant peu à peu hégémonique impliquait des transformations profondes. Cependant, ce serait une erreur grave de considérer que le développement de la foi et de la culture chrétiennes a obéré la richesse de la tradition et de l'enseignement païens.

On a pu en effet écrire à très juste titre que, si la culture païenne s'était convertie à la foi chrétienne, cette dernière s'était aussi convertie à la culture païenne. Sans pousser jusqu'au paradoxe une telle affirmation, il faut reconnaître que le long travail d'osmose qui a commencé dès le IIe siècle, quand le judéo-christianisme eut définitivement cédé la place à un christianisme hellénique, est couronné au Ve siècle dans le fleurissement d'un christianisme latin. Car le désir de savoir qui était la raison première de toute la tension intellectuelle de l'Antiquité classique s'est trouvé justifié et exalté dans l'entreprise chrétienne en Occident.

Enracinement grec.

Il serait long d'analyser l'évolution qui a ainsi conduit les intellectuels chrétiens à une telle conversion. Rappelons seulement que l'enracinement chrétien dans les traditions de la culture païenne était légitimé dès le IIe siècle par des esprits aussi brillants que Clément d'Alexandrie. Ce maître du didascalée chrétien d'Alexandrie, placé au cœur le plus prestigieux de la vie intellectuelle de l'Empire (après Rome, peut-être), établit les caractères d'une culture chrétienne dans une série de traités, *Le Protreptique, Le Pédagogue, Les Stromates*. Le principal s'en trouve contenu dans un ouvrage en trois livres, le second, qui vise des adultes déjà convertis.

S'adressant à l'élite culturelle de l'Égypte, c'est-à-dire à l'aristocratie impériale hellénophone, Clément entreprend littéralement de faire son éducation dans tous les domaines : conduite quotidienne, morale sexuelle, art de vivre, etc. Or, tout son enseignement se réfère constamment à la tradition philosophique païenne, notamment au platonisme et au stoïcisme, qui, transformés certes par la pensée chrétienne, mais reconnaissables, irriguent tout son discours. Jusque dans sa forme, son œuvre déploie le raffinement et l'équilibre de la tradition hellénistique et c'est en toute bonne foi qu'il proclame que « l'éducation et la culture sont les biens les plus beaux et les plus parfaits que nous possédions dans la vie ».

Culture chrétienne.

Une telle déclaration rappelle profondément les principes affirmés autrefois par Platon ou par Ménandre et annonce celle d'un orateur païen comme Libanios ou chrétien comme saint Grégoire de Nazianze. Ainsi s'explique que tout l'enseignement moral de Clément fasse appel en parallèle à l'autorité de l'Écriture et à celle des classiques grecs : Platon, Sophocle, Pindare, Aristote... Homère est naturellement à l'honneur. Cette attitude psychagogique reflète une conviction intime : les intellectuels chrétiens ne se sont pas adaptés bon gré mal gré à une culture et à des formes littéraires qui se seraient surajoutées tant bien que mal à leur propre formation. Tout au contraire leur foi et leur culture ont conflué en une intégration progressive, même si des crises de conscience ont parsemé ici et là leur itinéraire.

La forme correspond au fond : autant que de style biblique, l'écriture de Clément est imprégnée de style classique, où la littérature et la culture gardent tout leur sens traditionnel. Cette forme est cependant au service de l'enseignement donné. Elle le soutient et l'illustre, mais ne devient jamais une fin en soi. La connaissance personnelle directe d'Homère et de Platon était aiguisée par une formation grammaticale dont on sent constamment qu'elle pousse Clément à scruter les textes au plus près. Elle le convainc également de trier son grec de manière à le tenir au plus près de la tradition atticisante remise à la mode dès l'époque de la seconde sophistique.

C'est sur de telles bases que s'est constitué un hellénisme chrétien, qui aboutit à un âge d'or des Pères grecs, et se poursuivra dans la tradition byzantine. Le chemin était tout tracé pour que l'Occident latin adoptât la même attitude de fidélité dans la rénovation.

3

Sauvegardes culturelles

Typologie

Dressons un premier bilan de ce qui constitue les traits caractéristiques de la civilisation du *Tardoantico,* d'un point de vue essentiellement culturel. Nous y ajoutons immédiatement les traits pertinents du domaine linguistique, par anticipation sur l'exposé qui sera consacré à ces questions au chapitre 6.

Civilisation de l'écrit.
Existence d'écoles publiques : *litterator, grammaticus, rhetor.*
Existence d'un enseignement privé.
Itinéraire intellectuel obligé ; exercices scolaires typiques.
Canon des lectures : Cicéron, Virgile.
Bibliothèques publiques et privées.
Codices, uolumina, tabulae.
Calame, stylet.
Abondance de la production écrite usuelle, de consommation immédiate.
Régularité de la production écrite noble, de conservation recherchée.
Centres d'enseignement et de culture importants (Rome, Carthage, Cordoue, Lyon...).
Activité épigraphique continue et géographiquement générale.
Administration écrite.
Droit écrit ; écoles de droit.
Universalité des lois.
Notion de citoyenneté et de *res publica.*
Culture savante répandue ; priorité à la rhétorique.

Persistance de la tradition littéraire.
Prestige des arts libéraux.
Prestige du passé impérial.
Unité interdialectale du latin parlé.
Cohérence interculturelle du latin parlé.
Le latin langue de communication générale.
Absence de *scripta* des langues barbares.

1. Légitimation du legs

Enracinement latin.

Naturellement, les facteurs de maintien et les causes d'effacement de cette structure culturelle et linguistique sont antinomiques, nombreux et parfois difficiles à définir. Mais, si la partie hellénophone de l'Empire, comme cela a été souligné dans la conclusion du précédent chapitre avec Clément d'Alexandrie, a su se donner très tôt les fondements idéologiques qui ont entraîné la longue survie de la culture antique, la partie latinophone n'a guère tardé à s'engager dans le même sillage. Tertullien, Cyprien, Ambroise, Jérôme et Prudence, pour ne citer que les plus grands noms, ont dans la pratique de leur écriture prouvé qu'ils assumaient pleinement l'héritage antique. Même si certains, comme Jérôme, ont eu quelques difficultés à mettre de l'ordre dans leur système de pensée et à concilier christianisme et cicéronianisme, leur éducation et leur culture ne peuvent laisser la place au moindre doute. Ils sont des hommes du *Tardoantico,* c'est-à-dire d'une Antiquité qui pour être tardive n'en est pas moins authentiquement fidèle à ses valeurs.

Passeport augustinien.

Cependant, il revenait au plus grand d'entre eux, et au dernier, dans l'histoire littéraire de l'Empire, de donner aux belles-lettres le passeport dont elles avaient besoin afin que leur destin fût fixé de manière positive. Certes, Augustin ne croit pas que la culture antique dont il est l'héritier clairvoyant et décidé soit sur le point de perdre le socle historique sur lequel elle a toujours vécu : s'il est sans illusion sur l'éternité de l'Empire, il n'a pas le sentiment que ses jours sont comptés. Ses prises de position sont donc faites dans la perspective d'une continuité. Il est important de tenir compte de ce facteur externe, parce que sans nul doute, si l'Africain avait compris que le système scolaire pluriséculaire qu'il connaissait allait être mis en danger de mort par la disparition de la cité terrestre qui l'abritait, son désir de sauvegarder l'essentiel se serait étendu à des disciplines plus nombreuses et plus humbles. Néanmoins, la profession de foi en matière d'éducation chrétienne que constitue son *De doctrina christiana* justifie l'image du passeport, car elle apporte la légitimation non plus seulement pratique, mais aussi théorique du maintien de la tradition culturelle antique.

Obligations et angoisses de l'orateur chrétien.

Tout dépend, en définitive, de l'efficacité de la communication orale. Convaincre des incroyants ou instruire, morigéner et guider des fidèles suppose en effet une très puissante action de la parole. Cette absolue nécessité a été exposée avec clarté et esprit par Augustin dans un petit traité protreptique au *De doctrina christiana,* qui ne comporte qu'un unique livre, le *De catechizandis rudibus,* autrement dit le *Sur l'instruction des néophytes*. Rappelons que les néophytes désignent en langage chrétien ceux qui sont tentés par la foi et qui viennent chercher un premier enseignement élémentaire, une catéchèse, préparatoire à leur admission au sein de la communauté des baptisés. Or, nous apprenons qu'un prêtre de Carthage, joliment nommé *Deogratias* (« Grâces-à-Dieu »), s'est adressé à Augustin afin de résoudre un problème qui le tourmente : il a le sentiment que, lorsqu'il parle à ses fidèles dans le cadre de la catéchèse, sa parole n'a pas la puissance convaincante qu'elle devrait avoir.

Augustin lui répond d'abord en témoignant de son propre sentiment d'insatisfaction et d'insécurité à l'écoute des mots qu'il prononce lui-même. Il a l'impression, lui aussi, qu'il est impuissant à faire comprendre à son auditoire tout ce qu'il pense, et à imprimer dans sa parole le moule exact de sa pensée.

Après avoir rassuré ainsi en partie ce quémandeur, Augustin satisfait à sa demande en analysant longuement les raisons diverses qui peuvent susciter l'ennui des auditeurs et en offrant des méthodes distinctes pour y remédier. Il conclut en composant sur un sujet identique deux modèles différents d'homélies : un long et un bref.

Vers une théorie chrétienne de la culture.

Cette réflexion appartient déjà pleinement à l'exercice auquel a été longuement entraîné Augustin, enseigner, puisqu'il avait été professeur de rhétorique jusqu'au moment de sa conversion. Toute son expérience de pédagogue païen (en fait néoplatonicien) nourrit son exposé sur l'enseignement chrétien. Elle s'exprime de manière plus achevée dans une longue méditation qui prit trente ans de sa vie, de 396 à 427. Il y établit les fondements d'une véritable éducation chrétienne dans les quatre livres du *De doctrina christiana*. L'ouvrage est tout entier bâti en deux parties : comment acquérir un savoir chrétien d'abord (livres 1 à 3) ; comment communiquer ensuite ce savoir (livre 4). Sans négliger la spécificité chrétienne de cet enseignement, on a relevé combien il reposait sur la mise en pratique des enseignements antiques au service de la nouvelle religion.

C'est le cas dans les trois premiers livres qui exaltent la connaissance et l'étude du Livre par excellence comme fondement de la culture chrétienne, et qui définissent les moyens de réaliser cette entreprise. Car là, on reconnaît à tout instant les méthodes chères au *grammaticus*. Reconnaissant que la Bible est un texte qui, pour être inspiré, n'en est pas moins littéraire, Augustin fait se succéder dans l'acquisition d'un savoir biblique qui conduit à une exégèse du texte sacré, les étapes tout à fait traditionnelles de la *lectio,* de l'*emendatio* et de l'*enarratio*.

Techniques du « grammaticus ».

En effet, il faut premièrement apprendre à lire correctement le texte sacré, et pour cela être capable de le ponctuer *(distinguere)* et de l'énoncer à voix haute *(pronuntiatio)* de manière simultanément intelligible et conforme à la foi.

En outre, les manuscrits en sont multiples et donnent parfois des leçons contradictoires : il faudra s'efforcer d'établir le texte le plus satisfaisant possible (ici, les considérations éthiques remplacent les anciens critères esthétiques). C'est la traditionnelle tâche de l'*emendatio*. Elle suppose notamment la maîtrise d'au moins les deux langues sur lesquelles reposait la tradition classique, puisque la version latine dont dispose Augustin doit être comparée avec l'original grec afin de lever les ambiguïtés. Sur ce point, l'évêque fait preuve d'un grand conservatisme par comparaison avec Jérôme qui avait hardiment délaissé l'intermédiaire grec de l'Ancien Testament au profit de l'original hébreu.

Enfin, il convient de commenter et d'expliquer le texte ainsi établi et compris à ce premier niveau : l'élève procède bien dès lors à l'*explanatio*. Cette troisième phase fait appel d'abord aux ressources de l'analyse grammaticale : le genre d'un mot, la conjugaison d'un verbe, le cas d'un pronom faisaient l'objet d'un éclaircissement. La continuité de l'exégèse chrétienne avec l'explication classique est encore plus profonde. Car une partie du texte sacré ne se lit pas seulement dans son sens strict *(ad litteram),* mais aussi dans un sens figuré *(translatum)*. Or, l'étude des figures fait partie de l'arsenal des intellectuels, habitués depuis des siècles à l'étude des *tropes*.

Déminage des classiques.

Cette exploitation rationnelle de la science païenne s'accompagne d'une réelle révolution mentale à l'occasion de laquelle Augustin procède à un véritable déminage de la tradition classique. Car les premiers apologètes chrétiens avaient dû combattre avec acharnement et horreur les croyances païennes. Leur présence dans la littérature rendait celle-ci plus que suspecte, et les intellectuels chrétiens d'Occident se trouvaient ainsi déchirés entre leur formation culturelle et la force de leur foi. Une partie du conflit fut dénouée par des choix radicaux : en Orient comme en Occident, il se développa un certain extrémisme chrétien hostile à toute compromission avec les traditions classiques. Le quasi-analphabétisme de certains anachorètes en fut la manifestation la plus radicale.

Une telle dramatisation, si sensible dans la pensée hiéronymienne, s'efface dans l'enseignement augustinien. Ce dernier banalise la religion et les croyances païennes en montrant en elles le pur produit de l'activité humaine. Il évacue le caractère sacré de certaines habitudes, qui ne se trouvent plus rien signifier de divin, et peuvent être intégrées dans une conduite chrétienne : les boucles d'oreilles féminines, symboles magiques honnis des ascètes (païens comme chrétiens !), trouvent grâce aux yeux du pasteur quand elles ne représentent plus qu'une recherche humaine du beau.

« *Orator christianus* ».

Ainsi Augustin construit les bases idéologiques qui légitiment la sauvegarde de la culture antique classique. L'enseignement chrétien, tout entier fondé sur l'étude de la Bible, instaure une osmose avec les méthodes de l'exégèse païenne. Mais Augustin a également une conscience aiguë de la nécessité et de la difficulté de sa transmission. Il a déjà eu l'occasion de répondre aux angoisses d'un catéchète pourtant talentueux, *Deogratias*. Seule une technique appropriée peut donner au pasteur les moyens conceptuels, littéraires et psychologiques de se libérer de ces affres.

C'est ainsi que le livre quatre — écrit près de vingt ans après le trois — clôt le *De doctrina christiana* par un exposé consacré à la manière d'enseigner le savoir chrétien *(De rebus exprimendis).* Il prévient son lecteur de ne pas attendre de lui un cours de rhétorique profane, car cette *ars* doit être apprise dans les écoles spécialisées, c'est-à-dire auprès des *rhetores,* dans le jeune âge qui convient à un tel apprentissage. On ne saurait mieux dégager une place légitime à cette école classique : formé, pétri, préparé par elle, l'orateur est pourvu à sa sortie des moyens de déployer son talent dans le cadre de sa foi.

Armes de la persuasion.

L'orateur chrétien ne doit pas affronter désarmé ses adversaires : ceux-ci disposeraient de moyens de persuasion beaucoup trop puissants puisque les techniques de l'éloquence antique permettent d'armer la parole d'une manière très efficace. Les longs combats qu'Augustin a dû mener contre les manichéens, contre les donatistes contre les pélagiens, à l'intérieur de la société chrétienne, mais aussi contre les puissantes résurgences païennes (rappelons qu'un des buts de *La Cité de Dieu* est de les affronter), n'ont pu que l'en convaincre. Jusque dans sa vieillesse, quand il est contraint de se mesurer au jeune et savant évêque d'Éclane Julien, l'évêque d'Hippone doit faire appel à toute sa science scolaire.

Augustin affirme avec force que la sagesse prime la parole et que l'éloquence chrétienne doit être au service de la vérité. Ce choix éthique donnant un rang subordonné à la forme ne conduit nullement l'évêque à se désintéresser des trésors d'éloquence que recèlent les textes sacrés. Il affirme que leur étude renforcera chez le pasteur non seulement sa foi, mais aussi ses capacités d'orateur. Le maître, par une série d'analyses stylistiques, montre les qualités littéraires et oratoires de textes choisis dans la Bible, qu'il scrute avec l'œil du professeur de rhétorique.

Les trois fonctions de l'orateur chrétien.

Cette fidélité raisonnée n'est pas due à une illusion d'optique. Dans la dernière partie du livre, Augustin résume les tâches de l'éloquence chrétienne en affirmant qu'elle doit « instruire, charmer et convaincre » les auditeurs. Ce sont les propres termes des traités de rhétorique de Cicéron qui apparaissent ainsi en plein Vᵉ siècle *(docere/delectare/flectere),* dans des conditions sociales, culturelles et linguistiques telles qu'on ne peut douter des raisons concrètes et réalistes qui poussent à leur remise à jour. Une analyse serrée de divers passages de saint Paul sert d'illustration à cette règle classique qui reçoit ainsi en quelque sorte son baptême.

Ces trois fonctions sont associées à trois catégories de style qu'Augustin énumère : l'orateur chrétien utilisera le style humble *(sermo submissus)* pour instruire ; le moyen pour charmer *(sermo moderatus)* et le sublime pour convaincre *(sermo grandis).* Ainsi les trois niveaux de l'éloquence cicéronienne se retrouvent-ils ici, adaptés et transfigurés dans les trois niveaux de l'éloquence chrétienne.

Rhétorique biblique et patristique.

Retournant aux Évangiles et à Paul, Augustin montre comment ces trois registres stylistiques sont mis en œuvre par l'Apôtre. Puis, il puise dans l'œuvre moderne des Pères pour faire percevoir à son public comment ces préceptes y sont demeurés vivants et efficaces. A un exemple de style humble chez Cyprien succède un échantillon du même chez Ambroise. L'opération recommence dans le cas du style moyen. Enfin, place est faite à des échantillons de style sublime chez le Carthaginois et chez le Milanais.

Définis ainsi et clairement illustrés selon les cadres de la pensée littéraire traditionnelle, les modes stylistiques font l'objet d'une série de conseils d'usage où le maître engage l'orateur chrétien à recourir à un des procédés favoris de la rhétorique antique, la *uariatio*. Autrement dit, afin de tenir son public attentif, le pasteur s'efforcera de passer assez souvent d'un niveau de style à l'autre. Il évitera notamment d'abuser du registre sublime qui ne doit surgir qu'exceptionnellement, lorsqu'il est adapté à des circonstances ou à un sujet dramatiques.

Structures préparatoires.

Dans la pensée d'Augustin ne se condense pas la totalité de la mentalité chrétienne à l'époque du *Tardoantico*. Sa très forte personnalité, son immense culture et sa puissance créatrice font du maître un homme à part. Mais le prestige de son œuvre est tel en Occident qu'elle joue un rôle décisif dans l'évolution de la culture des siècles suivants. Il est à la culture ce que Donat est à la grammaire ; mais en outre son rayonnement de docteur de l'Église finit par imposer ses choix. Il est partiellement en avance sur son temps. Car ce n'est qu'à partir du VIIIe siècle, précisément à la faveur de la renaissance carolingienne, que des hommes comme Alcuin, Théodulf ou Paul Diacre, avant Loup de Ferrières et Smaragde de Saint-Mihiel, accepteront en bloc l'héritage culturel antique.

Mais, entre-temps, Augustin a placé des structures préparatoires, des pierres d'attente, qui justifieront une partie des intellectuels chrétiens dans leur effort pour sauvegarder l'héritage païen, c'est-à-dire pratiquement pour assurer la conservation et la copie des manuscrits d'œuvres païennes. Cependant, les bouleversements de la seconde moitié du Ve siècle et la tourmente du siècle suivant s'accompagnèrent de choix souvent contradictoires à l'égard de la culture et de l'éducation antiques. Quels étaient donc les facteurs d'effacement, les facteurs de conservation et les facteurs de transformation de la culture antique à l'entrée du haut Moyen Age ?

2. Facteurs de démembrement

Forces centrifuges : impact des invasions.

Le brassage ethnique commencé au IVe siècle avec l'arrivée des Germains constitue un important facteur de dislocation non seulement sociale, mais culturelle. La langue maternelle des nouveaux venus n'appartient pas à l'*orbis romanus*. Leurs modes d'éducation et de culture ont peu de rapports avec les caractères de la civilisation romaine. Tacite, Ammien Marcellin, Salvien, Grégoire de Tours ont jalonné cette différence avec une précision que les recherches archéologiques ont largement confirmée. C'est un truisme de poser que l'irruption des Wisigoths, des Vandales, des Ostrogoths, des Francs et des Lombards secoue le monde antique. Sans appliquer le schéma un peu rigide qui veut que les superstructures culturelles soient totalement dépendantes des infrastructures sociales, la présence indiscrète des barbares germains joue un rôle perturbateur dans la continuité culturelle de l'Occident.

Nous laisserons de côté l'effet d'envahisseurs qui n'ont fait que passer — fût-ce en laissant des ruines — comme les Huns : l'impact de leur chevauchée n'est pas mesurable, sauf dans la littérature ! D'ailleurs, une des conséquences tout à fait positives de cette invasion est d'accélérer l'interpénétration romano-wisigothique. Nous ne dirons non plus rien des premiers raids normands : ils effleurent la Gaule à la fin du VIIIe siècle, et leur danger ne deviendra réel qu'au siècle suivant, après la période ici traitée. L'invasion musulmane joue un rôle différent : tardive et latérale dans l'histoire de l'Occident, elle sera évoquée à propos de l'Espagne.

Us et coutumes barbares.

Soulignons quelques différences particulièrement sensibles. Outre la différence linguistique, ce sont essentiellement des peuples déracinés : habitués à de grandes migrations, ils ont une capacité considérable d'adaptation géographique. En regard, les masses qui habitent l'Empire sont fixées au sol, soit dans les grandes cités, soit dans les campagnes (cas des colons). Ce sont ensuite des ethnies libres : leur structure sociale est peu différenciée verticalement, l'opposition étant surtout entre le chef et ses sujets (qui l'élisent, en principe, du moins). Le clivage est grand avec une société romaine qui distingue entre *potentes* et *humiliores,* qui charrie des millions d'esclaves, et qui s'est efforcée d'asservir même les hommes libres à des tâches héréditaires (corporations, curiales).

Elles sont formées d'individus entraînés au combat et qui portent donc librement leurs armes : en témoignent les tombes barbares, où les guerriers se font enterrer avec leurs armes ; cette promotion du courage individuel est associée à une valorisation de la force physique et des activités sportives paramilitaires de toutes sortes. En revanche, dans l'Empire il y a beau temps que l'armée « populaire » a disparu pour faire place à une armée de métier (commencée dès Marius, accélérée sous Scylla et César, cette substitution s'achève dès les premiers empereurs julio-claudiens). C'est ainsi que les résistances armées organisées en dehors des défenses prévues par la *notitia dignitatum* (« liste des commandements ») sont rares : l'exemple d'Ecdicius venant à la tête d'une milice locale délivrer Clermont assiégée par les Goths d'Euric est exceptionnel.

Mosaïque ethnico-juridique.

Ces ethnies ne constituent en outre pas un tout homogène : elles sont plutôt des agrégats de tribus qui forment des ensembles à la fois mobiles, indisciplinés et peu fiables. L'autorité de leur souverain est toujours susceptible de se heurter à l'irrédentisme d'un chef. Cette fragmentation est aggravée par la multiplicité des coutumes et cette dernière retentit à son tour sur l'unité du peuple ou de la tribu concernée. Enfin, la codification est entièrement orale : la plus célèbre peut-être des traditions barbares, celle de la composition en fonction du *wergeld* (« tarif ») d'un individu, appartient à une pratique absolument non écrite.

Un mot suffira à rappeler à quel point nous sommes là dans des structures étrangères au monde antique. Le droit romain est avant tout un droit de la tradition écrite. Il est universel : tous les citoyens de l'Empire y sont partout soumis (même si dans la pratique les châtiments sont différenciés en fonction de l'appartenance sociale). Enfin, son application repose sur le fonctionnement précis de tribunaux qui siègent dans toutes les provinces. Le choc entre la civilisation romaine et le monde barbare connaît peut-être son amplitude la plus grande à ce niveau d'opposition entre les cultures de peuples sans écriture et une société pour laquelle c'est dans l'écriture que s'investissent les valeurs les plus importantes.

Un christianisme marginal.

Enfin, les Vandales, les Wisigoths, les Ostrogoths et les Lombards sont des peuples déjà christianisés depuis assez longtemps, mais leur christianisme est marginal. Ils sont, en effet, ariens. L'évêque goth Wulfila, fuyant l'Empire et les persécutions antiariennes, a passé le Danube au IVe siècle pour leur apporter la parole chrétienne dans sa version arienne. La puissante personnalité de cet évêque a implanté un christianisme très vivace chez les barbares, christianisme qui s'est substitué à des croyances païennes labiles et qui donc risque désormais d'accroître la violence du conflit entre la civilisation romaine catholique et ces occupants germains ariens.

Rappelons quelle hostilité avait déjà pu opposer catholiques et ariens lors de la célèbre affaire de la cathédrale de Milan conservée contre vents et marées à l'Église traditionnelle par la résistance opiniâtre d'Ambroise à la fin du IVe siècle. Or cet affrontement était interne à des citoyens romains ; que penser de rencontres entre croyants de nationalités différentes ? Le tissu social de l'ancien Empire se trouve ainsi soumis partout à des tensions, qui prennent une forme extrême en Afrique sous la domination vandale. Cela n'est pas surprenant, puisque cette province avait été la gloire de la littérature et de la chrétienté latine : elle entre donc dans une résistance passive qui aboutit à des persécutions.

Les oppositions sont souvent plus feutrées, comme sous le règne de Théodoric en Italie ostrogothique. L'Espagne présente un cas intermédiaire où quelques poussées de violences alternent avec une lutte d'influences larvée.

Dislocation territoriale de l'Empire.

Ces remous religieux sont accompagnés d'autres facteurs défavorables au maintien de la culture *tardoantica*. Car le débat bouillonnant d'idées qui secoue le Ve siècle suppose une intense circulation des hommes et des manuscrits. Pélage vient d'Irlande à Rome apporter sa conception nouvelle — et jugée hérétique — de la destinée chrétienne. De la Ville partent des informateurs et des copies des textes incriminés qui parviennent à Augustin, lequel, depuis l'Afrique, engage le combat sous forme de traités, de lettres, de messages, qui remontent vers la Péninsule. Encore faut-il ajouter que tout le monde chrétien latin prend part au débat.

Tout ceci repose sur une circulation rapide qui nécessite que les routes soient entretenues et protégées et que les voies maritimes n'aient pas trop à pâtir des expéditions contre les ports ou contre les bâtiments. Cela implique que les chantiers d'entretien des moyens de transports terrestres et maritimes continuent aussi de fonctionner normalement. L'efficacité de la poste impériale résume et symbolise cette situation.

Régionalisation de l'administration.

La continuité culturelle est également menacée par la régionalisation de l'administration. Celle-ci dépendait entièrement dans son organisation de la volonté impériale. Centralisée de manière bureaucratique depuis Dioclétien, l'administration fonctionnait grâce à une système complexe de lois et à un personnel abondant. Pour prendre un exemple précis, chaque cité disposait d'archives juridiques tenues par un professionnel, le *defensor ciuitatis*. Ce dernier obéissait à la curie locale, qui à son tour devait rendre des comptes au préfet, etc. Il s'ensuivait une certaine continuité dans l'espace et dans le temps, car tout remontait en définitive à l'application des lois rédigées par les juristes de la cour, promulguées par les souverains et ensuite copiées puis transmises aux instances régionales (notamment aux diocèses).

La dislocation spatiale subie par l'Empire en Occident risque donc d'être accompagnée d'un démembrement institutionnel total. La masse de documentation écrite qui assure le fonctionnement régulier des instances administratives locales se trouve brusquement menacée, d'autant que les nouveaux arrivants, appuyés sur leurs propres coutumes, peuvent trouver expédient de ne pas en assurer la pérennité. Le partage des terres entre les grands propriétaires désireux de sauvegarder leur richesse et les nouveaux arrivants avides d'exploiter leur puissance est particulièrement l'occasion d'un éclatement complet du système traditionnel.

Failles internes.

Ce serait naturellement une erreur de croire que les forces de dislocation sont entièrement externes. La civilisation antique tardive est elle-même objet de conflits internes qui introduisent autant de failles dans le champ de sa continuité. Les conséquences néfastes des tensions sociales, politiques, dynastiques qui jouent un rôle important dans la désagrégation et dans la chute de l'Empire doivent être rappelées ici au moins brièvement, car ces facteurs négatifs qui agissent avant la chute ne cessent pas d'exercer une influence après elle. L'installation des royaumes barbares n'a pas magiquement résolu les conflits passés. Elle en a été la conséquence, mais non le remède, du moins à court terme.

Dans le domaine strictement culturel, le monde antique fut tempétueux. D'une part, l'opposition entre chrétienté triomphante et paganisme déclinant n'a pas abouti à une évaporation des forces conservatrices : en plein VIe siècle, un tenant du paganisme nouvelle manière comme Zosime couvre encore d'éloges l'empereur Julien dans sa chronique. Des doctrines rivales du christianisme, surtout le néoplatonisme, sont loin d'avoir abdiqué : il faut un rescrit en 529 pour fermer d'autorité les écoles d'Athènes : les philosophes partiront se réfugier en Perse ! Enfin, la chrétienté n'a aucunement trouvé la sérénité. Si l'héritage arien partage l'Occident, l'Orient s'engage dans la terrible querelle monophysite qui, avant la querelle des images, contribuera à aliéner à l'Empire une partie importante de ses provinces, au moment où éclatera la menace islamique.

Rome contre Constantinople.

Il faudrait encore insister, pour ne pas être trop incomplet, sur la rivalité sourde, qui débouche facilement sur une hostilité ouverte, qui oppose le monde latin au monde grec. Car la notion de civilisation gréco-romaine n'a pas de sens univoque. La Grèce garde en mémoire qu'elle a été asservie par Rome en 168 avant notre ère, pillée lors du soulèvement de 151 (sac de Corinthe). Les Romains ont conservé quelque suspicion à l'égard de leurs vaincus d'hier, même s'ils admirent leur culture.

Cette tension interethnique s'aggrave à la fin de l'Empire : un des derniers empereurs d'Occident, Anthémius, soulève les quolibets de l'aristocratie romaine. Les soldats venus reconquérir l'Italie sous les ordres de Bélisaire ne sont guère reçus comme des Romains d'Orient, mais bien comme des Grecs barbares par les populations italiennes. L'installation des exarchats au VIIe siècle accentue le sentiment nationaliste latin. Les querelles pour la primauté entre le siège apostolique de Rome et le patriarchat byzantin, qui éclatent dès le VIe siècle, préparent les déchirements du IXe siècle où se révèlera tout crûment cet antagonisme. D'une certaine manière, la conquête de Constantinople (1204) par les Latins représentera une lointaine revanche sur la suprématie byzantine aux temps de misère pour l'ancienne grandeur romaine (VIe-VIIIe siècle).

3. Vecteurs de continuité

Forces de conservation : attraction des barbares.

D'autres forces cependant jouent puissamment d'une manière conservatrice. C'est vrai des domaines externes à la question traitée ; mais ce l'est aussi des points déjà soulevés. Tout d'abord, les peuples barbares nouveaux venus ont depuis longtemps subi une préassimilation. Les Goths étaient depuis le IIIe siècle au contact des marches orientales (Pannonie, Mésie, Dacie) de l'Empire. D'autres peuples, alors moins importants, occupaient les fameuses forêts germaniques. Les Francs notamment trafiquaient depuis la rive droite du Rhin avec les camps du *limes* rhénan, etc. Eux-mêmes étaient entrés assez tôt dans les rangs de l'armée romaine et les meilleurs d'entre eux avaient pu, parfois en deux ou trois générations, s'élever au rang de général, loyal serviteur de l'empereur. Le plus célèbre des officiers germaniques fut non pas un Franc, mais un Vandale, le généralissime Stilicon.

Cette assimilation individuelle ne doit pas étonner : les meilleurs cavaliers de César pendant sa conquête de la Gaule furent ses alliés germains. Elle n'a pas été exceptionnelle, car elle s'est en fait accompagnée d'une assimilation collective. Celle-ci a presque toujours commencé par des violences, souvent terribles, quand les ethnies font irruption de force à l'intérieur de la *Romania*. Mais elle se poursuit ensuite presque toujours par de longues étapes transitoires pendant lesquelles les barbares recoivent un statut juridique légal à l'intérieur de l'Empire, sous forme d'un *foedus*. Ce dernier prend la forme d'un traité en bonne et due forme entre le roi barbare et l'empereur.

« *Foederati* » *et assimilation.*

En général, une zone de résidence et des terres sont attribuées aux nouveaux venus. Ces derniers se voient accorder le droit de s'administrer dans le cadre de leur justice traditionnelle, en échange de quoi les citoyens romains continuent de dépendre de la justice romaine. Ainsi les lois barbares et les lois romaines commencent à cohabiter sur un même sol. D'autre part, à ces guerriers est rapidement attribué un rôle policier à l'intérieur des frontières, mais aussi parfois une tâche de gardien sur ces frontières elles-mêmes. L'armée qui, sous les ordres du *magister utriusque militiae* Aetius, arrête Attila près de Troyes est composée pour moitié de légionnaires romains et de fédérés wisigoths conduits par leur propre roi, qui laisse la vie dans le combat.

Naturellement, ces *foedera* n'empêchent pas une expansion continue de l'espace occupé et contrôlé par les barbares aux dépens de celui qui est régi par une autorité dépendant de l'empereur. De nombreux conflits locaux qui opposent les soldats de l'Empire aux agitations des fédérés émaillent cette histoire. Mais l'absorption — le mitage — complet de l'espace romain s'étend en définitive sur au moins deux générations des années 400 à 460/470. Il en résulte que l'enracinement et l'acculturation des peuples germaniques progressent plus vite que leur accession à leur souveraineté complète. Quand les royaumes barbares s'installent au tournant des Ve-VIe siècles, ils sont aux mains d'hommes qui sont déjà beaucoup moins étrangers à la civilisation romaine tardive.

Petit nombre des envahisseurs.

Les Vandales font exception, car leur progression est rapide et leur installation plus brutale en Afrique qu'ailleurs. La personnalité de leur souverain, le corsaire Genséric, explique peut-être en partie cette particularité. De toute manière, ils ne sont que quelques dizaines de milliers. Ce chiffre n'a, lui, rien d'exceptionnel : toutes les études récentes ont bien établi que les envahisseurs ne forment jamais qu'une très faible minorité, qui n'atteint, même dans les zones les plus germanisées, que 5% de la population romaine. Le chiffre de 10 % est peut-être représenté par l'apport franc, très concentré dans le Nord de la Gaule, dans ce qui va devenir le royaume de Clovis. Bien entendu l'impact militaire est sans commune mesure avec le nombre des envahisseurs, étant donné que ceux-ci sont tous entraînés au métier des armes.

Il n'en reste pas moins que ces nouveaux venus sont toujours très minoritaires par rapport au peuplement des territoires qui les accueillent bon gré mal gré. Certes, ils se concentrent plus ou moins : au cœur de l'Espagne vers Tolède, pour les Wisigoths ; en Afrique proconsulaire et à Carthage pour les Vandales ; en Italie du Nord et dans le Latium pour les Ostrogoths, puis en Italie du Nord (d'où le nom de Lombardie) et en Bénévent pour les Lombards.

Osmose.

Tous les indices archéologiques et historiques concordent pour mener à conclure que la loi de l'osmose doit inéluctablement jouer en leur défaveur. Cette loi, appliquée en physique, indique qu'un milieu plus concentré attire toujours vers lui les éléments d'un milieu moins concentré, à condition qu'ils ne soient pas séparés de manière absolument étanche. Tel est bien le cas de ces envahisseurs, qui ne peuvent préserver que peu de temps leur identité complète. Les plus obstinés dans cet effort sont les Vandales (mais leur existence est éphémère) et les Wisigoths.

Le phénomène de préassimilation qui a déjà préparé leur intégration au monde antique renforce l'effet puissant de déséquilibre qu'a entraîné la disparité numérique entre eux-mêmes et les populations romaines. D'autre part, si leur identité culturelle en fait des individus distincts, leur différence n'est pas telle que l'effet d'osmose ne puisse jouer. Il se déroule, en effet, dans le sens d'une acculturation importante, non dans le sens d'une barbarisation de la *Romania,* mais dans celui d'une romanisation de la *Barbaria*. Cette dernière règle n'implique nullement que l'identité ethnoculturelle des envahisseurs n'ait pas également retenti sur celle de leurs hôtes. Mais, si cette dernière a été transformée, elle n'a pas été effacée.

Mentalité religieuse.

Les peuples germaniques, sauf les Francs, sont tous acquis au christianisme. Même dissidente, cette foi fait d'eux les obligés de certaines structures mentales et culturelles qui appartiennent depuis longtemps de plein droit à la civilisation dont ils menaçent de faire éclater le cadre. Le christianisme est la religion de Rome, de ses évêques, de ses empereurs, de ses cités. Être chrétien signifie alors entrer dans la continuité de cette histoire religieuse et spirituelle. En outre, cette adhésion suppose de prendre parti dans la querelle christologique, autrement dit d'entrer dans un débat qui ne peut se concevoir qu'à travers les outils intellectuels forgés par l'Empire. Il faut des prêtres, des livres, des traductions, des synodes et des conciles... Tout cet appareil est inconcevable en dehors des cadres mentaux et culturels du *Tardoantico*.

Le cas des Francs ne fait que partiellement exception. Tard venus sur le sol romain, ils n'en sont pas moins déjà préparés à l'acculturation : comment une aristocrate chrétienne comme Clotilde aurait-elle obtenu si aisément la conversion de son mari si le mécanisme d'assimilation culturelle et mentale n'avait pas là aussi fonctionné à plein ?

Consonances aristocratiques.

La structure tribale des premiers Germains ne doit pas non plus faire illusion. Leur sociabilité fait une large part à des structures aristocratiques où des chefs dominent des sujets. Les plus puissants d'entre eux se trouvent placés sur le même rang que l'élite sénatoriale de l'Empire. Les chefs germaniques rencontrent leur équivalent et, d'une certaine manière, leur modèle dans les *potentes*, ces grands propriétaires romains, seigneurs d'immenses domaines et eux-mêmes chefs de milices privées. Le goût de l'indépendance territoriale qui caractérise les chefs barbares n'est pas sans rappeler des échos dans les nouvelles mentalités qui caractérisent les familles puissantes dont dépend l'unité impériale. A partir de la seconde moitié du Ve siècle, les prodromes déjà apparus sporadiquement au IIIe siècle, resurgissent et l'on devine qu'une partie des *potentes* romains, lasse des choix impériaux, songe de plus en plus à développer sa propre puissance de manière purement régionale, fût-ce justement avec l'appui des barbares fédérés.

L'élévation à l'empire du sénateur arverne Avitus se fait sous la pression de l'aristocratie gallo-romaine, plus ou moins alliée à la diplomatie burgonde. Un sénateur comme Aravandus apprend, à la surprise de Sidoine Apollinaire, le germanique pour pouvoir traiter directement avec les nouveaux venus, souvent contre l'autorité du préfet du prétoire des Gaules. La cour de Théodoric II à Toulouse nous est décrite par Sidoine au tournant du siècle en des termes qui rendent manifestes les convergences indiquées.

Fascination romaine.

Ce changement de mentalité des aristocraties romaines régionales, qui prépare la fusion ultérieure, a son pendant dans l'esprit des souverains et des chefs germaniques. L'attrait exercé par l'espace romain a avant tout des raisons de survie. La cupidité n'est pas étrangère aux exactions dont les plus graves sont certainement les deux sacs de Rome. Mais l'aristocratie germanique s'intéresse également à l'Empire et à ses institutions pour des raisons subjectives où la fascination a eu sa part. Dès 414 le souverain goth Athaulf parle de sauvegarder la civilisation et la tradition romaines (il épouse la princesse Galla Placidia) dans un vocabulaire qui révèle une forte imprégnation idéologique antique. Le souverain du royaume de Toulouse, Théodoric II, est jusqu'en 451 un très fidèle allié d'Aetius.

Le plus fidèle héritier et le plus fasciné est certainement l'Ostrogoth Théodoric qui assure à l'Italie du VIe siècle une continuité parfaite avec l'Antiquité. Son discours adressé en 500 au Sénat de Rome est significatif à cet égard. Non moins éloquentes, l'estime et la confiance qu'il accorde à son chancelier Cassiodore, membre éminent du patriciat romain. Mais, même dans la Gaule du VIe siècle, les modèles impériaux ne sont jamais loin des cœurs : rappelons l'épisode des tablettes consulaires accordées à Clovis ; l'admiration d'un roi pourtant arien comme le Burgonde Gondebaud pour un lettré du calibre d'Avit, évêque catholique de Vienne ; enfin, les indices, plus probants qu'on ne l'a soutenu (avec une ironie inappropriée), sur la volonté qu'ont les souverains de la fin du siècle de s'entourer d'un apparat aulique dont les modèles remontent évidemment à la cour romaine ou byzantine.

Efficacité administrative romaine.

C'est peu dire que l'un des fleurons de l'administration romaine fut le fisc impérial. Le Bas-Empire a sécrété une juridiction extrêmement complexe qui lui permet de pressurer le plus possible ses sujets (on se rappellera les beaux débats qu'a suscités dans l'historiographie moderne l'interprétation des documents fiscaux du IVe siècle, et des termes comme *capitatio* et *iugera*). Cette machinerie suppose de nombreux bureaux, une multitude d'intermédiaires et surtout une comptabilité écrite très importante, dont les traces les plus célèbres sont les cadastres (cf. celui d'Orange). Il s'ensuit que les rentrées de devises ne peuvent se faire sans ce concours technique essentiel.

Les souverains germaniques n'ont garde d'y toucher. Tous les documents indiquent au contraire que le fisc, s'il cesse peu à peu d'alimenter les caisses de l'Empire, commence proportionnellement par être détourné au profit des coffres barbares, cela avec une conscience d'autant meilleure que les Germains en tant justement que *foederati* rendent service à l'Empire et ont donc des droits à prélever leur part de bénéfices.

Deux facteurs concourent à une telle continuité institutionnelle. D'abord, l'Église dispose de vastes terres immunes, dont l'étendue croît. Le fisc royal se trouverait dépourvu de tout recours devant des comptables ecclésiastiques forts de leur savoir si eux-mêmes n'avaient pas des dossiers juridiques à leur disposition. Et la conversion au christianisme des peuples nouveau venus ne laisse pas toute liberté à leurs souverains pour enfreindre ouvertement le droit. D'autre part, il convient de pouvoir battre monnaie. L'effondrement de l'Empire crée un vide et un besoin : les ateliers monétaires de la capitale et de l'Italie sont relayés par des officines locales au service des nouveaux souverains. Mais ainsi tout un savoir et toute la culture qui lui est liée se trouvent partiellement préservés.

Relais ecclésial.

D'autres structures concoururent à la sauvegarde des savoirs de l'Antiquité tardive. Les nouveaux maîtres de l'espace impérial assurent donc la prise en charge d'un héritage technique et administratif pour les raisons indiquées. Les autres éléments qui jouent en faveur de cette préservation ont cette fois leur origine au sein même d'une des composantes majeures de la civilisation romaine, l'Église. Cette dernière a vécu une évolution interne qui l'a conduite à combattre dans les premiers temps de son histoire, du Ier au Ve siècle, une culture sans foi pour se retrouver ensuite dans l'obligation de récuser à partir du VIe siècle une foi sans culture. Le résultat de cette évolution est de constituer la société ecclésiale comme le centre de conservation essentiel de la tradition antique. Trois causes jouèrent puissamment de manière positive.

D'abord, le sort de l'Église n'est pas organiquement lié à celui de l'Empire ; ensuite, l'intérêt personnel de l'Église veut que soit assurée la pérennité des savoirs antiques ; enfin, la conversion au christianisme des envahisseurs limite quand même certaines de leurs tendances destructrices. En outre, dans les périodes de grande tourmente, la société ecclésiale sait inventer les formes nouvelles qui lui garantiront sa survie : l'apparition et le développement du monachisme en Occident en sont à la fois le signe le plus évident et la conséquence la plus durable.

« *Ciuitas ecclesiastica* ».

Cette capacité d'adaptation, de renouvellement et en même temps de conservation et de fidélité à soi-même est une des données importantes de l'histoire de la chrétienté. Partie d'un soubassement judéo-chrétien, elle s'est ensuite coulée dans le moule de l'hellénisme, son voisin immédiat, pour former ce qu'il serait légitime d'appeler une culture gréco-chrétienne, avant d'aboutir à une culture latino-chrétienne, la nôtre. Cette lente migration de l'Orient vers l'Occident impériaux accompagnée d'énormes travaux de restructuration a donné à la chrétienté le sentiment de son identité, de sa durabilité et aussi de son indépendance partielle qui lui procure autonomie et liberté par rapport aux structures d'accueil qui dépendent des sociétés et de leur évolution.

Une telle relativisation des rapports avec le cadre historique a été accrue par le statut même qu'ont le christianisme et son Église au sein de l'Empire. En effet, c'est peu de dire que, même malgré lui, le christianisme fut à ses débuts une religion contre l'État et l'Église une institution asociale. Or, le passage du Haut- au Bas-Empire s'est accompagné d'une transformation radicale de cette situation conflictuelle, puisque le christianisme a fini par être la religion de l'État et l'Église une institution tout à fait officielle (cela n'excluant pas encore des conflits violents avec l'administration impériale). La mémoire historique portée par les intellectuels chrétiens ne peut que tenir compte de cette instabilité : l'Église est chez elle dans l'Empire ; mais elle n'en est ni un substitut ni un produit. La cité ecclésiastique est une entité autonome.

Autonomie et continuité.

Saint Augustin établit là aussi les fondements théoriques de cette évolution. Or, après avoir comporté des dangers avant la paix de l'Église, cette autonomie s'avère peu à peu garantir la continuité culturelle au moment où l'Empire n'est plus à même de l'assurer. Il y a beau temps qu'on a remarqué que l'effondrement du système militaro-administratif impérial s'accompagne d'une étonnante promotion de l'épiscopat. L'évolution est notamment éclatante en Gaule où des figures comme Césaire d'Arles ou Grégoire de Tours symbolisent et résument à la fois cette modification. Cette promotion de l'épiscopat présente un intérêt essentiel pour notre sujet, dans toute la mesure où, depuis le Ve siècle, le *cursus ecclesiasticus* (« carrière ecclésiastique ») est venu offrir aux grandes familles sénatoriales la possibilité d'investir leurs qualités dans des fonctions que la société civile va peu à peu cesser d'offrir.

Quand l'Empire s'efface donc, une partie importante des sièges épiscopaux de l'Occident se trouvent tout naturellement aux mains de personnages pour lesquels la tradition culturelle est liée à leur propre tradition familiale. L'autonomie de la hiérarchie et de l'administration ecclésiastiques par rapport à ses correspondants laïques ouvrc la possibilité d'une solide continuité culturelle, parce qu'elle préserve une certaine stabilité sociale. Si l'on ajoute que le souci d'une formation complète a trouvé droit de cité auprès des intellectuels chrétiens, dans le sillage du *De doctrina christiana,* et si l'on se remémore que c'est au sein de l'élite sénatoriale que le niveau d'instruction avait toutes les chances d'être le plus élevé, on comprendra comment l'autonomie ecclésiale des IVe-Ve siècles conditionne la permanence culturelle des VIe-VIIe siècles.

Épiscopat et culture.

On a ainsi récemment étudié les épitaphes des évêques d'époque mérovingienne. Il est apparu que les formules employées pour décrire leurs *uirtutes* calquent les expressions répétées pour conserver la mémoire des membres de l'aristocratie sénatoriale de l'époque de Théodose. Or, ces expressions de l'Antiquité tardive doivent elles-mêmes beaucoup à la traditionnelle *laudatio maiorum* (« éloge des ancêtres »), laquelle remonte à l'époque républicaine. Des apports neufs, comme l'éloge des vertus ascétiques — encore que les vertus stoïciennes antiques en aient sur plus d'un point formé la préfiguration —, modifient cette filiation, mais sans la défigurer. On n'est pas étonné d'apprendre que, de toute manière, certains des membres éminents de l'épiscopat mérovingien ainsi chantés descendent de grandes familles romaines.

Une évolution semblable se produit en Italie du Nord où le culte des évêques locaux, commencé dès les origines, prend une ampleur accrue à partir du milieu du VIe siècle. A cette date, la règle antique, qui voulait que les morts fussent enterrés en dehors de la cité, s'efface, et apparaissent les premières inhumations *intra muros*. Cette révolution se généralise à partir du VIIe siècle. C'est également à cette époque que commence le culte du souvenir de l'évêque défunt. Chaque grande cité (Ravenne, Milan, Pavie) se donne ainsi un patron local, digne successeur des protecteurs antiques : l'évêque devient le patron de la cité tout entière.

4. Monachisme et latinité

Tendances asociales.

Ces transformations, en compensant les effets du processus de décomposition qui affecte l'encadrement de la société au dernier siècle de l'Empire, confèrent ainsi à l'institution ecclésiale la responsabilité de guider les structures culturelles antiques à travers le maquis des mutations altimédiévales. Elle assume donc le double rôle, quelque peu contradictoire, de moteur et de frein dans l'évolution historique. Cependant, d'autres forces travaillent la chrétienté dans un sens qui aurait pu aggraver la solution de continuité culturelle.

Au fur et à mesure, en effet, qu'elle s'installe dans le siècle, se développent des tendances opposées, qui conduisent au refus du siècle. L'affaire commence en Orient, comme toujours en avance. Dès le IVe siècle sont apparus les phénomènes concomitants de l'anachorétisme, de l'érémitisme et du monachisme. En dehors de toute organisation ecclésiale, surgirent dans les déserts de l'Égypte des personnages aussi hauts en couleur et forts en vertus chrétiennes qu'était faible à l'occasion leur culture savante. Car le « père des moines », saint Antoine, paysan égyptien d'origine très humble, était quasiment illettré. A l'isolement loin de la foule correspondit un repli sur une culture personnelle fondée sur la tradition orale, la prière et l'ascèse la plus exigeante. Ce n'est pas le moindre des paradoxes que la gloire d'Antoine ait été due à l'œuvre de propagande écrite d'un des plus grands savants du temps, saint Jérôme.

Des « kellia » aux forêts.

L'Égypte constitua ainsi un modèle paradoxal pour la chrétienté. A partir du IVe siècle s'installent, et pour plusieurs siècles, puisqu'ils survivront à la conquête arabe et ne disparaîtront qu'au VIIIe siècle, des monastères au désert, peuplés de moines coptes, désignés du nom grec de *kellia* (cellules). Toutes les indications livresques que nous ont données les contemporains *(Vie d'Antoine, Histoire lausiaque),* mais aussi les fouilles archéologiques faites sur les sites d'implantation indiquent que la rupture avec la tradition culturelle antique put être très profonde : l'austérité matérielle et le dénuement culturel vont de pair. Il existe donc un danger réel d'ensauvagement du christianisme.

De telles tendances apparaissent sporadiquement en Occident. Des personnages étonnants s'enfoncent dans les forêts qui deviennent l'équivalent du désert égyptien. Au VIe siècle, nous savons par les *Dialogues* du pape Grégoire le Grand qu'il existe en Italie des ermites illettrés qui vivent retirés de tout. Il parle avec affection d'un certain *Sanctulus* (« le petit saint ! »), qu'il connaît personnellement, et qui sait à peine lire (encore soupçonnera-t-on qu'il emploie là un euphémisme). Mais ces personnages sont exceptionnels. Tout les oppose à la chrétienté d'Occident, même marginale. Car l'esprit romain a marqué l'implantation du monachisme en terres latines : la mystique un peu désincarnée et l'ascèse parfois angélique des Orientaux ne satisfont pas les *conuersi.* Une mentalité de législateur ne disparaît pas aussi aisément.

Sauvegardes monacales.

Il convient ici de considérer les fonctions historiques et sociales du monachisme en Occident. D'une certaine manière, celui-ci a représenté une autre forme de résistance à la débâcle de la cité antique. Nous avons vu comment l'épiscopat offre à des membres des grandes familles sénatoriales l'occasion d'une carrière qui se dérobe aux aléas de la politique. Cette conjonction entre le détachement du siècle et l'effondrement de l'Empire transforme les évêques en substituts involontaires, mais combien efficaces de l'ancienne administration.

Le monachisme vient renforcer et compléter cette évolution. Certes, ses structures initiales ne correspondent aucunement à un tel rôle : il s'agit seulement de rechercher la vie parfaite et non pas de se mettre à l'abri des remous d'une histoire tourmentée de l'humanité. Les récits antiques sont unanimes sur le fait que l'érémitisme et le monachisme constituent en soi une aventure : mais c'est l'aventure de l'homme en lutte contre son imperfection. Il ne s'agit nullement de combattre les maux du siècle, ni même de s'en protéger.

Le résultat échappe comme souvent aux intentions. A partir du IVe siècle, l'Occident latin se pourvoit ainsi d'une étonnante réserve humaine et intellectuelle, mise partiellement à l'abri des chocs les plus destructeurs, et propre à devenir une pépinière intellectuelle d'un nouveau genre. Cet espace privilégié changera le cours des événements.

« *Regula Magistri* ».

Laissant de côté les préludes du monachisme en Occident, nous regarderons de plus près deux des plus importantes règles qui y aient été élaborées et qui nous soient parvenues, la *Regula Magistri* (la Règle du Maître) et la *Regula Benedicti* (la Règle bénédictine), la seconde surtout, étant donné qu'elle est devenue une des institutions fondamentales de l'Occident chrétien. Rappelons en un mot que, déjà au IVe siècle, le fondateur du monachisme en Occident, Martin, né en Italie du Nord, ancien soldat de Pannonie, avait prévu d'emblée que le travail de copiste ferait partie obligatoire de la règle de vie de la communauté. Cette prescription se retrouvera de manière très précise dans un des textes resté longtemps parmi les plus mystérieux de l'histoire littéraire et religieuse, la *Regula Magistri*.

L'œuvre constitue un monument important, car elle est beaucoup plus longue que toutes les autres règles contemporaines. Le rédacteur, qui se fait appeler le Maître, et qui était donc l'abbé de la communauté, a réussi à garder un anonymat impénétrable. Mais on a pu percer quelques mystères de l'œuvre : on sait aujourd'hui avec certitude qu'elle est antérieure à la règle bénédictine à laquelle elle a servi de modèle. Il a également été établi que la composition avait eu lieu dans le premier quart du VIe siècle, très probablement au sud-est de Rome, à l'intention d'une communauté de quelques dizaines de frères.

Discipline.

Le texte comporte 95 chapitres de longueur inégale. Il y est traité des espèces de moines (1) ; de l'abbé (2) ; de l'obéissance des disciples (7) ; du silence (8) ; de la nourriture (26) ; de la boisson (27) ; des jeûnes (53) ; du repos du dimanche (75) ; de l'élection d'un nouvel abbé (93). Ces exemples ont pour but de montrer comment une véritable législation est mise en place sous forme non pas d'articles de loi à proprement parler, mais d'injonctions formulées selon la tradition réglementaire latine. La communauté est ainsi entièrement prise en charge dans tout ce qui est matériel, l'espace et le temps. La disposition physique des lieux sépare avec rigueur l'espace communautaire des espaces séculiers et souligne dans l'ordonnance serrée des bâtiments (d'ailleurs modestes) la texture dense de ce groupe humain.

Le plus important cependant est la maîtrise du temps. De l'année et de la journée. Car le moine vit à un rythme déterminé, qui réduit les heures de sommeil, étend les heures de prière, et assure un minimum de travail manuel. Minimum, en effet, parce que les travaux les plus rudes que sont les travaux agricoles sont interdits aux membres de la communauté : les privations exigées des moines sont jugées incompatibles avec un tel investissement physique. Le législateur oblige enfin à un maximum de tâches intellectuelles, c'est-à-dire à la lecture et à la méditation des divines écritures.

Culture.

Les moines sont classés selon leur ancienneté, leur vertu, leurs compétences particulières, mais aussi selon leur degré de culture. Les frères sont ainsi clairement répartis entre analphabètes, *litterati* (sachant lire), *psalterati* (sachant le psautier). Les derniers nommés ont seuls le privilège de pouvoir être invités à la table de l'abbé et ils sont les seuls aussi à avoir droit aux séances de lecture collective, pendant les heures fixées par la règle. Ceux qui ne sont ni alphabétisés ni psautiérisés sont pendant ce temps astreints à apprendre la lecture et les psaumes.

La *lectio* prend place en début de journée en hiver, en fin de journée en été. C'est un exercice communautaire. On se réunit par décans pour écouter un lecteur. Chacun à son tour lit le même *codex*. Les enfants et les analphabètes travaillent ailleurs au même moment à s'instruire, et ceux qui l'ignorent s'entraînent à la psalmodie. Ce labeur, l'*opus spiritale,* est si important que nul n'en est dispensé, pas même un voyageur de passage. En outre, la lecture peut tenir lieu de travail manuel en cas de maladie.

Ajoutons que ces recommandations ne doivent pas être considérées comme des vœux pieux. La communauté monastique est placée sous l'autorité de son abbé d'une manière effective, et ce dernier veille scrupuleusement au respect de la règle. Les moyens de punition sont nombreux et employés. Les moines récalcitrants risquent une excommunication d'où ils ne sortiront qu'au prix d'une rude pénitence. Ces considérations signifient que le programme culturel tracé aux frères avait toute chance d'être tenu.

« Regula Benedicti ».

Si le monachisme occidental et latin s'engage ainsi dans la voie de la conciliation entre le service divin, l'ascèse physique et les exercices culturels, la modestie de ses débuts et la relative faiblesse de son implantation avant la seconde moitié du VIe siècle ne lui permettent pas de jouer un rôle déterminant dans l'histoire culturelle du haut Moyen Age. Il faut attendre l'essor dû aux règles de saint Colomban à la fin de ce même siècle et surtout à la règle de saint Benoît née entre 530 et 560 pour changer profondément ces données historiques. La règle irlandaise ne vient, depuis le Nord, que confirmer et amplifier ce qui a déjà été acquis depuis le Sud par la règle italienne. Cette dernière, à la différence de la règle du Maître, s'adresse à une communauté importante de moines, installés dans un des hauts lieux de l'histoire du cénobitisme, le mont Cassin. Elle est donc élaborée pour s'étendre à un cercle humain beaucoup plus large que le groupe réduit et choisi que visait son modèle.

Tel sera bien son destin, magnifiquement exalté par le livre II des *Dialogues* où, à la fin du siècle, le pape Grégoire le Grand donnera à l'œuvre du fondateur l'aspect légendaire qui en achèvera le succès européen. Ainsi, cette structure de sauvegarde est essentielle parce qu'elle jouit de la stabilité, du prestige et du nombre. La première fonction des moines est évidemment de dire, de chanter et d'écouter l'Écriture sacrée. Mais son accomplissement passe obligatoirement par une instruction suffisante.

Présence scripturaire collective.

Quelques exemples concrets illustrent la rigueur avec laquelle doivent être pratiqués les différents exercices spirituels fondés sur l'Écriture. La liturgie s'accompagne de chants et de lectures : « Le dimanche, on se lèvera plus tôt pour les vigiles. A ces vigiles, on gardera la mesure, c'est-à-dire qu'après avoir modulé six psaumes et le verset, tous s'assiéront, en bon ordre et selon leur rang, sur les banquettes et on lira dans un livre quatre leçons avec leurs répons... (XI). »

Les lectures sont à nouveau de rigueur pendant les repas pris en commun : « La lecture ne doit jamais manquer aux tables des frères... Il se fera un silence complet, en sorte que, dans la pièce, on n'entende personne chuchoter ou élever la voix, sinon le seul lecteur. Quant à ce qui est nécessaire pour manger et boire, les frères se serviront à tour de rôle, de telle sorte que nul n'ait besoin de rien demander. Si pourtant on a besoin de quelque chose, on le demandera en faisant retentir un signal, plutôt qu'en élevant la voix (XXXVIII). »

Enfin ont lieu des lectures vespérales : « Dès qu'ils se seront levés du souper, tous s'assiéront ensemble et quelqu'un lira les *Conférences* ou les *Vies des Pères,* ou autre chose qui édifie les auditeurs... Si c'est un jour de jeûne, une fois les vêpres dites, après un petit intervalle, on passera à la lecture des Conférences. On lira quatre ou cinq feuillets (XLII). »

Contacts individuels avec l'écrit.

Ces incessantes sollicitations littéraires doivent être soulignées : l'organisation, notamment, de la psalmodie suppose des heures d'écoute et de récitation personnelles chaque jour. Mais cette tâche collective ne se borne pas là. Car Benoît a prévu un travail manuel quotidien. Il est frappant de voir que le labeur agricole est cette fois autorisé et même encouragé pour les moines. Simultanément, le régime des jeûnes s'est assoupli par rapport à la règle modèle. C'est un signe des temps : l'appauvrissement de l'Italie au milieu du VIe siècle explique sans doute ce changement d'attitude. Il est vrai aussi que les moines étaient plus nombreux, et de milieux plus modestes : autant de bouches à nourrir en plus.

On sera d'autant plus frappé par l'injonction de la lecture individuelle. Chaque matin pendant la saison d'été (de Pâques à octobre), chaque soir pendant la saison d'hiver, tout moine doit se consacrer à la lecture personnelle pendant deux heures, au moins. Il est prévu une sieste en été, pendant laquelle la lecture est également conseillée, mais en respectant le repos des autres. C'est pendant les jours de carême qu'a lieu la distribution des livres : « Chacun recevra un livre de la bibliothèque qu'il devra lire à la suite et intégralement. »

Rigueur de l'exercice.

Ces prescriptions ne sont pas des recommandations générales sans effet. L'organisation sociale du monastère garantit de façon rigoureuse l'application de ces préceptes. Le silence et l'attention pendant la lecture collective sont exigés, contrôlés, et le manquement à ces obligations est sévèrement sanctionné. Il y a plus. Pour la lecture lors des repas, le lecteur est choisi avec soin pour la semaine. Mais les compétences exigées ne sont pas que passives. En effet, ordonne Benoît, « si quelqu'un se trompe en récitant un psaume, un répons, une antienne ou une leçon, et s'il ne s'humilie pas sur place et devant tous en offrant une satisfaction, il subira une punition plus sévère pour n'avoir pas voulu réparer par l'humilité le manquement qu'il avait commis par négligence. Quant aux enfants, pour une faute de ce genre, ils seront battus (XLV). »

La lecture individuelle est également surveillée : « Il faut désigner un ou deux anciens qui circulent dans le monastère aux heures où les frères vaquent à la lecture. Ils veilleront à ce qu'il ne se trouve pas de frère atteint d'acédie, qui soit oisif ou bavard au lieu de s'appliquer à la lecture et qui non seulement se fait du tort à lui-même, mais en outre distrait les autres (XLVIII). » Des mitigations sont tout de même prévues pour les malades.

« Litterae »

Quelles sont donc, au terme de cette analyse, les composantes principales qui ouvrent la possibilité d'une continuité culturelle en dépit des chocs et des destructions qui marquent l'effondrement de l'Empire romain en Occident et son remplacement par des royaumes barbares ? La première est la place prépondérante que joue l'expansion de la chrétienté : Romains et barbares se trouvent confrontés aux mêmes problèmes de maîtrise d'un savoir essentiellement livresque et savant.

La deuxième est la profondeur de l'empreinte romaine sur les souverains barbares. Ils désirent bien plus tirer à leur profit les conséquences de la dislocation impériale que pousser à son terme logique la démolition des structures de l'ancien Empire.

La troisième est certainement que les intellectuels chrétiens eux-mêmes ont ouvert la voie à une culture et à une foi chrétiennes savantes, c'est-à-dire nourries de tous les apports de la tradition antique. L'œuvre d'Augustin *De doctrina christiana* résume et couronne cette évolution et prépare les révolutions mentales du VIIe siècle en Angleterre et du VIIIe sur le continent.

Mais ni au Ve siècle, ni même au VIe, le sort de la culture du *Tardoantico* n'est joué. Afin que puisse avoir lieu une fusion ethnique romano-barbare, il convient que l'Occident garde des réserves de forces vives suffisantes. Les terribles secousses sociales de ces Ve-VIe siècles peuvent mettre en péril la masse critique indispensable à une reconquête culturelle européenne. Il revient, paradoxalement, aux lieux de prière et de contemplation de constituer ces réserves de forces vives, où le savoir et les manuscrits trouvent souvent refuge : c'est la cinquième et dernière composante.

Ces facteurs, on le voit bien, sont contradictoires. A regarder de près les convulsions du siècle, que décrit si bien P. Courcelle, l'historien ne jurerait pas *a priori* que les discontinuités ne devaient pas l'emporter sur les permanences. Nous connaissons la fin de cette histoire : cela ne doit pas nous empêcher d'en étudier les étapes afin de discerner quels relais conduiront du désastre initial aux floraisons carolingiennes.

4

Modes et époques de l'évolution

Une période de transition

Rien, en somme, n'autorise, à l'aube des années 500, de préjuger de la figure culturelle et linguistique de l'Europe de la fin du VIIIe siècle. Il est manifeste que l'Occident latin ne saurait perdre d'un coup son savoir et ses traditions. Les sauvegardes mises en place permettent de discerner d'avance que l'entrée dans le Moyen Age ne se fera pas à travers un néant intellectuel. Cependant, au fur et à mesure que l'historien s'éloigne de la période *tardoantica,* les caractères de l'évolution qui s'amorce, bien que gardant assez longtemps des points communs d'un royaume barbare à l'autre, présentent des divergences corrélées à la manière dont chacun d'eux affronte les nouveaux vents de l'histoire. En outre, l'imprévisible surgit par moments : la promotion chrétienne de l'Angleterre rencontre sa contrepartie dans la déshérence de l'Espagne wisigothique.

Pour ces raisons, on suivra l'évolution non par grande période, mais pays par pays, en commençant par les terres latines, et tout d'abord par la Gaule qui a subi la première le choc des invasions, en poursuivant par l'Espagne, si conservatrice jusqu'au désastre de 711, pour terminer avec l'Italie, si inclassable, en définitive. Les destinées de la culture hors de la *Romania,* dans des contrées où l'alchimie linguistique et culturelle aura été tout à fait originale, trouveront ensuite leur place.

1. La Gaule, carrefour culturel et linguistique

Les oscillations de la Gaule.

Le sort culturel de la Gaule offre un aspect extrêmement contrasté à qui parcourt sa destinée du Ve au VIIIe siècle. Au Ve, la Gaule paraît la seule province romaine qui soit capable de rivaliser avec l'Afrique. La nuit vandale interdit de poursuivre la comparaison, mais celle-ci garde une certaine valeur. Comparée à sa voisine d'outre-Pyrénées, l'Espagne, pourtant moins touchée qu'elle par les secousses du Ve siècle, présente de son côté une vie culturelle relativement atone. Aux VIe et VIIe siècles, la situation s'inverse radicalement, car peu à peu le royaume mérovingien s'enlise dans la décomposition territoriale et culturelle. C'est un temps de pauvreté littéraire, même si la déshérence n'est pas complète, alors que l'Espagne brille de tous les feux de la restauration isidorienne, et que l'Angleterre commence à allumer de beaux foyers de savoir monastique. Après cet étiage, le premier siècle carolingien connaît une montée rapide des eaux de la science et de la créativité, à un point tel que la *Francia* devient pour longtemps le centre d'une première renaissance européenne dont les prémices apparaissent avant 800. Son accomplissement date du IXe siècle pour se couronner par la fondation de Cluny, où les hagiographes citent de nouveau Virgile dans le fil de leurs narrations.

Le Ve siècle est pour la Gaule celui des tempêtes les plus violentes, amorcées avec le franchissement du Rhin par les barbares en 406, et terminées avec le passage de l'Auvergne sous l'autorité du Wisigoth Euric en 474, dans le Sud, et la défaite de l'armée romaine de Syagrius devant le chef franc Clovis en 486, dans le Nord. Mais l'éclat des écoles, des études et le prestige des lettrés avaient été tels au siècle précédent que, malgré cette tourmente, le pays offre de 400 à 500 une abondance qui n'est pas indigne des fastes du passé et produit des écrivains de toute première qualité, surtout par comparaison avec les autres provinces.

Le substrat scolaire au Ve *siècle.*

La question épineuse par excellence est celle de la survie des écoles publiques : leur histoire n'a pas encore été tracée clairement. Mais cette lacune n'est pas propre au Ve siècle : l'érudition ne s'est pas vraiment donné la peine à propos de cette question de réaliser des synthèses sur la période impériale. Il est donc malaisé de présenter une doctrine précise dans un domaine où la méthodologie elle-même est controversée. Car l'école publique, surtout au niveau élémentaire, est une institution si humble dans le cursus antique que son existence a été jugée peu digne des monuments commémoratifs. En revanche, au niveau du *grammaticus* et du *rhetor,* les traces matérielles sont moins clairsemées.

Mais notre reconstitution est toujours indirecte, fondée sur une induction : les descriptions du *cursus* dues aux maîtres (Cicéron, Quintilien, Augustin, Ausone) conduisent d'abord à la déduction que le système scolaire a été universellement répandu. Puis, comme les institutions et la société romaines continuent de fonctionner sur un socle culturel sans altération, on en induit que l'école antique a connu une existence continue jusqu'au Ve siècle. Des témoignages adventices (inscriptions, décrets de lois, allusions épistolaires) confirment cette présentation générale de l'enseignement.

L'école du « litterator ».

La méthode inductive, si elle donne accès à des certitudes acceptées avant le Ve siècle, conduit à des débats sans solution pour la période suivante. Car les considérations générales l'emportent sur l'analyse des documents. Ceux-ci, sont, de toute manière, rares, mais on n'a pas suffisamment tenu compte du caractère intrinsèque de cette rareté. Ils étaient, de la même façon, sporadiques avant 400. On s'est beaucoup référé à la dureté des temps pour juger de la situation des écoles ; mais ici, le raisonnement risque de tourner en rond. Selon la vision que chaque auteur a de l'histoire du Ve siècle en Gaule, il réagit de manière plus ou moins pessimiste.

Notre savoir direct sur l'école élémentaire, celle du *litterator*, est maigre. Conclure à sa disparition ? Cela supposerait que l'usage de l'écrit s'amenuise au long du siècle, autrement dit, que la civilisation qui dépend de cet instrument est en voie rapide d'extinction. Il n'en est encore rien, tant s'en faut. Dans ces conditions, le plus prudent est de supposer que l'école élémentaire se maintient, au cours du siècle, mais de manière progressivement réduite, en laissant des espaces de plus en plus grands, disparaissant sans doute d'abord des villes secondaires les plus touchées pour ne plus subsister que dans des centres urbains privilégiés, mais qu'il est très difficile de préciser.

L'école de deuxième et de troisième niveau.

A proportion de leur élévation dans le système éducatif et social et du relèvement de leurs exigences, le nombre des écoles de grammaire et de rhétorique est plus restreint. De ce fait, elles échappent au silence de l'ordinaire. A Marseille, au milieu du Ve siècle, enseigne un rhéteur, Claudius Marius Victor, auteur sans doute par ailleurs de *Commentaires sur la Genèse* (différence significative, c'est en tant qu'auteur et non comme enseignant que son nom nous est parvenu). A Arles, à la fin du Ve siècle, professe l'Africain Pomère, dialecticien, rhéteur, excellent grammairien. A Vienne, Sapaudus enseigne la rhétorique. A Narbonne, Léon, ministre d'Euric, le droit.

A Lyon, existe toute une école de maîtres dans la seconde moitié du siècle, dont le plus célèbre est le rhéteur Viventiolus. A Clermont en 468, enseigne le grammairien Domitius. Loup professe la rhétorique à Agen et à Périgueux. Un certain Jean est maître de rhétorique en Aquitaine vers 470. Enfin à Bordeaux, toujours vers 470-480, le grammairien et rhéteur Lampridius brille aussi bien en grec qu'en latin. Dans le Nord, saint Loup de Troyes, mort en 479, a été d'après son biographe « confié à l'école, imprégné des études de rhétorique ». Des esprits sceptiques ont refusé de voir là un témoignage sur l'existence d'un enseignement public. Ont-ils raison ?

Prestiges et usages scolaires.

La correspondance de Sidoine Apollinaire apporte des témoignages positifs directs sur l'existence d' « orateurs professionnels payés par les municipes », sans que ses allusions révélent quelque chose d'exceptionnel : leur présence semble aller de soi pour le lettré. Vers 500, l'évêque de Vienne, Avit, donne un exemple tout à fait intéressant de la permanence du goût et des exercices scolaires, même dans le royaume burgonde. Il prononce une homélie d'apparat à l'occasion de l'inauguration d'une église de Lyon. A cette cérémonie assiste un professionnel lui-même grammairien (c'est Viventiolus). Dans une spirituelle lettre à l'évêque, celui-ci lui reproche d'avoir commis une faute en prononçant brève une voyelle qui aurait dû, selon lui, être articulée longue.

L'évêque lui réplique par une épître de la même eau où il justifie sa prononciation en appelant à la rescousse l'autorité des grammairiens et de Virgile. Pour l'historien de la culture, il est frappant que ce débat de lettrés finement instruits de l'élocution oratoire antique puisse avoir lieu. Non seulement l'évêque n'est pas surpris de l'intervention de Viventiolus, mais, si l'on observe que l'orateur s'efforce de respecter les normes d'une belle prononciation au tournant du siècle, c'est qu'il existe encore un public de connaisseurs. Or, dans la mesure où la prononciation traditionnelle a disparu de la langue parlée familière, où donc ces connaisseurs ont-ils pu acquérir leurs connaissances ?

Noms de lettrés.

De nombreux noms de lettrés brillent sans solution de continuité au firmament gaulois du Vᵉ siècle. Après la disparition de Sulpice Sévère, sans doute entre 400 et 420, Sidoine Apollinaire (vers 430-vers 490), évêque de Clermont, compose une œuvre poétique et épistolaire de la première importance. Salvien, moine à Marseille, qui écrit son pamphlet *Sur le gouvernement de Dieu* vers 440, dut naître vers 400 et disparaîtra vers 480. Avit, mort vers 520 évêque de Vienne, est l'auteur d'homélies, de lettres et d'un grand poème *Sur la création du monde.* Chacun d'eux laisse une œuvre littéraire de très bon aloi.

Derrière eux, on découvre des personnages importants, qui ont eu aussi une activité d'auteur, mais plus limitée, comme saint Orens, évêque d'Auch (mort en 448), Paulin de Pella (mort vers 459), saint Vincent de Lérins (mort vers 450), Rurice de Limoges (mort vers 510). Tous disposent d'un niveau culturel élevé dont nous pouvons juger d'après leurs écrits.

Enfin, les poèmes, lettres, dédicaces, allusions de tous ces auteurs, portent trace d'un foisonnement de personnages dont l'instruction a été de première qualité : ils sont la partie perceptible de la couche culturelle que le sol gaulois continue de nourrir, depuis Consentius, poète de Narbonne, jusqu'à des orateurs comme le préfet Tonantius Ferreolus.

Les années de maintien : 500-650.

Le VIᵉ siècle en entier et la première moitié du VIIᵉ correspondent d'abord à un maintien honorable, puis à un déclin du niveau culturel dans la Gaule mérovingienne. Le cri d'alarme poussé par Grégoire de Tours vers 580, au moment de commencer son livre des *Histoires,* ne doit pas nous abuser : s'il décrit une situation très dégradée par rapport au Vᵉ siècle, le tableau de la Gaule mérovingienne brossé dans sa diatribe veut donner une peinture apocalyptique de ces temps dans un but moralisateur évident. Il faut, dans cette interprétation, tenir compte du fait que Grégoire a été, pour des raisons différentes, le Tacite des Mérovingiens. Que ne dirait-on pas du Haut-Empire si nous ne le connaissions qu'à travers les cruautés décrites dans les *Annales ?* Ou si nous acceptions de nous en remettre à cet historien acerbe pour juger du nouveau régime ?

Cette période est caractérisée par l'achèvement de la conquête franque au détriment des Wisigoths (bataille de Vouillé en 507) et des Burgondes (536), qui signifie un ébranlement supplémentaire des structures antiques, mieux conservées peut-être en ces territoires fortement romanisés ; par la division incessante de l'espace gaulois en raison des querelles de succession (Austrasie, Neustrie, Bourgogne, Aquitaine) ; mais aussi par le retour pour dix ans (629-639) à une unité territoriale qui s'accompagne d'un fort resserrement institutionnel sous la poigne de Dagobert.

Écoles publiques et religieuses.

On a désormais beaucoup de mal à suivre le devenir des écoles publiques. Les hypothèses les plus optimistes admettent que celles-ci survivent jusqu'au VIIe siècle, mais uniquement dans des centres privilégiés (Tours, Lyon, Clermont, Orléans, Paris, Metz) et de manière incomplète. D'autres considèrent que leur disparition est totale dans le courant du VIe siècle ; la tendance actuelle est de retenir cette deuxième hypothèse. Toutefois, si les thèses de K.F. Werner sur la continuité de la Gaule mérovingienne avec la Gaule romaine emportent la conviction, il faudra peut-être réviser certaines reconstructions, puisque la pérennité de la terminologie juridique et institutionnelle invoquée par l'auteur suppose une conscience collective plus forte qu'on ne l'a dit des *realia* scolaires antiques.

La rétraction des lieux de l'éducation publique a-t-elle pour conséquence que l'Église doit se pourvoir en moyens accrus de formation ? En 529 est promulgué par un concile régional tenu à Vaison en Provence un décret qui prévoit que les prêtres de paroisses rurales prendront auprès d'eux des jeunes enfants auxquels ils apprendront les Psaumes, l'Écriture et les rudiments de l'exégèse. Cette méthode a pour but de créer un personnel qui, à son tour, pourra desservir de nouvelles paroisses.

Entre laïcité et Église.

Cette décision qui fait référence à des mesures prises depuis longtemps en Italie, et qui a des correspondants en Espagne, signifie-t-elle que l'école publique est désormais caduque ? On en peut discuter, puisque, en premier lieu, l'initiative est venue de l'Italie du Ve siècle, où pourtant les écoles étaient encore actives. En outre, la raison de cette orientation semble liée au radicalisme qui, sous l'influence d'un pasteur issu d'une formation monastique, l'évêque Césaire d'Arles, prévaut dans la Provence du VIe siècle : la création de cette école presbytérale satisfait sa volonté de disposer d'une institution proprement religieuse. Enfin, la technique de l'expansion par autoformation justifie aussi une telle démarche, puisqu'on peut supposer que les sujets plus ou moins instruits, devenus plus rares, sont tentés par des fonctions municipales ou urbaines d'autant plus revalorisées que les individus aptes à les assumer sont plus recherchés ; attirés par ces situations plus lucratives, ils désertent l'enseignement élémentaire.

Le même souci d'instaurer une formation plus religieuse joue pour les degrés supérieurs de l'éducation. Autour de l'évêque s'organise une vie de famille au sens antique, où des clercs participent au service de l'évêché tout en bénéficiant d'un enseignement approfondi de la part de leur pasteur. Césaire d'Arles, fidèle disciple d'Augustin, suit son exemple parmi les premiers. Ainsi se crée une école épiscopale dont d'autres exemples apparaissent peu à peu en Gaule et en Occident latin (Espagne, Tolède, 527). Elle représente une sorte de compromis entre la vie régulière et la vie séculière.

Changements internes.

La culture subit certainement un recul non seulement quantitatif, mais aussi qualitatif. En effet, les écrivains du Ve siècle possédaient tous une formation digne du *Tardoantico*. Ils avaient eu droit à un cursus complet ; ils avaient lu les auteurs païens aussi bien que les chrétiens ; ils avaient une teinture des connaissances qui composaient le savoir achevé d'un intellectuel de l'Empire (philosophie, musique, physique, mathématiques) ; le plus souvent, ils lisaient le grec ; ils étaient capables de composer dans tous les grands genres littéraires traditionnels. Ce champ culturel est l'objet d'importantes mutations internes à partir du VIe siècle.

En effet, il n'y a d'abord plus d'intellectuels que chrétiens ; souvent ces chrétiens appartiennent à l'Église, dès que leur niveau d'études est élevé ; enfin, cette instruction s'oriente vers une spécialisation à l'intérieur des besoins d'une formation religieuse. C'est-à-dire que même les évêques lettrés et écrivains sont pourvus d'une culture qui tend à reproduire le modèle monacal, depuis déjà longtemps en grande partie étranger aux lettres profanes. Le résultat est que le commentaire des grammairiens, de Virgile, de Cicéron et des grands auteurs classiques, cède le pas à l'étude des seules Écritures et des Pères de l'Église.

Figures.

Néanmoins, la Gaule offre encore des écrivains de premier plan : Césaire d'Arles, Grégoire de Tours, Fortunat de Ravenne. Le premier, né à Chalons-sur-Saône aux alentours de 470, reçoit une éducation monastique auprès du tout nouveau monastère de Lérins, est l'élève du rhéteur Pomère, avant d'être élu évêque d'Arles en 503, et de le rester jusqu'à sa mort en 542. Il réorganise l'Église de Provence, applique tous ses efforts à faire pénétrer le christianisme dans les campagnes, et laisse des centaines de sermons, souvent inspirés par la prédication augustinienne, admirable monument de limpidité stylistique et de latinité pédagogique ; son œuvre est complétée par la rédaction de *Règles*. Il tâche de faire participer le public des fidèles aux chants de la liturgie, témoignage intéressant sur la conservation de la latinité orale en Provence.

Né à Clermont en 538, d'une famille patricienne, Grégoire (présenté de manière plus détaillée au chapitre 5) est d'abord éduqué par son oncle Nizier de Lyon, avant de devenir évêque d'un des plus importants évêchés de Gaule, Tours, en 572. Son œuvre la plus célèbre sont ses *Dix Livres d'histoires,* aussi appelés *Histoire des Francs*. Écrits dans un latin incorrect, surtout du point de vue orthographique, mais extraordinairement vivant, animé d'un souffle parfois épique, que soutient la lecture de *L'Énéide*, ces récits font de Grégoire un grand écrivain. Il rédige également des œuvres hagiographiques de qualité.

Né en Italie du Nord vers 530, Fortunat reçoit une éducation classique complète à Ravenne, qu'il quitte en 565, aux approches de l'invasion lombarde pour se réfugier à la cour mérovingienne de Metz. Il en devient le poète officiel, avant de se rendre, sur l'invitation de son ami Grégoire, à Poitiers auprès de son amie l'abbesse Radegonde et d'y couler ses derniers jours dans la paix (il doit disparaître vers 600). Il laisse de nombreux poèmes auliques d'une facture impeccable, et une *Vita Martini* en quatre livres, composée en hexamètres. Certaines de ses hymnes sont entrées dans la tradition liturgique de l'Occident : *vexilla regis prodeunt* (« les étendards du roi s'avancent »), *pange lingua* (« révèle, langue »).

Derniers éclats.

On n'a pas assez remarqué que l'Italien raffiné que fut Fortunat s'est, tout compte fait, trouvé fort à l'aise au milieu des barbares mérovingiens. Cela invite peut-être à prendre garde aux capacités culturelles de cette société franque dont, à la suite de Grégoire de Tours, on a dit le plus grand mal. Car, si Fortunat n'avait eu aucun public capable de l'apprécier et de le protéger en conséquence, pourquoi se serait-il obstiné dans ces terres et dans ces genres ?

C'est, de toute manière, le dernier grand auteur que la Gaule ait à offrir avant la renaissance carolingienne. Quelques autres noms émaillent encore la première moitié du VIIe siècle, surtout, il faut bien l'avouer, dans le Sud. Le patrice Dynamius de Marseille correspond avec Fortunat. Félix étudie les lettres classiques à Marseille. Didier enseigne la grammaire à Vienne dont il est évêque. Florentius, prêtre provençal, écrit vers 650 une élégante *Vie de sainte Rusticule*. Les évêques de Bourges, Sulpice Ier (mort en 591) et II (mort vers 650), jouissent d'une bonne formation en grammaire, en métrique et en rhétorique. Né vers 640, le futur évêque de Clermont, Bonnet, dispose d'une solide culture juridique.

Tout se passe comme si l'éducation publique avait laissé des traces encore suffisantes pour garantir, avec l'appui des préceptorats privés, une continuité culturelle significative, quoique amenuisée.

« *French Literacy* ».

Cependant, la Gaule du Nord n'est pas coupée de la culture écrite. Elle ne produit plus de figures marquantes en littérature, mais les traces d'une activité réelle de l'écriture latine y sont attestées. De nombreux formulaires sont copiés, preuve que le recours à l'acte écrit est toujours essentiel. D'ailleurs, la cursive mérovingienne, si elle est illisible par un non-spécialiste, montre, par sa négligence même, que l'acte d'écrire est banal. Il existe toujours des *defensores* et des *curatores* qui s'occupent dans les cités de l'enregistrement, aidés par des *curiales* qui reçoivent le nom de *boni homines* ou de *boni uiri*. L'aristocratie franque s'est rapidement pourvue de l'instruction écrite nécessaire à l'exercice de son pouvoir et à la défense de ses droits. Les actes notariés portent très souvent la souscription autographe des *potentes* francs, cela jusqu'au troisième quart du VIIe siècle.

Les rois francs se convertissent vite non seulement au catholicisme, mais aussi à certains aspects de la culture antique : juridique, médicale et religieuse. On sait que Chilpéric s'intéresse à la grammaire (mais le compte rendu de Grégoire est haineux). Sigebert, auditeur de Fortunat, parle un latin élégant. Dagobert s'entoure de l'élite intellectuelle de son temps. Insistons : il serait erroné de lier la sauvagerie de certaines mœurs mérovingiennes à une déculturation complète. L'exemple des empereurs du Haut-Empire et de l'Empire byzantin devrait inciter à relativiser ces corrélations.

Années d'effacement : 650-750.

Pour des raisons que l'on perçoit mal, mais sans doute en liaison avec le glissement du centre politique mérovingien vers l'Austrasie et avec les soubresauts qu'entraîne le changement de dynastie, peut-être aussi avec l'apparition de la menace islamique au Sud, sûrement avec les ravages de l'expansion franque en Aquitaine, la centaine d'années qui va du milieu du VIIe au milieu du VIIIe siècle est marquée par une rétraction du tissu culturel. Celui-ci se confine dans les monastères qui deviennent ainsi les lieux de sauvegarde quasi exclusifs de la tradition littéraire. En revanche, rares sont les lueurs culturelles qui éclairent encore l'espace non monacal, aussi bien clérical que laïc. Longtemps centre de conservation des savoirs et des activités scolaires, la cour mérovingienne s'efface de la scène historique, au fur et à mesure que le pouvoir échappe aux derniers souverains.

Cela signifie que tout le personnel laïc au service de l'administration royale perd peu à peu son statut social. Autant dire que le maintien d'une culture écrite laïque, si liée aux besoins du pouvoir royal, est désormais en péril. La nouvelle lignée austrasienne, dont l'ascension est en cours au début du VIIIe siècle, a puisé dans des réserves culturelles différentes, plus proches des milieux cléricaux et surtout monacaux. Le passage à une cléricisation de la culture est ainsi en voie d'accomplissement.

Brindilles.

La vie religieuse elle-même subit une certaine éclipse à partir du dernier quart du VIIe siècle. Au milieu du siècle suivant, Boniface rappelle qu'aucun synode ni concile ne s'est réuni en Gaule depuis trois quarts de siècle au moment où il entreprend la réforme de l'Église franque. Encore convient-il d'apporter quelques nuances à ces affirmations : les propagandistes carolingiens ont beaucoup contribué à ruiner la réputation de la dynastie dont ils s'efforçaient d'effacer la trace. Choniqueurs et commentateurs carolingiens n'ont pas été en reste pour déprécier la période mérovingienne.

Il reste que la Gaule passe par une période, sans doute assez courte, où l'éducation et la culture offrent l'image d'un foyer moribond où ne luisent que quelques brindilles. Les noms d'écrivains font eux-mêmes défaut et, quand il s'en présente, leur production est de très mauvaise qualité. Le symbole en est représenté par le fameux chroniqueur dit Frédégaire dont la *Chronique,* tout intérêt historique mis à part, est rédigée dans une langue et dans un style lamentables. La continuation de cette œuvre, *Liber historiae Francorum,* publiée en 727 sans doute par un moine de Saint-Denis (Paris), aggrave encore cette dégradation. On ne peut plus guère parler de littérature. D'autre part, l'écrit se raréfie ; et la langue des diplômes devient chaotique.

L'hagiographie corrige un peu cette impression. Saint Éloi, l'ancien trésorier de Dagobert, semble composer des sermons non dépourvus de mérites pédagogiques et oratoires, certes dans le genre simple ; mais nous n'en avons gardé que des fragments. Éloi disparaît dès 661, et avec lui la dernière figure de la grandeur mérovingienne. Son ami Ouen, référendaire à la même cour, qui écrit une *Vie de saint Éloi* de qualité, s'éteint vers 670. Ainsi, tandis que la collectivité des locuteurs achève l'invention des nouvelles langues romanes, la littérature et la culture latines s'effacent largement de la Gaule.

Braises.

Les premiers efforts pour ranimer la tradition culturelle se déploient après le règne de Charles Martel, lui-même trop guerrier et trop engagé dans sa confrontation avec les périls extérieurs pour y porter son attention. Ce sont donc ses successeurs, beaucoup plus sûrs de leur pouvoir à l'intérieur et moins requis par la défense de leurs terres contre les menaces externes, qui sont en mesure de prendre l'initiative d'une première restauration des études. L'état de celles-ci est tel que des mouvements spontanés de reconquête ne sont guère prévisibles. Or, maîtres du royaume, Carloman puis Pépin ont besoin de se pourvoir d'une administration et donc d'administrateurs. C'est vers l'Église franque qu'ils se tournent pour satisfaire sa demande.

Justement, la Germanie, voisine immédiate de cette Austrasie d'où est sortie la nouvelle dynastie, est alors parcourue par un personnage de premier plan, Boniface, qui va être appelé à ranimer les centres du savoir dans le royaume franc. Né dans la savante Angleterre, précisément dans le Wessex, l'Anglo-Saxon Winfrid, après de solides études en l'abbaye d'Adescancastre, devient l'apôtre de la Germanie (Thuringe, Hesse, Bavière), puis, fort de sa relation privilégiée avec la papauté (il se rend régulièrement à Rome), il fonde la puissante abbaye de Fulda (744), avant d'aller mourir, archevêque et octogénaire, en mission en Frise. C'est dans la dernière partie de sa vie qu'il participe énergiquement à la réforme de l'Église et au redressement du niveau de sa culture.

« *Grammatica* ».

Car désormais les deux notions vont se trouver liées comme elles ne l'ont pas été auparavant. Chrétienté et culture, quoique de plus en plus étroitement associées jusqu'alors, n'ont pas encore cédé la place à une identification entre culture et clergé. Le basculement parvient à son terme pendant le VIIIe siècle carolingien. Les capitulaires commencent à insister simultanément sur l'obligation d'exercer auprès des fidèles une pastorale à la fois active et orthodoxe, sur la nécessité pour les pasteurs d'être réellement préparés à cette mission, et sur le besoin impératif de s'être dotés à cet effet d'un savoir préalable.

Or, les textes de lois, qui, à partir des années 750, mettent en branle une réforme intellectuelle du clergé et des monastères, enjoignent aux évêques, aux prêtres et aux moines d'apprendre les fondements de la science religieuse, et, en tout premier lieu, la grammaire. Ce n'est pas un hasard si Boniface compose une grammaire latine et si lui-même est féru de science grammaticale. Venu des îles où la compréhension du latin passe obligatoirement par la maîtrise des instruments scolaires, il sait que l'intelligence des textes bibliques repose sur une bonne maîtrise de la langue latine.

Écriture.

Le contact avec les peuplades germaniques n'infléchit pas son point de vue. Au contraire, il se rend compte que des prêtres autochtones sont incapables de réciter correctement les prières fondamentales en latin, faute d'une formation scolaire satisfaisante. Il s'avise aussi que de jeunes lecteurs de ces régions ne comprennent pas non plus les péricopes évangéliaires qu'ils ont charge de lire à la communauté. La nécessité absolue de relever le niveau culturel des serviteurs de l'Église s'impose peu à peu à lui et la grammaire, autrefois bannie par Grégoire le Grand, recouvre une place d'honneur dans la discipline ecclésiatique.

Les besoins de l'administration corroborent cette résurgence. La chancellerie fait un premier pas pour réformer au moins le minimum vital, l'orthographe. C'est ainsi qu'après une période de dégradation continue les diplômes émis par la chancellerie royale commencent, à partir du règne de Pépin le Bref, à être moins défigurés par les fautes. L'écriture est également purifiée : elle se met à retrouver une qualité plus digne des offices royaux, prodromes d'une remise en forme qui culminera avec l'invention et l'adoption de la belle minuscule caroline.

Exigences.

Cependant, un programme de réforme des études n'est pas encore activement mis en place dans tout le royaume. Les écoles épiscopales et presbytérales ne feront pas l'objet d'une législation détaillée avant le règne de Charlemagne. A partir de 769, se manifestera un souci grandissant de comprendre les mécanismes de la dégradation religieuse et culturelle, tant dans le clergé que dans les monastères. Mais faut-il totalement en croire les avertissements lancés à partir de cette date ? La vie intellectuelle ne s'était pas éteinte, au moins dans les monastères, pendant cette période qui englobe les années 700. Pourtant, les injonctions émises par la cour tancent l'ignorance des hommes d'Église.

Cette contradiction au moins partielle est levée, à notre avis, si l'on comprend que la vérité tient, tout autant qu'à l'abaissement des connaissances collectives, au relèvement du niveau intellectuel d'une minorité de lettrés. Alarmés par l'ignorance générale et conscients de leur savoir, ils veulent hausser celui de la *ciuitas ecclesiastica*. Cette avidité d'une minorité d'intellectuels est due à l'immigration. En effet, à partir du VIIIe siècle, les échanges s'intensifient en Occident, soit sous l'effet de la contrainte, soit comme conséquence d'une volonté délibérée. Obéissent à la seconde tous les missionnaires venus des îles, porteurs d'une vaste science essentiellement livresque. Les clercs et moines mozarabes fuient l'Espagne occupée, réintroduisant en Gaule une culture latine vivante d'une qualité supérieure, puisqu'elle est fille de la réforme isidorienne. Ainsi le jugement des immigrés et les ambitions des princes convergent pour jauger sévèrement la culture de la France et pour jeter les bases d'une renaissance du Nord.

Programme.

L'entrée en Italie de Charles accentue certainement ce phénomène, en ajoutant d'autres points de référence et en montrant aux Français les richesses de l'Italie. Déjà une filière Rome-Italie du Nord-Alpes-Metz a depuis saint Chrodegang (évêque de Metz jusqu'en 767, date de sa mort) frayé le passage à une réforme du chant qui conduira à l'abandon des mélodies gallicanes au profit des compositions romaines. Le travail de réflexion, de comparaison, de reprise en main, effectué depuis leurs palais par les princes francs s'appuie ainsi rapidement sur une élite intellectuelle européenne, dont les membres les plus illustres apportent leur collaboration à la cour. D'Angleterre, Alcuin ; d'Espagne mozarabe Théodulf ; d'Italie Paul Diacre et Pierre de Pise, etc. : ces noms surgissent au premier plan de l'histoire dès que les Francs pénètrent dans la Péninsule et sont installés dans leurs rôles de conseillers intellectuels entre 775 et 790.

Leur programme correspond à la fois à leur vision de l'histoire religieuse, culturelle et linguistique de l'Europe, aux exigences du souverain franc et de la monarchie carolingienne, et aux possibilités du temps. Il s'agit de reconquérir simultanément chrétienté et latinité, l'une comme l'autre entamées par le délitement mérovingien. Les moines eux-mêmes vont être invités à reprendre plus sérieusement le chemin de l'école latine afin d'être capables et de s'exprimer en bon latin, oralement ou par écrit, et de lire et d'interpréter de manière satisfaisante l'Écriture sacrée. Tous les ordres du royaume sont priés de s'engager à marche forcée dans une reconquête de la norme.

Ouvertures.

Les conséquences en sont considérables pour l'histoire de la culture. Les hésitations des intellectuels de l'Antiquité tardive sur la légitimité des savoirs littéraires profanes sont balayées sous la poussée enthousiaste des insulaires. Alcuin déclare lire les poètes païens à l'égal des chrétiens et cite donc, aux côtés de Prudence et de Fortunat, Ovide, Lucain et surtout Virgile. Théodulf fait de même, sans omettre de se référer aux grands classiques de la grammaire, Pompée et Donat : c'est que pour lui, venu de terres où la latinité est menacée de mort par l'éclat fastueux de la civilisation islamique, il n'est plus temps de trier l'héritage. La totalité des savoirs latins ne sera pas de trop pour assurer la victoire de l'identité culturelle de la chrétienté.

Resserrement du savoir et de la pratique chrétiennes d'une part : les écoles épiscopales et presbytérales sont de nouveau animées ; les fidèles sont appelés à réciter les grandes prières sans fautes. Mais, d'autre part, ouverture vers le passé païen : les manuscrits de Virgile sont désormais recopiés, annotés, étudiés. Donat sort des armoires pour redevenir objet d'enseignement et d'admiration.

2. L'Espagne : autour de la reconquête isidorienne

L'Afrique : un continent latin perdu.

Au sens strict, l'Afrique romaine ne relève que marginalement de notre sujet, puisqu'elle ne fut barbare que pendant un siècle, de 429, date d'arrivée des Vandales, à 533, date de la reconquête par Bélisaire. De 533 à 698, quand Carthage est définitivement abandonnée aux Arabes par l'Empire d'Orient, elle appartient peu ou prou à l'histoire de l'Empire romain d'Orient. Disons brièvement que sa créativité est durement éprouvée, mais non tarie, par les persécutions dont les Vandales accablent l'Église catholique, non pas tant en raison de leur statut de vainqueurs qu'à cause de leurs convictions ariennes. C'est la seule ethnie qui provoque à la rébellion ouverte ou larvée les serviteurs de l'Église. Cette politique violente se retournera contre ses protagonistes, car, en l'absence d'une fusion ethnique entre occupants et occupés, l'Afrique repassera sans guère d'hésitation sous l'autorité impériale.

Il est légitime de penser que l'empereur Justinien, fidèle à sa politique de restauration, s'attache à la remise en état scolaire de l'*Africa romana*. Sans doute les moyens demeurent-ils limités. Mais la reprise du fonctionnement des mécanismes administratifs contribue à une certaine reconstitution du maillage scolaire. Des écrivains de la résistance surgissent, comme l'évêque de Ruspe, Fulgence (vers 467-vers 532), exilé en Sardaigne, auteur d'importants traités théologiques et d'un pamphlet *Contre les Ariens*. Le poète Dracontius goûte à la prison royale à la fin du Ve siècle. Puis, sous la restauration romaine, vit au moins un auteur de premier plan, Corippus. Professeur des environs de Carthage (vers 520-vers 565), il compose en un poème épique de huit livres une *Johannide,* récit des combats menés par le maître de la milice d'Afrique, Jean, pour la pacification de la province.

Cette histoire littéraire et culturelle s'arrête dans la seconde moitié du siècle, quand la dynastie des Héraclides s'avère impuissante à contenir le raz de marée de l'Islam.

L'Espagne : de la renaissance à l'étouffement.

De 476 à 711, l'Espagne connaît une évolution relativement régulière, pour ne pas dire linéaire. Elle passe d'une certaine atonie à une créativité presque brillante. Après un Ve siècle et une première moitié du VIe siècle modestes où percent quelques rares lumières, l'Espagne, qui a cessé d'être romaine pour devenir wisigothique, prend un visage nouveau où le dynamisme créateur l'emporte sur l'inertie conservatrice. Naturellement, les conditions historiques favorisent cette transformation. Mais l'invasion arabo-berbère de 711 brise son destin culturel en introduisant un hiatus dont aucune période antérieure depuis la conquête romaine n'offre l'équivalent. Certes, les conflits internes de la société hispano-gothique ont jeté les plus violents désordres au cœur de l'espace hispanique. Mais les tendances irrédentistes d'une partie importante de l'aristocratie gothe ne compromettaient que partiellement le sort de la culture chrétienne. Le comte Paul put bien se soulever contre le roi Wamba : les médiateurs religieux restèrent en position de force, et la référence latine et catholique, même bafouée, demeura fondamentale.

Rien de tel après 711. Sans que l'occupation efface d'un coup les siècles de culture romano-chrétienne, les destinées de celle-ci changent brusquement dans des conditions telles que c'est une autre histoire culturelle de l'Espagne, plus étrangère à la genèse de l'Europe, qui commence.

Entre Vandales et Wisigoths.

Le premier choc de la ruée de 406 met longtemps à parvenir en Espagne, et déjà la force de l'invasion s'est atténuée. Les Vandales traversent l'Espagne plus qu'ils ne l'occupent et les Wisigoths qui les suivent le font à titre de *foederati,* déjà intégrés aux structures impériales. La dérive vers l'Ouest des Goths se produit lentement, symbolisée par le déplacement de leur capitale de Toulouse (418) à Barcelone (484), puis à Tolède (milieu du VIe siècle). L'occupation proprement dite de l'Espagne commence après 450.

Malgré ces circonstances relativement favorables à la poursuite d'une vie culturelle active, celle-ci est indigente. On peut seulement supposer que le démembrement du réseau scolaire se produit plus lentement qu'outre-Pyrénées. Mais l'Église d'Espagne pâtit de l'arianisme des nouveaux maîtres : cause de déstabilisation et de dégradation. Ne ressortent au ve siècle que les noms du rhéteur Mérobaude, chantre d'Aetius, et d'Hydace, rédacteur vers 460-470 d'une *Chronique* très précieuse pour l'histoire de l'Espagne de ce siècle. Nous sommes loin des feux de la poésie chrétienne qu'allumait Prudence au début du même siècle, et loin même des productions littéraires de la Gaule contemporaine.

Seule à l'Ouest, l'œuvre de Martin (vers 510-579), venu lui aussi de Pannonie dans le royaume suève dont il obtient l'adhésion au catholicisme, avant d'y finir ses jours archevêque de Braga, témoigne d'un isolat culturel significatif. Martin dispose des traités moraux de Sénèque dont il tire des guides à l'intention des souverains. Comme Césaire d'Arles, il s'attaque aux traditions folkloriques dans son sermon *Sur la correction des paysans*. Mais cette activité laissera aussi peu de traces que le peuple dont elle est l'hôte.

550-700 : renaissance isidorienne.

Trois événements externes secouent l'Espagne : la défaite de Vouillé qui, en 507, conduit les Wisigoths à abandonner la Gaule ; le débarquement des troupes byzantines en 551, qui réoccupent le Sud-Est ; le flux de réfugiés africains qui fuient à partir de 650 l'invasion arabe. Le dernier événement influe fortement sur l'histoire culturelle, car les Africains apportent avec eux de nombreux manuscrits, qui viennent enrichir les bibliothèques de la Péninsule et échappent à la destruction. Mais le changement dont les conséquences sont les plus profondes sur l'histoire culturelle (et linguistique) est la conversion des Goths au catholicisme, consacrée par le concile tenu à Tolède en 589.

Elle met un terme à une division ethnique et culturelle que les années ont plus ou moins atténuée, mais qui aurait interdit une véritable fusion nationale hispanique. La tentation de rallier l'idéologie byzantine est ainsi radicalement annulée : l'expression d'une foi catholique selon les modes de la culture traditionnelle ne risque plus de faire courir aux intellectuels le risque d'être accusés de trahison au profit de l'ennemi. Les Francs perdent également brusquement de leur côté le privilège d'être les seuls barbares catholiques : Rome peut désormais s'appuyer tout aussi bien sur les Goths.

Cette révolution, préparée et réussie par Léandre, évêque de Séville, et accentuée sous son successeur Isidore, libère les forces vives de l'Église d'Espagne, qui peut se consacrer à une œuvre de restauration dont le succès est suffisant pour qu'on puisse parler légitimement de renaissance isidorienne.

Gains et limites.

Celle-ci ne mérite son nom que de manière relative. Synchroniquement, par comparaison avec la Gaule et avec l'Italie contemporaines ; diachroniquement, par référence à l'Espagne d'avant 550 et d'après 700. Ses limites sont claires : elle n'a rendu à l'Espagne ni l'intégrité de son capital scolaire ni sa créativité du temps de l'Empire. Mais ses gains sont tout aussi évidents : une réorganisation générale des moyens du savoir est en cours. Une triple action est entreprise : relever le niveau culturel des clercs et des moines ; forger les instruments intellectuels de ce programme ; associer les laïcs au mouvement. La réussite, sans être parfaite, est malgré tout éclatante : au début du VIIe siècle, le roi wisigoth Sisebut fait rédiger par Isidore un traité *Sur la nature* et lui-même est capable de composer un poème en hexamètres (le mètre savant par excellence !) relativement corrects. Au milieu du même siècle, le souverain Réceswinthe publie un recueil de lois, le *Forum iudicum,* dont la teneur et l'usage consacrent le droit romain.

Les fondements de cette rénovation sont établis avant tout par l'encyclopédiste acharné et maître dévoué qu'est Isidore, évêque de Séville (570-633), dont il sera question au chapitre 5 parmi les médiateurs. Dans la tradition des érudits antiques, Varron et Pline l'Ancien, il entreprend une immense remise en ordre du savoir, sous la forme d'une remarquable banque de données, les

Étymologies en vingt livres. Cet effort est complété par une reconquête de l'outil intellectuel par excellence de ces temps de transition, la *grammatica*. Cette activité sur les aspects laïques de la connaissance est renforcée par la réorganisation des serviteurs de l'Église.

« *Norma* ».

Sous la forme d'un véritable traité de vie religieuse et sociale que sont les trois livres de ses *Sentences,* le Sévillan trace un programme complet. Il prévoit également la réforme de la vie monastique en rédigeant une *Règle* inspirée de saint Augustin. Ces travaux théoriques ne sont pas coupés de la pratique, car les conciles de nouveau réunis sous la vigilante attention des souverains édictent toute une réglementation destinée à remettre de l'ordre dans la maison de Dieu. Les évêques et Isidore lui-même y prennent une part active (allant probablement jusqu'à la rédaction des canons — ainsi Alcuin rédigera-t-il 150 ans plus tard certains Capitulaires de Charlemagne). Tout indique l'efficacité des mesures administratives sur la vie culturelle du temps, même si le relèvement du niveau général ne saurait être à la hauteur des espérances suscitées par la conversion des Goths.

Avant cependant que l'évolution de la langue et de la culture hispaniques ne se soit engagée dans un procès trop avancé de transformation vers un état médiéval, les freins placés sur elles la ramènent pour un temps vers la tradition et les normes antiques. On assiste de manière étonnante à une restauration de la communication écrite latine qui est accompagnée d'une amélioration de la communication orale. Les ardoises wisigothiques récemment découvertes, et enfin correctement analysées, ont permis de constater qu'en plein VIIe siècle la langue écrite d'usage courant demeure latine. On attendait du protoroman, on découvre une norme latine finalement satisfaisante dans ces documents très humbles.

Tolédans.

Partie de Séville, la restauration culturelle a essaimé ensuite à Tolède, dans la logique politique qui a fait de cette cité la capitale royale. Une population dense de fonctionnaires lettrés (juristes, médecins, administrateurs, généraux) participe à l'effervescence remarquable de la cité tolédane, qui n'est d'ailleurs pas seule à bénéficier de cette richesse intellectuelle. Braga, Mérida, Cordoue, Saragosse, Barcelone, apportent leur lot de témoignages sur la permanence des activités antiques. Ce n'est certes pas que l'ancienne Espagne romaine ait été restaurée : l'époque wisigothique en offre une image ternie, mais reconnaissable. Un des derniers chefs goths, Théodemir, qui saura préserver en partie son fief après l'invasion arabe, ne sera-t-il pas décrit comme : « connaisseur des Écritures, doué pour l'éloquence, prompt dans les combats » ?

De telles réussites s'expliquent grâce à l'action d'une génération de lettrés dont les plus illustres sont tolédans. Le premier prestigieux, Eugène III, évêque de Tolède (646-657), lecteur de Virgile, de Prudence et de Venance Fortunat, est un excellent grammairien et métricien : il rédige notamment deux livres de poèmes de facture classique sur des sujets profanes. A la demande du roi, il corrige et réédite l'œuvre poétique de l'Africain Dracontius.

Ildefonse et Julien.

Plus important encore fut son successeur, Ildefonse (né en 607, évêque de 657 à 667, date de sa mort). Élève d'Isidore et d'Eugène, d'abord moine au monastère d'Agali près de la capitale, avant d'y être diacre, puis d'en devenir abbé, pour prendre en définitive la relève de son maître Eugène, il compose une œuvre abondante dont une partie seulement nous est parvenue : lettres ; messes ; hymnes, sermons ; recueil de poèmes mêlés de prose et surtout un *Traité sur les hommes illustres* qui continue le registre dressé par Jérôme et poursuivi par Isidore.

Né en 642, probablement juif converti, Julien, archevêque de Tolède de 680 à 690, est le dernier grand auteur de l'Espagne avant l'invasion. Sa culture très complète lui permet de s'intéresser aux questions profanes aussi bien que religieuses, sans compter ses activités politiques au temps du roi Égica. Son traité de *Grammaire,* qui n'apporte rien de neuf, confirme du moins que la latinité est solidement transmise dans l'Espagne tolédane. Il rédige en outre une intéressante *Vie d'Ildefonse* et surtout un *Livre sur l'histoire du roi Wamba,* dans lequel, en un style qui imite Salluste, il stigmatise le soulèvement de la Narbonnaise menée par le comte Paul, contre le souverain légitime Wamba. Ce dernier récit clôt brillamment l'historiographie wisigothique avec des caractères proches du *Tardoantico*.

Espagne latine.

La décomposition du pouvoir royal et la montée en puissance des familles préféodales n'empêchent donc pas l'Espagne romano-gothique de demeurer ancrée dans la latinité. De nombreux indices prouvent que les écoles épiscopales et les écoles paroissiales se multiplient, complétant l'œuvre éducatrice des maîtres laïcs, souvent payés à titre privé pour compenser l'absence d'une école publique. La profondeur et la vigueur de cette latinité trouvent à la fois leur symbole et leur preuve dans la vie et l'œuvre du moine Valère.

Formé aux belles-lettres, mais désireux d'accomplir son salut, Valère, après une existence d'anachorète dans la région d'Astorga, entre au monastère fondé par Fructueux de Braga, Compludo, dont l'abbé le nomme écolâtre. Puis il retourne à la vie érémitique dans le Bierzo (Asturies) où, pendant l'été, il instruit des enfants auxquels il apprend en particulier le Psautier. Il meurt en 695, laissant une très importante œuvre pédagogique, et principalement un commentaire élémentaire des Psaumes.

Ainsi, de même que son architecture continue fidèlement aux VIe et VIIe siècles la tradition de la romanité chrétienne, l'Espagne wisigothique mène une vie où perdurent la langue et la culture de l'Antiquité tardive.

« *Conquista* ».

Dans ces conditions, il ne faut pas hésiter à qualifier de catastrophe l'invasion arabo-berbère de 711 : elle met très rapidement en péril la tradition culturelle latine et chrétienne, surtout à partir du moment où s'installe une vraie dynastie, avec l'arrivée de l'Omeyyade Abd-Al-Rhaman Ier en 766. Non seulement toutes les infrastructures qui assuraient le maintien de la latinité sont rapidement balayées dans les territoires occupés, mais, et c'est le plus grave, l'éclat et le prestige de la culture arabo-islamique, la puissance et le faste de la cour où réside l'émir de Cordoue, fascinent les élites chrétiennes romano-gothiques.

Le mécanisme d'assimilation religieux mis en place (tolérance moyennant finances des chrétiens et des juifs, mis ainsi brusquement sur un pied d'égalité) porte si vite ses fruits que le nombre de convertis *(muwalladun)* concurrence très vite le nombre de chrétiens fidèles à leur foi *(mozarabes)*. Les combats sanglants qui déchirent les ethnies arabes et berbères, les soulèvements contre le califat des diverses provinces, suivis de répressions sanglantes (Al-Hakam dira qu'il a cousu son royaume avec son épée !), jettent la culture traditionnelle à bas. La première moitié du VIIIe siècle est vide de création littéraire d'importance : plus de noms. Seule la *Chronique anonyme de Cordoue* (754) est là pour révéler la dégradation de la latinité.

Ce n'est qu'à la fin du siècle que l'évêque de Tolède Élipand soutient par une propagande écrite énergique (contre Alcuin, notamment) son hérésie adoptianiste, qui correspond, en fait, à une tentative de compromis théologique avec l'Islam. Le royaume barbare des Asturies est silencieux. La splendeur de l'Islam andalou occulte les vestiges de la latinité.

3. Résistance et créativité de l'Italie

Quatre phases italiennes.

Quatre phases successives caractérisent l'histoire de l'Italie. De 400 à 500, on assiste au lent repli de l'ancien Empire qui perd ses dépendances jusqu'à ne plus conserver que la surface d'où était partie la conquête romaine. En dépit des deux sacs dont est victime la Ville (410 et 455), il n'y a aucun hiatus avec le *Tardoantico*. Le VIe siècle présente de violents contrastes entre un premier tiers entièrement éclairé par la fusion romano-gothique ; un deuxième ravagé par la guerre de reconquête ; un dernier où les espoirs de la restauration impériale sombrent face à de nouveaux envahisseurs. Le VIIe siècle constitue un temps d'arrêt où l'espace italien vit d'une existence fragmentée entre les possessions lombardes et les bastions byzantins. Enfin, au VIIIe siècle, l'unité italienne qu'aurait pu instaurer la royauté lombarde avorte devant les ambitions carolingiennes. Néanmoins, les combats engagés dans le dernier quart du siècle ne soumettent pas la civilisation du haut Moyen Age italien à des secousses aussi violentes que celles qu'elle affronta au VIe siècle.

Ce schéma se retrouve assez nettement dans l'histoire culturelle. Le Ve siècle est en continuité avec le IVe : la vie scolaire et la vie intellectuelle sont peu affectées par les événements. Tout au contraire, le VIe apporte des bouleversements profonds dans les domaines institutionnel et spirituel : le cadre matériel comme les mentalités changent, et, dans le sillage de grandes figures, l'Italie romaine recherche les moyens de préserver son identité. Aux catastrophes de la fin du siècle succède un certain marasme intellectuel par lequel le VIIe siècle italien rappelle le Ve siècle espagnol. Enfin, et au contraire, la Péninsule semble déjà régénérée quand elle entre de nouveau sur la scène européenne. Encore faudrait-il faire sa juste place au phénomène d'induction culturelle qu'a pu jouer la Ravenne gréco-romaine dans le maintien sur le sol antique d'une culture de bon aloi.

Continuité du « Tardoantico ».

La civilisation de l'Antiquité tardive (première phase donc) se perpétue jusqu'à la fin du règne de Théodoric, et même jusqu'aux premières années de la reconquête byzantine. La disparition de la dynastie théodosienne avec l'assassinat de Valentinien III, puis de l'Empire avec la déposition de Romulus Augustule, l'arrivée des Ostrogoths de Théodoric et leur installation aux rênes du pouvoir provoquent moins de bouleversements que les soubresauts de la première moitié du Ve siècle, sauf en Italie du Nord où quelques villes comme Aquilée ont à pâtir des combats. L'archéologie et les témoignages épigraphiques ou littéraires concordent pour montrer que sous ses formes matérielles la vie antique se poursuit : les thermes des grandes villes sont utilisés ; les jeux du cirque perdurent (et notamment les courses) ; les bâtiments publics sont entretenus et rénovés (cas du *Circus Maximus*). L'architecture romaine continue de produire des chefs-d'œuvre : église Sainte-Marie Majeure à Rome au milieu du Ve siècle ; mausolée de Galla Placidia à la même époque ; église de Saint-Apollinaire in Classe dans la première moitié du VIe siècle ; tombeau de Théodoric (527).

Des allusions éparses à l'existence d'écoles de rhétorique confirment que le système scolaire continue de fonctionner tout à fait normalement. Ravenne, Milan, Pavie et surtout Rome demeurent de hauts lieux du savoir et de la culture. A l'extrême fin du Ve siècle, les bibliothèques publiques y sont toujours ouvertes, et des lettrés appartenant à la plus haute aristocratie comme Symmaque y recopient Tite-Live et Virgile. Le pape Léon le Grand (440-461) déploie dans ses sermons toutes les ressources de l'art oratoire chrétien. A la fin du siècle, Ennode, évêque de Pavie, dispose d'une vaste culture. Né à Arles vers 475, il est évêque de 515 à 521, date de sa disparition. A côté de lettres, poésies et homélies de très haut niveau, il a laissé un somptueux *Panégyrique de Théodoric,* avec tous les défauts et toutes les qualités du genre.

Fissures.

La fin du règne de Théodoric met un terme à cette continuité. La violence des guerres gothiques, si bien décrites par l'historien grec Procope, a laissé au milieu du siècle une Italie appauvrie, saccagée et apeurée. A peine la société romaine a-t-elle eu le temps de reprendre un peu confiance que l'invasion des Lombards la plonge de nouveau, à partir de 568, dans l'angoisse et le désespoir. Ces chocs successifs interdisent que la vie antique se prolonge comme précédemment (fait significatif, Rome n'a plus d'aqueducs et donc plus de thermes). De nombreuses fissures mettent en danger la continuité de la civilisation et précisément de l'éducation et de la culture traditionnelles. Toutefois, cette dégradation ne fait que s'amorcer. En outre, des structures compensatrices apparaissent (réorganisation de l'enseignement à Rome par Justinien). Enfin, les reculs sont combattus par des personnalités de premier plan.

Parmi celles-ci, les figures les plus symboliques (présentées individuellement au chapitre 5) sont certainement Boèce (480-524) et Cassiodore (vers 490-583) : le premier clôt l'Antiquité proprement dite et meurt sans préparer l'entrée dans le Moyen Age. Le second, au contraire, si proche de l'Antiquité dans la première partie de sa vie, au service de Théodoric, prépare les solutions de l'avenir, quand vient le temps de la guerre. Tous les deux jouissent d'un niveau intellectuel élevé, même si Boèce l'emporte sur Cassiodore. Boèce, quoique chrétien, est un véritable penseur antique, pour qui la culture et la langue grecques n'ont pas de secrets. Il est formé à la philosophie, à la musique, aux mathématiques : la structure de son savoir est proche de celle qu'avait su se forger six siècles plus tôt un Cicéron, *homo sapiens* au sens plein. Il maîtrise la langue latine dans sa plénitude et la fait se plier à une pensée agile et à une esthétique exigeante.

Cassiodore est moins un philosophe qu'un grammairien, administrateur un peu technocrate, qui a écarté tout le superflu de son bagage culturel. Après avoir composé des *Variae* profanes (recueil de lettres de la chancellerie royale), il fixe un programme complet d'étude et de culture pour ses moines du monastère de Vivarium qu'il fonde loin des bruits et des fureurs du siècle, et dans lequel il se replie. Délaissant la philosophie et la théologie, il concentre ses efforts sur la philologie au service d'une modeste exégèse. Il pourvoit ses moines des instruments appropriés à ces fonctions (il organise un excellent *scriptorium*). En somme, le dernier demi-siècle de sa vie reflète l'évolution de la culture en Italie : rétrécissement quantitatif et qualitatif, mais non effacement.

Les choix grégoriens.

Cette évolution s'accélère à la fin du siècle, quand l'invasion lombarde a porté à son comble la confusion. La société civile ne peut plus fournir de grandes références ; l'Église prend le relais. La papauté se donne alors une de ses plus illustres figures, Grégoire Ier, surnommé le Grand. Son épitaphe résume sa double personnalité, romaine et chrétienne, en disant de lui en un raccourci saisissant qu'il avait été le *Consul de Dieu (Consul Dei)*. Maître spirituel de la chrétienté au moment des pires désastres pour Rome et l'Italie, le pape adopte une orientation intellectuelle qui dépend exclusivement de ses convictions eschatologiques : il croit que la fin des temps est proche et, pour sauver le plus grand nombre possible d'âmes, il est décidé à tous les sacrifices. C'est pourquoi cet ancien moine cherche à pousser l'ensemble de la société vers l'austérité complète d'une vraie conversion, tandis qu'il lance des missions dans l'espoir de sauver d'autres ethnies, si cela est possible. Un tel rigorisme religieux ne favorise guère l'acceptation d'une culture qui ne serait pas entièrement subordonnée à l'œuvre divine. On connaît ainsi ses prises de position contre un savoir trop influencé par la tradition profane. Il reproche à l'évêque de Vienne, Didier, d'enseigner la grammaire et les auteurs païens ; il déclare dans la préface de sa grande œuvre exégétique *(Moralia in Iob)* qu'il rejette les règles de Donat.

Étant donné l'impact de son prestige, le Consul de Dieu risque-t-il de contribuer gravement à la décadence des lettres et de la culture antiques ? Mais l'exceptionnelle qualité de sa propre œuvre écrite (exégèse, homélies, lettres), où le latin est le vêtement souple et souvent élégant d'une pensée toujours riche, invite au contraire les intellectuels à l'égaler. Ses mises en garde apportent le témoignage que l'Italie demeure assez savante pour céder à la tentation de cultiver certaines des *artes liberales* pour elles-mêmes et non pas pour servir la connaissance de l'Écriture. On a pu, de toute façon, démontrer que les méthodes d'exposition de Grégoire doivent beaucoup aux exercices de commentaires de textes pratiqués chez le *grammaticus*. Enfin, justement libéré du carcan des formes traditionnelles, il invente, avec les récits merveilleux des *Dialogues*, une littérature latine accessible à un public largement populaire. Comme Augustin, il n'a pas conscience que la culture et la langue latines ne sauraient faire l'économie d'études proprement scolaires pour être assurées de leur survie. Erreur due certainement à sa perspective eschatologique (quel avenir à long terme ?) ; mais aussi à l'état de conservation honorable de cette langue et de cette culture dans l'Italie lombarde.

Pointillés.

L'Italie ne traverse pas de nuit culturelle. La fondation du monastère de Bobbio (614) en Italie du Nord compense en partie le démembrement du Mont-Cassin (580-restauré en 720). La cour lombarde de Pavie s'intéresse aux questions religieuses et la reine Théodelinde est dédicataire des *Dialogues*. Ces échanges aboutissent au milieu du siècle à la conversion au catholicisme des anciens envahisseurs ariens. La latinisation rapide de ces Germains joue également dans le sens de la continuité : lorsque en 643 leur roi Rothari fait compiler et éditer un recueil de lois, celles-ci sont entièrement écrites en latin. Seuls des mots techniques figurent dans le texte sous leur forme germanique. Selon toute vraisemblance, la majorité des Lombards oublie très rapidement son propre idiome et est assimilée par l'*orbis romanus*. Comme en Gaule et comme en Espagne, avec un délai dû à leur arrivée tardive, les Lombards se fondent dans un ensemble ethnique qu'ils marquent peu de leur empreinte.

Même en l'absence de grands noms, il n'est donc pas présomptueux de penser que l'Italie connaît une activité intellectuelle suffisante pour conserver le patrimoine du *Tardoantico* et préparer les éclosions du VIIIe siècle (qui, à la différence de la France, ne viendront pas d'une réforme volontaire, accompagnée d'un appel à l'immigration des intellectuels). Rome, particulièrement, est un lieu de passage et d'échanges permanents : avec Constantinople et le monde grec ; avec l'Afrique romaine d'où affluent les réfugiés ; avec le monde insulaire (anglo-saxon) d'où arrivent pèlerins et lettrés. La chancellerie de la papauté, sans être animée par des esprits exceptionnels, porte témoignage d'une continuité honorable. La richesse en manuscrits des bibliothèques pontificales demeure exceptionnelle. Les Ordres romains *(Ordines romani)* du VIIe siècle confirment que la formation des jeunes enfants consacrés au service divin est poursuivie activement, spécialement dans le domaine prestigieux du chant (*Schola cantorum,* École des chantres).

Réserves culturelles : Ravenne.

Les raisons qui ont aggravé les tourments de l'Italie rendent également en partie compte du caractère privilégié de son histoire intellectuelle. En plus de l'enracinement inégalé de l'héritage latin dans son propre sol, la reconquête byzantine, malgré ses destructions, contribue fortement au maintien de véritables réserves culturelles qui échappent longtemps au démembrement : à Ravenne et dans l'exarchat, mais aussi en Italie du Sud, à Naples, sans parler de la Sicile. Exemplaire est le cas de Ravenne qui a livré une très abondante documentation écrite, tant en latin qu'en grec. Ville impériale, elle persévère dans la tradition d'une administration tatillonne, laquelle repose sur une pratique courante de l'écrit. Des cahiers des charges *(breues)* répartissent les impôts entre villes et communes ; les percepteurs remettent aux contribuables des reçus détaillés *(apochae) ;* les distributions aux troupes du produit de l'impôt en nature donnent lieu à délivrance de quittances *(pittacium).*

Le pouvoir central garde un contrôle strict sur toutes les bourgades et campagnes : la machine administrative occupe ainsi l'espace et continue d'y tisser le réseau serré d'une culture écrite qui demeure latine. De ce fait, l'enseignement profane des lettres, du droit et de la médecine est dispensé à Ravenne par de bons maîtres (Venance Fortunat en est, dans les années 540-550, le brillant élève). La crise démographique du VIIe siècle, la ruralisation des villes, l'appauvrissement provisoire des campagnes (famines), les conflits entre Byzantins et Lombards, entre Ravenne et Constantinople, n'interrompent à aucun moment une activité intellectuelle d'autant plus effervescente qu'elle est aiguillonnée par la double rivalité qui oppose l'archevêché de Ravenne au siège apostolique et le clergé péninsulaire aux décisions religieuses impériales (monophysisme, concile *In Trullo*).

Cette activité rejaillit sur l'Italie lombarde : l'art de l'arpentage, préservé par le fisc byzantin, réapparaît dans la Lombardie voisine !

« *Revival* ».

Pour ces raisons, l'Italie, dernière région latine de l'ancien Empire à sortir du *Tardoantico,* est aussi la première à montrer les signes d'une résurgence précarolingienne. En effet, après l'étiage culturel du VIIe siècle (mais qui n'est pas allé jusqu'au tarissement), le VIIIe offre déjà une jolie crue des savoirs. Plus vite et plus fortement que tout autre pays d'Europe, l'Italie, à la faveur de son *revival*, reprend sa place de « mère des arts ». Tout d'abord, la règle bénédictine reprend une vie plus créatrice à la faveur de la fondation de nombreux monastères dans le Nord de l'Italie, avec tout ce que suppose de réactivation culturelle une telle multiplication. Le Mont-Cassin est restauré, l'abbaye de Farfa réformée, etc. Par ailleurs, au monastère colombanien de Bobbio, qui comprend un *scriptorium* actif, les moines se mettent au VIIIe siècle à copier des œuvres profanes.

D'autre part, de nombreux indices assurent que l'activité administrative écrite demeure largement répandue dans les cités ; ce qui suppose l'existence d'écoles actives capables de former des scribes, des notaires, des curateurs et des juges. La distinction entre école laïque et école cléricale disparaît au seul bénéfice de cette dernière sans que l'on puisse retracer une chronologie du changement. Plutôt que de supposer un effacement de la première au profit de la seconde, on admettra que la structure scolaire s'est peu à peu entièrement cléricalisée. Une charte de Vérone précise en 767 que la *scola* est voisine de la cathédrale.

L'aristocratie lombarde achève de se latiniser, et le dernier souverain, qui ait vécu en dehors de la menace carolingienne, Liutprand (713-744), organise sa cour de Pavie de telle manière que les lettrés y soient à l'honneur. Les cités rivales, Milan, Ravenne, Cividale, ont des écoles, une activité littéraire où l'on discerne quelques noms (poème de célébration de Milan écrit par Théodore vers 730).

Rome.

La papauté connaît elle-même une évolution culturelle ascendante. Les évêques de Rome redeviennent théologiens ; certains sont de nouveau bilingues. Le prestige de la *Schola cantorum* croît au fur et à mesure que l'influence du chant romain franchit les frontières. Par le couloir habituel, Italie du Nord-Alpes-Austrasie, il pénètre dans le royaume franc (Chrodegang de Metz). Le niveau intellectuel du Latran, même si le savoir y est presque exclusivement clérical, s'améliore ainsi au cours du VIIIe siècle, notamment grâce à l'installation d'une sorte d'école supérieure, le *Cubiculum,* où est formée l'élite intellectuelle romaine. La Ville conserve-t-elle un enseignement laïc ? Encore que la distinction ne soit plus très significative, le nombre élevé d'aristocrates instruits, au moins dans les matières juridiques, suppose qu'il existe tout au long du siècle des lieux de formation, destinés à de très petits effectifs, et constitués à l'initiative des puissants.

Tous ces facteurs expliquent-ils le miracle culturel et linguistique italien ? Car, au moment où Charlemagne s'apprête à entrer en Italie, la Péninsule a déjà formé des intellectuels d'un niveau tel qu'ils seront appelés à collaborer à la réforme de l'Église et à la restauration des études méthodiquement poursuivies par le souverain franc. Pierre Diacre, qui, au tournant du siècle, enseignera la grammaire à Charles, est dès avant 770 un orateur écouté dans les débats théologiques tenus à Pise. Il dut donc naître au plus tard en 730. Paul Diacre, l'historien des Lombards, qui composera un recueil important d'homélies à la demande du souverain, naît dans le Frioul vers 720. Paulin, patriarche d'Aquilée, rédacteur d'une version officielle du *Pater* et du *Credo,* accompagnée d'un commentaire que les prêtres du royaume devront apprendre par cœur, naît vers 750. Tous ces écrivains ont déjà à leur actif une belle floraison d'œuvres. Fondateurs de la renaissance carolingienne avec les mozarabes et les Anglo-Saxons, ils doivent leur propre érudition et le maniement d'une excellente latinité au sol romain lui-même.

4. Les latinités inattendues

Le latin hors de la « Romania ».

Cela ne signifie pas que l'Italie s'est développée en autarcie culturelle et linguistique. Ces siècles de transition ne sont aucunement une période d'immobilité : Alcuin, venu de Northumbrie à Rome, vers 770, rencontre sur sa route Pierre de Pise. C'est en Italie qu'au cours d'un autre voyage il sera mis en présence du roi des Francs. Près de deux siècles plus tôt, Augustin, parti de Rome, sur les ordres de Grégoire ramène en Angleterre latinité et chrétienté. En 680, Théodore et Hadrien, l'un Grec, l'autre Africain, quittent, sur les ordres du pape, le continent pour enrichir la religion et la culture insulaires ! Encore ne sont-ce là que les plus grands. Le seul esprit de cette envergure qui fasse exception est Bède : vivante antithèse de Boniface dont toute la vie se passe en missions, il ne quitte jamais sa Northumbrie natale, ni même son cher monastère de Jarrow. Ainsi le Nord de l'Europe barbarisé et déchristianisé redevient-il très vite, et contre toute attente, un réservoir de culture où puisera la dynastie carolingienne. Rappelons les étapes principales de cette évolution.

De 450 à 600 existent d'importants foyers de chrétienté celtique, en développement en Irlande, en danger de disparaître sur le sol de la Bretagne secouée par les invasions. De 600 à 700 a lieu la reconquête purement religieuse de celle-ci qui conduit à un épanouissement très rapide de la latinité et de la chrétienté insulaires. A partir de 700, cette dernière commence une expansion continue qui sera couronnée par l'évangélisation des pays germaniques du continent d'une part et par une participation active à la renaissance culturelle de la Francia, d'autre part. Ainsi se constitue vers 750-850 un nouveau glacis latin et chrétien au Nord de l'Europe : Angleterre-Frise-Germanie, au terme d'une histoire jalonnée par les noms de Colomban, Bède, Boniface et Alcuin.

450-600 : foyers celtiques.

Dans les années 450-550, il faut considérer séparément l'Irlande *(Scotia)* et la Bretagne. La première, christianisée en profondeur par saint Patrick au milieu du Ve siècle, se couvre assez rapidement de monastères. Les moines celtes se passionnent pour la langue et la littérature latines chrétiennes. Au point de devenir eux-mêmes des virtuoses auxquels leur propre talent donnera le vertige jusqu'à leur faire écrire de véritables rébus (*Hisperica Famina,* « Les parlations occidentiques »). Leur gloire est Colomban, né vers 540, fin lettré, ascète exigeant, auteur d'une règle monastique très rigoureuse, qui, à partir de 590, engage une mission évangélisatrice sur le continent (fondation de Luxeuil), avant de finir ses jours (en 615) en Italie du Nord à Bobbio. Contraints d'acquérir une solide maîtrise de la grammaire latine puisque la langue de Rome était pour eux une langue étrangère, les Irlandais jouent un rôle essentiel dans la restauration des études en Bretagne, puis sur le continent. En outre, leur intense activité de copistes (il existe un type d'écriture irlandais) sauve de nombreux textes de l'oubli et concourt à réanimer les *scriptoria* continentaux.

La Bretagne connaît un sort tout différent. Très tôt abandonnée par l'armée romaine et délaissée par l'administration impériale, elle subit les chocs successifs des barbares : Jutes, Angles, Saxons. Ces derniers sont peu nombreux, mais remuants et surtout païens. Ils n'ont, à la différence des envahisseurs continentaux, guère été influencés par la civilisation romaine. Le sort de la culture en Bretagne est en partie conjectural, en raison de l'état lacunaire de la documentation. Tout donne à penser cependant que le latin se maintient assez longtemps comme langue parlée et que le christianisme ne s'efface pas totalement. Plusieurs monastères, surtout dans le futur pays de Galles, assurent une continuité culturelle minimale. Un de leurs moines, Gildas, écrit au début du VIe siècle, en un latin un peu contourné, mais bien maîtrisé, un récit *Sur la destruction de la Bretagne,* qui apporte quelques informations précieuses, sans l'éclairer vraiment, sur la nuit culturelle de ces 150 ans. Au Nord, depuis la fin du siècle, débarquent les Irlandais, qui, à partir des monastères d'Iona, puis de Bangor (601), commencent à essaimer.

Apports d'Italie.

Cette régénération venue de l'Atlantique est renforcée par un puissant mouvement de reconquête religieuse et culturelle parti d'Italie, à l'initiative des papes. Grégoire le Grand charge Augustin, accompagné de 40 moines, de convertir en 597 les Anglo-Saxons. Il le pourvoit de l'équipement nécessaire, en particulier de nombreux manuscrits. Arrivé dans le Kent, Augustin se fixe à Cantorbéry dont il devient archevêque. Sa mission s'accompagne sans aucun doute de la mise en place d'un enseignement chrétien, selon les principes énoncés dans l'analyse des *Sauvegardes culturelles*. Il introduit également le chant romain, dont l'enseignement, se diffusant vers l'ouest, est attesté en 635 à York. Ce dernier exercice suppose un effort important de rénovation de la latinité, car, même si la mémoire auditive est la première concernée, il est indispensable que la prononciation, l'accentuation et la ponctuation soient corrigées. Autant d'améliorations qui requièrent un retour à la culture écrite, et plus précisément à la grammaire. Vers cette époque, un roi anglo-saxon, Sigebert, s'inspirant du modèle gaulois (il avait vécu exilé sur le continent), ouvre une école d'études religieuses dans son royaume d'East-Anglie. Les tribulations du christianisme renaissant dans l'Angleterre tourmentée de la première moitié du VIIe siècle s'accompagnent ainsi d'émergences successives et localisées d'une éducation chrétienne.

L'œuvre de rechristianisation est l'occasion d'un conflit de rivalité entre les missionnaires irlandais, fidèles à la règle et aux enseignements de Colomban, et attachés à un certain nombre de particularismes (par exemple ils ne plaçaient pas la date de Pâques exactement au même moment que l'Église de Rome), et les missionnaires italiens (ou continentaux). Dans l'ensemble, l'influence romaine finit par l'emporter, avec comme temps forts l'adoption du comput pascal romain sous l'influence d'un savant moine de Lindisfarne, Wilfrid, au concile de Whitby (664), puis l'introduction de la Règle de saint Benoît par Benoît Biscop (seconde moitié du VIIe siècle). Wilfrid comme Benoît ramènent de Rome (Benoît s'y rend à six reprises) quantité de manuscrits, pris notamment dans la bibliothèque du Latran. Ces apports et ces changements successifs aboutissent à une véritable résurrection de la culture insulaire.

« *Auctores* ».

Le signe décisif en est l'arrivée en Angleterre d'une nouvelle génération de lettrés. Le pape Vitalien désigne comme archevêque de Cantorbéry en 668 un des plus fins savants de son temps, Théodore, qui part pour l'île en compagnie de son ami Hadrien. Ce dernier, né en Afrique romaine, puis abbé d'un monastère napolitain, dispose d'une forte culture et connaît, chose exceptionnelle alors, le grec. Théodore, venu de Cilicie (comme Paul), est grec et sait parfaitement le latin. Il a fait ses études à Athènes, puis à Rome, selon un mode on ne peut plus antique ! Effectivement, Bède souligne qu'ils jouissent d'une double culture, profane et chrétienne. Ils fondent donc à Cantorbéry une importante école, on pourrait presque parler d'une université chrétienne. Leurs élèves deviennent trilingues (anglais-latin-grec) et, outre l'étude proprement religieuse, ont accès à une part significative des arts libéraux : grammaire, métrique, mathématiques, astronomie, se rapprochant ainsi peu à peu de la qualité culturelle du *Tardoantico*.

A partir de cette date, les noms qui illustrent l'évolution des *litterae* insulaires appartiennent à l'histoire littéraire. Les plus célèbres sont ceux d'Aldhelm (vers 640-709), de Bède (vers 670-735), de Boniface (vers 672-754) et d'Alcuin (vers 730-804). Bède et Alcuin trouvent place au chapitre 5 ; il a déjà été question de Boniface. Neveu d'un roi, né dans le Wessex, Aldhelm fut élève d'Hadrien, prêtre à Malmesbury, puis abbé du monastère (675). Lui aussi se rend à Rome. Lecteur des grammairiens latins, connaisseur du droit, instruit en arithmétique et en astronomie, il a eu accès à des fragments de prosateurs païens classiques (sans doute à travers les grammairiens) et s'est imprégné de poésie chrétienne (Sidoine Apollinaire, Avit, Corippus, Fortunat). Mais il a lu directement des morceaux des poètes païens (Ovide, Horace, Juvénal) et connaît bien Virgile. Son latin, touffu et maniéré, révèle malgré tout la résurgence d'une littérature au plein sens du terme ; sa poésie métrique est à peu près régulière (*De uirginitate,* « Sur la virginité »).

Connaissances.

De quelles pièces est donc composé le vêtement culturel insulaire au seuil de la renaissance carolingienne ? A côté du monastère où enseigne Bède vit un autre centre de haute culture, York, qui parvient à son apogée sous l'abbatiat d'Egbert (732-766), précisément au moment où Alcuin vient y faire ses études. Un poème d'Alcuin nous informe à la fois du détail de celles-ci et de la teneur de la bibliothèque. Le programme de l'école d'York est consacré aux arts libéraux : grammaire, rhétorique, astronomie, histoire naturelle, arithmétique, géométrie... Évidemment, ces limites interdisent de parler d'une renaissance générale qui correspondrait à une réapparition complète de la culture du *Tardoantico*. Le *triuium* ne comporte ainsi que la grammaire, des fragments de la rhétorique, mais non la dialectique. Le *quadriuium* fait une part attendue à la musique, mais réduite au chant liturgique, et plus spécialement au chant romain (grégorien).

Il reviendra à Alcuin, venu sur le sol de la Gaule et de l'Italie, de compléter et d'enrichir cette formation. A côté de la lecture de l'Écriture, les élèves font la connaissance des plus grands des Pères de l'Église

(Jérôme, Hilaire, Ambroise, Augustin, Grégoire) et des poètes chrétiens (Prudence, Paulin, Fortunat). Une partie de la littérature classique est accessible : Pline, Cicéron, Virgile, Lucain. Enfin et surtout, les grammairiens de l'Antiquité tardive ont place dans la bibliothèque : Donat, Servius, Priscien. Les trésors amassés un siècle plus tôt à Séville par Isidore sont aussi à portée de leurs mains. Ainsi les écoliers anglo-saxons se trouvent-ils pourvus d'un bel outillage intellectuel, formé avant tout de la grammaire latine, dont les manuscrits nous offrent aujourd'hui encore des tableaux clairs et ordonnés, présentant déclinaisons et conjugaisons d'une manière adaptée aux besoins d'un apprentissage efficace du latin comme langue étrangère.

Du Wessex à Fulda.

Saxon, Boniface est également érudit : lui aussi se consacre à l'acquisition d'une parfaite maîtrise de la latinité chrétienne et a composé pour ce faire un traité de grammaire, inspiré par l'enseignement de l'*Art majeur* de Donat, et complété par certaines pages d'Isidore de Séville. Déjà maître de cette science, Boniface réussit à dégager mieux que les maîtres antiques les grandes lignes de la grammaire latine. Ses paradigmes morphologiques sont un modèle du genre. En outre, conscient de s'adresser à des germanophones, il fournit non pas des exemples sporadiques, mais de vraies listes de mots, guides commodes pour des rédacteurs débutants. Par ailleurs, Boniface dépouille son exposé de toutes les considérations intéressantes, mais embrouillées, qui compliquaient les descriptions antiques.

On comprendra qu'une si puissante personnalité ait donné une impulsion décisive aux études en Germanie. Préparées par les missions de Pirmin (un mozarabe, mort en 739) en Alémanie et de Willibrord (disparu en 739) en Frise, elles sont déjà amorcées dans les premières fondations monastiques. Dès son arrivée (714), Boniface est accompagné d'une élite qu'il place à la tête de différentes abbayes. Elles deviennent rapidement des lieux actifs de conversion et de culture. La fondation la plus importante est celle de Fulda (744), dans la Hesse, qui deviendra une véritable pépinière intellectuelle, équipée d'une vaste bibliothèque (enrichie au fil des voyages à Rome de Boniface), dotée d'un *scriptorium* très productif. De grands noms se succéderont à sa tête, le plus célèbre à la lisière de notre période étant le très savant Raban Maur (784-856).

Nouvelles frontières

D'autres constructions importantes surgissent au VIIIe siècle sur la scène de l'histoire culturelle. Les monastères de Reichenau, dont est abbé Pirmin, et de Saint-Gall, tous deux en Rhétie, s'ouvrent largement aux influences de l'Italie du Nord et produisent manuscrits et œuvres de qualité. La Bavière, très influencée par le monachisme irlandais participe à ce mouvement général qui bouleverse le cadre religieux et culturel des pays germaniques dans la seconde moitié du VIIIe siècle. Les guerres conduites par Charlemagne pour mater l'irrédentisme païen ne viendront donc qu'après une première et profonde acculturation de ces terres devant lesquelles se sont arrêtées huit siècles plus tôt les aigles romaines.

Très brusquement, en moins de cent ans, cet Est de l'Europe, rebelle jusqu'alors à toute assimilation, devient un centre de gravité latin et chrétien de tout premier ordre. On assiste donc à un rééquilibrage culturel de l'ancien espace romain. Le Sud hispanique et le Sud gaulois sortent très affaiblis de la tourmente du VIIIe siècle. En revanche, dès la fin du VIIe pour les îles, dans la seconde partie du VIIIe pour le continent germanique, commence une ascension intellectuelle durable. Ce déplacement vers l'arc Nord de l'Europe des centres du savoir coïncide avec la remontée jusqu'aux plaines nordiques des centres du pouvoir. Mais si nous assistons à une germanisation (au sens large) de l'histoire politique et culturelle de l'ancienne *Romania,* on constate, inversement que s'accomplit une latinisation profonde des cultures et des espaces germaniques. Un des effets essentiels de cette double évolution est la conversion à la civilisation de l'écrit de ces ethnies, jusque-là cantonnées dans une création purement orale, et l'apparition des littératures nationales en vernaculaire. En ce sens, le genèse culturelle de l'Europe est en cours.

5

Médiateurs littéraires

1. Profil de la période

Permanences de la production littéraire.

Dans une histoire culturelle et littéraire, les noms des grands auteurs apparaissent au gré de l'exposé. La logique des chapitres provoque l'apparition des noms et des figures selon les genres, les époques, les domaines considérés. Ainsi la personnalité des plus grandes figures de la période se trouve-t-elle comme décomposée en leurs différents éléments à tel point que le lecteur est privé d'une vraie rencontre. Inversement, s'attacher aux écrivains majeurs qui jalonnent cette genèse exige des choix draconiens : contrairement à une illusion répandue, la création littéraire est si loin de connaître une solution de continuité du Ve au VIIIe siècle que la documentation abonde. Cette permanence ne surprendra pas si l'on considère que, même après l'installation des royaumes barbares, il se trouve toujours des lieux de sauvegarde et de créativité grâce auxquels sont relayées des régions devenues silencieuses ou dans lesquels sont ranimées des catégories brusquement défaillantes. On tâchera de montrer brièvement quels éléments caractérisent la production écrite de ces siècles avant de dresser les portraits de quelques-uns des « fondateurs du Moyen Age ». Les traits pertinents seront exposés d'un point de vue thématique d'abord (nonobstant l'évolution séculaire), puis au contraire d'un point de vue chronologique (en laissant de côté les sujets).

Variété des genres traditionnels.

Considérée de manière thématique, l'époque offre une vaste palette. Les genres majeurs de l'Antiquité perdurent, en poésie comme en prose. La première, divisée en de nombreux types depuis des siècles, continue d'être cultivée dans presque toutes ses variétés. La poésie aulique est illustrée par les panégyriques impériaux de Sidoine Apollinaire au Ve siècle. La poésie épique chante la Création du monde avec Avit de Vienne ou Arator au VIe siècle. La poésie lyrique déploie sa splendeur dans les hymnes de Venance Fortunat au VIe siècle, ou conduit au VIIe Aldhelm de Malmesbury à une méditation sur la virginité. La poésie autobiographique n'est pas ignorée : au VIIIe siècle, Théodulf, évêque d'Orléans, compose un récit de mission ; Alcuin décrit son monastère d'York. La prose continue de donner naissance à des œuvres majeures et tout d'abord historiques avec Cassiodore, Jordanès, Grégoire de Tours au VIe siècle, et surtout Bède le Vénérable au VIIe, avant que ne commence une nouvelle histoire sous la plume du premier des historiens carolingiens, Paul Diacre. La philosophie au sens proprement antique s'achève avec Boèce. Mais d'autres disciplines prennent le relais, par exemple l'exégèse biblique qu'illustre Grégoire le Grand. La tradition encyclopédique fondée par Pline l'Ancien se poursuit grâce aux efforts d'Isidore de Séville. Les traités de grammaire et d'orthographe sont renouvelés d'abord par Cassiodore, puis par Alcuin.

Nouveaux centres ; nouveaux genres.

Naturellement, les caractères de cette littérature — au sens large — changent. Une coupe diachronique donne à voir deux modifications essentielles. D'abord, les centres de la production littéraire se déplacent selon un mouvement que nous avons déjà observé. La part proprement latine diminue sensiblement (Espagne occupée ; Italie divisée), tandis que la part « barbare » prend brusquement une importance primordiale (Bretagne, Germanie). Ensuite, la victoire religieuse du christianisme a été suivie de son triomphe littéraire : il n'est plus désormais de littérature que chrétienne. Cela signifie l'effacement d'une écriture strictement profane : poésie satirique ou érotique. La cléricisation généralisée de la culture écrite provoque une solution de continuité provisoire : les genres écartés ne resurgiront qu'avec les littératures vernaculaires, passé l'an Mil. Mais cet appauvrissement est compensé par le développement de nouvelles formes qui plongent leurs racines dans les IIIe et IVe siècles, parmi lesquels les récits narrant la vie d'un saint connaissent un succès croissant. Une convergence se produit en effet entre la volonté pédagogique de l'Église, les ambitions des cités qui veulent affirmer leur identité et les aspirations des foules qui cherchent des expressions neuves pour leurs anciennes croyances. Le type littéraire de la *Vie de saint,* accompagnée de son cortège de récits de miracles, conquiert ainsi un rôle essentiel dans la genèse culturelle de l'Europe. A côté des plus modestes rédacteurs, souvent anonymes, sont présents les noms les plus prestigieux du temps : Venance Fortunat, Grégoire de Tours, Grégoire le Grand, Alcuin.

Conservation et création.

Un très bref bilan de ces deux analyses montre combien cette période est à la fois conservatrice et créatrice. La littérature latine demeure vivante sous de nouveaux visages eux-mêmes en cours de transformations. Les littératures germaniques sont en attente, tandis que le contact avec la culture écrite chrétienne prépare l'apparition de leurs *scriptae* nationales. Les pays neufs dont l'irruption dans l'histoire s'accomplit alors donnent son visage à l'Europe. Enfin, la symbiose entre une écriture latine dominatrice mais ouverte aux influences populaires et une masse de traditions folkloriques en pleine résurgence prépare l'engendrement des contes et des légendes du Moyen Age, eux-mêmes préludes d'une autre littérature. Le chemin est donc long qui conduit l'homme occidental du temps d'Augustin, encore plongé dans une antiquité et une latinité vivantes, à l'époque d'Alcuin où naît la civilisation européenne, romane et germanique.

2. Augustin

De l'Empire à la Cité.

Augustin est un écrivain de l'Antiquité tardive. Cela signifie qu'il ne convient pas de voir en lui un auteur déjà médiéval, ni même prémédiéval. Il appartient par sa formation, par sa culture et par ses goûts à un univers mental dont tous les caractères sont distinctement antiques. Cependant, son influence sur la pensée et la littérature occidentales est incommensurable ; les siècles de transition se nourrissent de ses œuvres, dont Isidore de Séville constatera, sans doute avec un sourire, que c'est déjà un bel exploit que de les avoir lues en entier ! Il contribue en outre fortement à préserver la légitimité de la science séculière et notamment de la rhétorique. Dans le cadre d'une réflexion sur le sens de l'histoire, il scelle des pierres d'attente que les générations suivantes relèveront et remploieront — sans toujours être fidèles à son plan. Car Augustin s'efforce d'apprendre aux chrétiens à ne plus confondre Empire et chrétienté. Il ouvre ainsi la voie aux solutions neuves que l'Église inventera et adoptera par obligation lorsque cet Empire aura disparu.

De la rhétorique à l'épiscopat.

Sa vie ne sort pourtant pas de ce cadre pluriséculaire. Né en 354 d'une famille de petits notables provinciaux à Thagaste en Numidie, il reçoit une éducation complète, qui le conduit à devenir professeur de grammaire et de rhétorique à Carthage d'abord (374), puis à Rome et à Milan (384). C'est dans la capitale impériale que cet homme jeune, déjà converti à la philosophie dès ses dix-huit ans et adepte du manichéisme, mais aussi poussé par l'ambition, selon une double motivation qui caractérise toujours l'élite intellectuelle de ce *Tardoantico* (fidèle là aussi à ses maîtres, Cicéron et Sénèque), renonce brusquement à une carrière laïque. Touché par la foi chrétienne (août 386), il se retire pour une longue retraite (Cassiciacum) qui le conduit au baptême (387). Après la disparition de sa mère, Monique, fervente chrétienne depuis toujours (387), il se rembarque pour son pays natal (388). Trois ans de vie monastique aboutissent à son ordination comme prêtre, puis à son élection-enlèvement sur le siège épiscopal d'Hippone (395). Son existence est alors entièrement vouée au service de l'Église catholique ; cela signifie alors combattre, au moins dans le domaine des idées. Car la défaite du paganisme, sous les formes évoluées et purifiées qu'il a prises au Vᵉ siècle (néoplatonisme, manichéisme, gnose), est loin d'être consommée. De plus, les hérésies nées au IIIᵉ siècle, l'arianisme et surtout le donatisme, spécifique à l'Afrique, sont profondément enracinées. La lutte contre le donatisme prend parfois des allures de guerre civile. Enfin apparaît au Vᵉ siècle une nouvelle conception du salut, le pélagianisme, qui exige d'Augustin un engagement virulent dans les dernières années de sa vie.

Pédagogie et théologie.

A côté d'une immense œuvre polémique, fortement marquée par les circonstances historiques, et donc moins prégnante d'avenir, Augustin a composé des écrits dont l'influence sur la genèse culturelle de l'Europe sera décisive. On a déjà vu comment il a élaboré les principes d'une *Éducation chrétienne,* passeport par lequel la culture antique sera reçue par les intellectuels médiévaux. Mais son rôle ne s'est pas borné à celui d'un conciliateur entre formes anciennes et pensées nouvelles. En effet, il fonde la théologie latine dans sa méditation *Sur la Trinité,* qui pourvoit d'emblée l'Occident d'un traité magistral. Il développe une théologie de l'histoire qui prépare la chrétienté à survivre à l'Empire. Car, après le sac de Rome de 410, la polémique fait rage entre païens et chrétiens. Les premiers rendent les seconds responsables du désastre en leur reprochant d'avoir conduit la Ville à abandonner le culte des dieux qui avaient fait sa fortune. Dans un ouvrage de longue haleine (la rédaction de ses 22 livres s'étend de 412 à 427), Augustin entreprend de démontrer que les épreuves n'ont pas épargné Rome au temps du paganisme, et que les succès ne lui ont pas fait défaut après l'apparition du christianisme. Sa réflexion s'approfondit jusqu'à soutenir que les vertus proprement humaines des citoyens expliquent bien mieux la grandeur de l'Empire que l'intervention des dieux. Au souvenir des chefs païens prestigieux comme César, il oppose en un portrait somptueux le rayonnement d'un souverain chrétien comme Théodose.

Histoire humaine et histoire divine.

Mais l'Africain n'a garde de proposer le nouvel Empire, désormais converti — même si une grande partie des anciennes élites demeure réticente — comme idéal pour l'éternité. Le contingent n'est pas son affaire. Franchissant les frontières de l'analyse traditionnelle, il propose une distinction radicale entre la cité des hommes et *La Cité de Dieu*. L'une et l'autre ne s'interpénètrent que très partiellement. Seule la destinée de la seconde intéresse Augustin qui développe de magnifiques images pour faire percevoir à ses lecteurs le véritable sens de l'histoire humaine. Dans une telle perspective, l'Empire n'est qu'une étape dans la réalisation du plan divin. Ainsi se trouve légitimée selon les modes d'une véritable théologie de l'histoire la dilatation de la chrétienté hors des limites conventionnelles des frontières romaines. La leçon ne sera pas perdue quand Grégoire le Grand, moins de deux siècles plus tard, reprendra l'action évangélisatrice de l'Occident. En revanche, les laïcs ne se remémoreront pas toujours toute la leçon de l'Africain quand ils bâtiront le Saint Empire romain germanique. Au-delà de ces distinctions, cette œuvre contribue de façon décisive à la mise en place d'une nouvelle mentalité où le temps historique n'est plus, comme dans l'enseignement païen, cyclique et répétitif, mais linéaire et orienté dans le sens d'un devenir qui rend unique chacune de ses étapes.

L'aventure individuelle.

De ce fait, le destin de l'individu devient singulier : l'aventure d'une vie est irréductible à toute autre. Le sens aigu de cette découverte a conflué avec le désir profond d'apporter à autrui une aide décisive dans sa marche vers le salut pour engendrer une création inouïe dans l'histoire littéraire de la civilisation classique. Parvenu à la maturité (397), Augustin décrit dans les quatorze livres de ses *Confessions* les méandres de son itinéraire, de son adolescence à sa conversion. Tant le fond traditionnel que la forme classique éclatent sous la force créatrice de l'écrivain qui suscite la première révolution littéraire de l'Occident. Le narrateur met ainsi son cœur à nu, à la fois pour stigmatiser son indignité de pécheur et pour chanter la joie de son ascension vers la pureté, entraînée par la grâce divine. La langue latine atteint une souplesse expressive inconnue jusqu'alors. L'intensité de la confidence personnelle et la puissance du langage placent cette œuvre comme un extraordinaire trésor esthétique au seuil du Moyen Age : l'homme occidental y trouvera les sources de sa propre invention, encore balbutiante dans les siècles de transition.

Une voix pour les foules.

L'évêque ne s'est pas toujours tenu sur ces sommets de la création culturelle : fidèle à sa mission de pasteur, il s'est efforcé de s'adresser à chaque chrétien, quel que fût son niveau social et scolaire. C'est ainsi qu'ont été prononcés des milliers de sermons destinés à nourrir tout le troupeau des baptisés d'Afrique. Là aussi, le maître innove en portant à ses conséquences extrêmes les règles d'adaptation au public que lui avait apprises son propre métier de rhéteur. Dans une langue qui associe puissance et simplicité, il donne à l'Occident le modèle d'une prédication dont l'efficacité fut telle que pendant des siècles les homéliaires s'en inspireront, dans le sillage de Césaire d'Arles, de Martin de Braga, ou d'Éloi de Noyon, avant de perdurer à travers le Moyen Age jusque dans la parole franciscaine.

3. Boèce

Le dernier intellectuel antique.

Quoique né un demi-siècle après la disparition d'Augustin, Boèce par son œuvre, son action et sa mentalité appartient plus étroitement au passé romain que le maître d'Hippone. En fait, ses choix esthétiques et son attitude politique font de lui le dernier sénateur à l'ancienne mode, amoureux de la culture et jaloux de sa liberté. Né d'une des plus puissantes familles (les *Anicii*) vers 480, éduqué dans la brillante maison des Symmaques, il commence tôt une brillante carrière qui le conduit au patriciat avant 505. Sa réputation de savant lui vaut dès cette date d'être chargé par Théodoric (comme en témoigne son premier ministre Cassiodore) de choisir un citharède pour le roi des Francs ; puis, peu après, de réaliser pour le roi des Burgondes une horloge fonctionnant à la fois grâce à l'eau et à la lumière. Ces traits biographiques indiquent combien le jeune érudit est alors engagé dans l'étude complète des arts libéraux, avant de se donner pour tâche de traduire à l'usage des latinophones toute l'œuvre d'Aristote. Son prestige social l'aide : en 510, il est élevé au rang de consul et en 522 ses fils, encore adolescents, sont désignés à leur tour pour le consulat, tandis que lui-même occupe le poste du tout puissant maître des offices. Par un discours adressé à Théodoric, il remercie le souverain de ces bienfaits.

Une mort choisie ?

S'il assume toutes ses fonctions avec la gravité et la clémence d'un vieux Romain, il agit moins par dévouement au roi ostrogoth que par esprit civique. Ses écrits renferment de nombreuses références au service de la *respublica* (la patrie). Pour cet aristocrate de vieille souche l'autorité sans partage d'un roi paraît-elle insupportable ? Cette présence est d'autant plus pesante que le potentat n'est pas de lignée romaine, mais germanique, et qu'il est fidèle à un christianisme lui aussi importé des plaines barbares, l'arianisme. Boèce accomplit sans doute ses choix culturels par une opposition sourde — comme les sénateurs du Haut-Empire à l'égard des premiers *principes* — à l'autorité ostrogothique. En 524, le consulaire Albinus est mis en accusation de haute trahison au profit de Constantinople par le référendaire Cyprien : fièvre obsidionale ou réel complot ? Boèce intervient devant le souverain à Vérone pour défendre le consulaire. Son discours a des allures de rébellion (si ce magistrat est incriminé, tout le Sénat doit l'être !). Il s'ensuit une accusation du crime de lèse-majesté qui le conduit à la prison et à la mort à Pavie cette même année.

La préparation à la philosophie.

Le projet fondamental du savant est ambitieux : il souhaite traduire et commenter en latin la totalité de l'œuvre d'Aristote et de Platon. Cet immense labeur est justifié par la passion pour la philosophie qui anime Boèce (il est superficiellement chrétien), par son désir de nourrir l'Italie de cet enseignement, et par l'obstacle incontournable de la langue : les hellénophones sont rares. Or, lui-même, au témoignage admiratif de ses contemporains (Avit et Cassiodore), jouit d'un bilinguisme parfait, conforme aux idéaux de l'éducation antique. Comme Cicéron cinq siècles plus tôt, Boèce cherche à servir de relais entre l'hellénisme et la latinité, mais aussi entre le passé classique et le présent chrétien. Si favorable qu'ait été la situation sociale et intellectuelle du traducteur, une telle tâche n'était guère réalisable par un seul savant. Une partie seulement du programme a été menée à son terme ; et une fraction importante des œuvres s'est perdue. Mais ce qui en reste est impressionnant, d'autant que, fidèle aux méthodes de l'Antiquité, Boèce s'efforce de pourvoir les futurs usagers de son encyclopédie philosophique d'un protreptique qui les rende aptes à aborder la philosophie, but suprême de tout itinéraire culturel. Utilisant les traités déjà connus, il produit ainsi une série d'opuscules sur les mathématiques, la musique, la géométrie, l'astronomie (en 983, Gerbert d'Aurillac aura encore en main à Mantoue les huit livres de son traité d'astronomie) : ainsi s'acquitte-t-il de la préparation nécessaire par les quatre arts du *quadriuium*.

Commentaires et traductions d'Aristote.

D'une activité intense sortent peu à peu des ouvrages fondamentaux où alternent les traductions proprement dites des écrits aristotéliciens et les commentaires de ces écrits, eux-mêmes fondés en grande partie sur des explications déjà établies. Boèce traduit notamment les *Premiers analytiques* et les *Deuxièmes analytiques*. S'appuyant sur le travail d'exégèse du néoplatonicien Porphyre (élève de Plotin), il commente le traité *Sur l'interprétation* du Stagirite. Certains des exposés du même Porphyre avaient été traduits par Marius Victorinus : à partir de ce dossier, Boèce offre un commentaire à l'*Introduction aux catégories d'Aristote*. Le sénateur fait fréquemment allusion au travail d'éclaircissement qu'il a dû opérer sur ces écrits difficiles en songeant aux peines des lecteurs. Il n'oublie pas chemin faisant un des médiateurs qui l'ont précédé dans cette voie et établit un commentaire des *Topiques* (plus strictement oratoires) de Cicéron.

Une rédaction plus personnelle donne naissance à des manuels de logique : deux livres *Sur le syllogisme catégorique,* deux autres *Sur le syllogisme hypothétique.* Enfin, il écrit en quatre livres un *Sur les différences topiques,* où sont étudiés, à l'école de Cicéron et de Thémistius, les thèmes de la dialectique et de la rhétorique. Toute une bibliothèque est ainsi constituée, qui peut devenir la base aussi bien d'un enseignement de type universitaire que d'une formation individuelle aux exercices spirituels.

L'expérience de la philosophie.

Ce dévouement pédagogique est couronné en 524 par l'épreuve de la prison et de la mort. Dans sa geôle, le philosophe Boèce s'efforce de mettre en pratique cette doctrine dont il a voulu passer le flambeau aux nouvelles générations de Romains. Tel un nouveau Cicéron ou un nouveau Sénèque, il entreprend de démontrer à son propre usage qu'il existe une *Consolation de la philosophie,* titre du traité en cinq livres qui nous est parvenu. L'auteur renouvelle profondément le genre. Formellement d'abord, il mêle en les faisant alterner la prose et les vers ; ensuite il développe son ouvrage en y faisant entendre un dialogue entre lui-même et Philosophie. Car il a choisi une représentation allégorique : Philosophie lui apparaît sous les traits d'une femme à qui l'âge n'a enlevé ni la majesté ni la flamme. Sa vêture symbolise les leçons qu'elle apporte ; elle tient un sceptre dans la main gauche et quelques livres dans la droite. Sur le fond ensuite, la discussion progresse parfois avec une tension dramatique entretenue par les intermèdes poétiques. Les thèmes sont connus : fragilité des biens humains, grandeur de l'homme face au malheur ; supériorité des bons sur les méchants ; réalité du bonheur absolu dans le seul bien, donc dans Dieu. La réflexion s'étend aux incertitudes de la destinée et engage le dialogue dans une profonde méditation sur les causes cachées de l'injustice apparente. Par la voix de Philosophie, Boèce insiste sur la liberté de l'individu et sur sa responsabilité, dans une analyse sinueuse des rapports entre la toute-puissance divine et l'autonomie de l'homme. L'allégorie et le dialogue ne conduisent nullement à l'unité finale cette longue méditation, qui traverse des couches successives de l'enseignement philosophique (depuis Platon jusqu'aux néoplatoniciens), sans aboutir à une vision vraiment chrétienne de l'histoire.

Un maître d'école pour le VIIIe *siècle.*

Par leur personnalité et par leur œuvre, Boèce et Augustin forment ainsi, au seuil du Moyen Age, un diptyque contrasté. Sans comparer leur grandeur respective (les personnages sont loin d'être de la même dimension), il est clair que le premier semble beaucoup plus réfractaire aux desseins de l'histoire divine que l'Africain. Volontairement enraciné dans les fastes culturels de l'Antiquité classique, obstinément attaché à la splendeur romaine, il prépare la genèse culturelle de l'Europe de manière beaucoup moins directe. Ce n'est qu'au niveau de l'expression plastique peut-être qu'il est le plus tourné vers l'avenir : son emploi permanent d'une allégorie vivace, appliquée à tous les concepts, correspond à l'évolution profonde de la conscience esthétique du Moyen Age. Mais, sur le fond de sa doctrine, il faudra attendre les hommes de la Renaissance et leur retour aux sources de la sagesse philosophique pour que sa pensée rencontre vraiment ses héritiers. Cependant, il a complété involontairement l'œuvre d'Augustin. Car ce dernier, tout en considérant que la science profane avait droit de cité chrétienne, s'en est remis à l'Empire et à ses institutions pour en assurer la pérennité. Boèce, au contraire, a bâti une précieuse réserve de savoir à l'intention des artisans de la continuité culturelle : à partir de la renaissance du VIIIe siècle, il deviendra une référence permanente des intellectuels.

4. Cassiodore

L'aggiornamento culturel.

Avec Cassiodore, nous pénétrons plus avant dans le haut Moyen Age. La restauration impériale a peu influencé son orientation politique et intellectuelle : il a été l'homme du compromis. Loyal serviteur du royaume ostrogothique (les réactions de Boèce lui sont étrangères) dans la première partie de son existence, il s'est efforcé d'adapter l'enseignement chrétien aux nouvelles conditions historiques dans la seconde. L'origine syriaque de sa famille (qui appartient à l'aristocratie sénatoriale) explique-t-elle son sens de l'adaptation ethnique ? Né au plus tard en 490 d'un père alors préfet du prétoire, Cassiodore se fait très tôt remarquer par un éloge du roi Théodoric qui lui ouvre la carrière des honneurs (il est questeur de 507 à 511). Il reste au service de l'administration gothique jusqu'à l'ouverture de la guerre de reconquête : consul ordinaire (514), préfet du prétoire (533), il assume la fonction essentielle de chancelier royal pendant trente ans. A l'extrême fin de ses fonctions laïques, il projette d'établir à Rome, avec l'appui du pape Agapit, une université chrétienne. L'arrivée de l'armée de Bélisaire interrompt ce projet. Après un temps de transition, en 540, il se replie sur les terres familiales du Bruttium, près de Vivarium, où il fonde un monastère. La richesse de son patrimoine procure au nouvel établissement les moyens de vivre et de mener une existence intellectuelle active. Car Cassiodore désire donner à sa communauté un niveau culturel élevé et pour cela s'engage dans une nouvelle tâche de professeur et d'écrivain, qui l'absorbe jusqu'à sa disparition vers 583.

Écritures laïques.

Son œuvre écrite se divise en une partie plutôt profane et un ensemble plutôt religieux. Sur la demande du fils de Théodoric, qui s'apprête à revêtir le consulat, Cassiodore compose (en 519) une *Chronique universelle* qui s'achève en une énumération de tous les consulats. Souhaitant enraciner dans l'histoire de l'Occident le peuple goth, le roi commande ensuite une *Histoire des Goths* dont Cassiodore mettra vingt ans à écrire les douze livres. Seuls des fragments nous en sont parvenus, mais l'Ostrogoth Jordanès en compose à Constantinople en 551 un résumé qui est resté. Naturellement, la nation gothe y remonte jusqu'aux Gètes et aux Scythes et la dynastie des Amales aux premiers siècles de cette histoire. Le plus significatif est ici la convergence évidente entre la volonté conciliatrice du prince barbare et le désir du rédacteur appliqué à inscrire la geste de son peuple dans la destinée romaine : intéressante œuvre de fusion ethnique.

Le talent du chancelier ne s'est pas évaporé pour nous grâce au recueil qui est publié en 537 sous le titre de *Variae,* c'est-à-dire de *Variétés :* en douze livres, Cassiodore offre un compendium de 468 des documents qu'il a rédigés dans ses fonctions. Malgré la neutralisation des données personnelles, ce recueil constitue un document de premier ordre. Il permet notamment d'analyser comment la tradition d'une prose recherchée a survécu à l'Empire : symbole de l'avidité des nouveaux princes pour le prestige, mais aussi indice de l'excellence des études dans l'Italie du VIe siècle. Car le code qui régit la transmission des ordres est si sophistiqué que seuls des spécialistes de haut vol peuvent en être les réceptionnaires et les mandataires. Les diverses préfaces par lesquelles Cassiodore ponctue ses livres éclairent également sa conception de la culture profane.

Écrits religieux.

L'existence d'écoles où les lettres profanes sont enseignées à un haut niveau dans la première moitié du

VIe siècle, affirmée particulièrement quand, en 535, Cassiodore déplore l'absence d'écoles équivalentes pour les lettres sacrées, est donc confirmée par l'existence même de ce langage administratif savant. Cassiodore sacrifie cependant un peu de son temps sur la demande instante de ses amis pour rédiger un aide-mémoire *Sur l'âme*. Puis il entreprend de servir entièrement l'enseignement religieux. L'organisation du monastère de Vivarium lui donne l'occasion d'organiser l'éducation de ses moines. Leur culture est certainement très disparate : les écrits de l'abbé s'efforcent de combler les lacunes des uns, mais aussi de conduire à une certaine perfection les autres. Son œuvre la plus élémentaire est composée les dernières années de sa vie (il dit lui-même qu'il est temps de « plier bagage »). Le traité *De l'orthographe* s'efforce de fournir des données tout à fait élémentaires de la correction orthographique à des copistes et à des lecteurs dont le contact avec la langue écrite demeure hésitant ; la préface explique spécialement quel est l'usage des signes de ponctuation, outil capital de la tradition aussi bien orale qu'écrite.

D'un degré culturel plus élevé sont ses *Commentaires sur les Psaumes*. La psalmodie est un des fondements de la prière monacale : l'apprentissage de cet art occupe les jeunes moines. L'intelligence profonde du texte suppose un délicat travail d'exégèse dont le modèle est offert par les nombreux traités d' Augustin. Mais leur étendue et leur richesse les rendent peu abordables par la communauté. Cassiodore rédige un abrégé qui simplifie et systématise (distinction des degrés) l'enseignement du maître d'Hippone. En outre, fidèle là aussi aux préceptes de l'Africain, il recourt aux méthodes profanes pour montrer dans les Psaumes la présence d'une rhétorique dont les procédés sont répertoriés par la littérature classique.

Introduction à la culture.

Cette constatation parcourt toute son œuvre principale, *Les Institutions des lectures (ou des lettres) divines et humaines*. Le premier livre traite de la lecture sacrée, l'autre des arts libéraux. L'union de ces deux disciplines est justifiée dans la préface où, toujours à la suite du *De doctrina christiana,* Cassiodore souligne qu'il est impossible d'accéder à l'intelligence des livres saints sans faire appel aux savoirs de l'enseignement profane. Ainsi le recours aux arts libéraux se trouve une nouvelle fois légitimé, même si leur existence se trouve désormais subordonnée à un but supérieur et, en quelque sorte, utilitaire. Outre la rhétorique, indispensable pour comprendre les figures et les tropes de l'Écriture, l'étude de la grammaire est nécessaire à qui veut copier correctement. Les moines devront travailler avec l'*Art de Donat* en main.

Toutefois, il ne s'agira pas de soumettre la tradition scripturaire à une réforme normative. Au contraire, Cassiodore explique à ses élèves que la parole latine dans laquelle s'exprime Dieu est intangible. Cette contradiction conduit l'érudit à une réflexion délicate sur la notion de norme langagière et stylistique. A son terme apparaît l'idée d'une latinité chrétienne capable d'adaptations et d'évolutions. Le terrain est déblayé pour l'entrée en scène des lettres profanes.

Savoir profane.

Le second livre se divise en trois chapitres, sous le titre significatif de *Sur les arts et les disciplines des belles-lettres*. Le résumé de Cassiodore, clair et bien organisé, servira désormais de référence aux intellectuels des siècles suivants ; les arts libéraux y sont classés en une division 3 + 4 désormais canonique. La grammaire est traitée rapidement ; l'auteur renvoie à Donat (dont des copies sont alors disponibles à Vivarium) pour un apprentissage plus détaillé. Il s'attarde en revanche dans le deuxième chapitre sur l'enseignement de la rhétorique : apparaissent alors comme sources les grands ouvrages de Cicéron et de Quintilien, abondamment cités ou glosés. Le chapitre trois, intitulé « Sur la dialectique », est en fait un petit traité de logique, qui utilise les traductions de Boèce en les résumant, avant de renvoyer à cet auteur lui-même.

A chaque moment de son développement, Cassiodore engage sans cesse ses lecteurs à se reporter à des ouvrages spécialisés au cas où telle ou telle question susciterait une curiosité que lui-même n'est pas capable de satisfaire. Il ne se contente pas d'adresser les érudits à Donat ; il rappelle aux spécialistes de travaux agricoles les livres de Columelle et de Palladius ; aux médecins les traductions d'Hippocrate et de Galien, sans oublier les études d'herboristerie de Dioscoride. Ainsi, Cassiodore trace le plan d'une structure monacale parfaite : maîtresse de tous les savoirs, autonome, et orientée vers le service divin, en un mouvement d'union qui satisfait à la fois aux exigences bénédictines et à l'érudition antique.

Éloge du copiste.

On aura beau jeu de souligner les limites de cette œuvre. Cassiodore n'est pas un esprit supérieur ; il est moins savant et moins intelligent que Boèce. Mais il a cherché à servir. Son pays, en hâtant la fusion ethnique qu'il a jugée certainement indispensable : en ce sens, il est fidèle aux leçons d'Augustin pour qui le premier critère de progrès était l'expansion de la chrétienté. Sa foi, en rassemblant une communauté à l'abri de la tourmente pour édifier en privé un lieu d'érudition chrétienne. Sa culture antique (ce n'est pas sans émotion qu'il compare Flavius Josèphe à un nouveau Tite-Live) en trouvant sans cesse des fondements religieux à sa préservation.

Il est sûr que cet asservissement des savoirs profanes au profit de la science chrétienne peut être réducteur et il le sera longuement. En outre, le programme ne sera pas accompli du vivant de son auteur ; il ne lui survivra pas. Mais l'autorité du sénateur jouera un rôle décisif dans l'évolution de la vie culturelle monacale en plaçant au centre du travail rédempteur l'office de copiste : « C'est une application bénie et un zèle louable que de prêcher aux hommes avec la main, de communiquer avec les doigts, de faire le don muet du salut aux mortels et de combattre les séductions du diable avec la plume et l'encre. »

5. Grégoire le Grand

Consul de Dieu et pasteur des nations.

Les secousses historiques (invasion lombarde), les colères de la nature (peste) et les aléas d'une santé chancelante (Grégoire souffre toute sa vie de l'estomac) ont donné au pape Grégoire le Grand une vision du monde apocalyptique qui rend sans doute compte d'une activité pastorale et d'une œuvre littéraire entièrement tendues vers le salut des nations. Ces circonstances expliquent peut-être le caractère radical d'un certain nombre de ses prises de position, qui contrastent tant avec ses origines qu'avec son *cursus honorum* initial. Né vers 540 d'une lignée sénatoriale, depuis longtemps chrétienne et près du pouvoir (un de ses aïeuls a été pape), Grégoire reçut l'éducation soignée d'un jeune aristocrate avant de s'engager en 570 dans une carrière laïque. Choisi par l'empereur Justin II, il est alors préteur de la Ville. Mais dès la mort de son père, le régionaire Gordianus (responsable des diaconies), le jeune homme fonde, grâce à la vente des biens familiaux, six monastères en Sicile. Il en crée un septième à son propre usage en transformant le palais familial sis sur les pentes du Scaurus (mont Célius) et en le consacrant à saint André.

Il est arraché à sa vie ascétique par le pape Benoît Ier (574-578) qui le choisit comme diacre. Son successeur, Pélage II, l'envoie comme nonce (apocrisiaire) à Constantinople où Grégoire demeure six ans (579-585). A son retour, il est élu abbé de son monastère. La peste emporte Pélage en 590 ; l'abbé de saint André est élu, bien malgré lui, sur le siège de Pierre qu'il va occuper jusqu'à sa mort en 604. Sa biographie relève alors de l'histoire générale. Sa formation laïque contribue certainement à faire de lui un administrateur exceptionnel dans une Rome appauvrie par les guerres, mal défendue par son protecteur légitime, l'exarque de Ravenne, et menacée plus ou moins ouvertement par les Lombards, chrétiens, mais ariens. L'épitaphe de Grégoire résume à la perfection le double caractère, romain et catholique, de son œuvre, en lui conférant le beau titre de Consul de Dieu.

La « Règle » et le « Registre ».

L'administration de l'Église par Grégoire a été l'occasion de deux ouvrages, le premier théorique, la *Règle pastorale*, le second pratique, le *Registre* de sa correspondance. Dès 591, le pape adresse à Jean de Constantinople une lettre où il décrit dans quel état d'esprit il a assumé la charge pontificale ; cette missive est accompagnée d'un traité en quatre livres où Grégoire analyse les règles qui doivent présider à l'exercice du ministère pastoral, au soin des âmes. La quadripartition de l'ouvrage correspond aux quatre points de vue différents d'où parle l'auteur. En effet, avec une lumineuse clarté, il intime à chacun l'ordre de considérer avec attention, au moment de parvenir à l'autorité suprême (l'épiscopat), comment il y arrive ; puis, une fois installé, comment il vit ; ensuite, comment il enseigne ; enfin, comment il peut demeurer maître de ses insuffisances dans la pratique quotidienne. Le livre consacré à l'instruction des fidèles définit avec méthode les voies et les moyens d'une véritable communication collective. L'œuvre fera rapidement le tour de la chrétienté : dès le IXe siècle, le roi Alfred le Grand traduira en vieil anglais la *Règle*, en y ajoutant une préface qui en montre toute la richesse.

L'ouvrage pratique est le fruit de quatorze années d'exercice de l'autorité administrative. Grégoire doit assurer à la fois la direction des âmes et des biens de l'Église ; il lui faut traiter avec les souverains lombards ; marchander avec l'exarque de Ravenne ; débattre avec l'empereur ; ferrailler avec le patriarche de Constantinople. Toute cette activité est décrite par la correspondance pontificale. Avec un sens civique de fonctionnaire romain, Grégoire a réuni et classé toutes ces épîtres, constituant le prototype des registres pontificaux. Même si une partie seulement de ces documents a été conservée, les quatorze livres du recueil présentent un intérêt historique, religieux et littéraire exceptionnel (ils rappellent parfois la correspondance de Cicéron).

Enseignement savant.

Le travail d'enseignement religieux a été assumé par le pape conformément aux principes énoncés dans sa *Règle*, c'est-à-dire d'une manière adaptée aux destinataires de l'enseignement. C'est ainsi que sa tâche d'exégète l'a conduit à des exposés savants destinés à un public choisi. D'abord, pendant son séjour à Constantinople, à la demande des moines de saint André qui l'avaient accompagné et de Léandre de Séville, alors réfugié dans la capitale grecque, Grégoire entreprend la difficile exégèse du livre de Job, en s'efforçant de la pratiquer du triple point de vue historique, allégorique et moral. Ce dernier aspect l'emporte finalement et donne son titre à l'œuvre entière, les *Commentaires moraux sur Job*, qui devient un énorme manuscrit en six volumes et trente-cinq livres dont l'édition est achevée en 595.

Cette œuvre touffue et savante est complétée par une série de 22 *Homélies sur Ezéchiel* qu'il prononce sans doute en 593 à Rome. Cette fois aussi, le public auquel il s'adresse est formé de l'élite du clergé, des moines et des notables de la cité. Pendant une période de temps assez brève (une quinzaine de jours, peut-être), Grégoire commente le texte biblique en un enseignement moins ardu, mais encore de haut niveau. L'édition définitive (après corrections) n'intervient qu'en 601/2.

Enseignement populaire.

Mais Grégoire ne néglige pas la masse des fidèles dont le niveau culturel et linguistique trop modeste limitait les capacités de réception. Dans la mesure où ses forces le lui permettent, il s'adresse directement à lui de sa propre voix, pour commenter à son intention des textes plus faciles. C'est ainsi que dans les églises de Rome, et notamment à Sainte-Marie-Majeure, il prononce en suivant le cycle liturgique de l'année 590/591 quarante *Homélies sur l'Évangile* devant une foule d'auditeurs, parfois massés debout contre les murs. La maladie empêche l'orateur de poursuivre cette prédication populaire.

Il conçoit alors le projet de donner à la chrétienté latine un ensemble de récits édifiants pour établir que le temps des miracles et des saints n'est pas aboli. Dans un long dialogue fictif avec son diacre Pierre, le pape conte la geste merveilleuse de la chrétienté dans l'Italie du VIe siècle : le sommet des quatre livres de ces *Dialogues* est certainement le livre II où Grégoire célèbre et légitime aux yeux de l'Occident l'œuvre de Benoît, son presque contemporain. Le succès de cet ouvrage, publié vers 595, est immédiat. Machine de guerre spirituelle contre les ariens, contre les Byzantins et contre les sceptiques, mais aussi trésor d'histoires encourageantes, les *Dialogues* connaîtront une diffusion manuscrite étonnante et seront traduits dans toutes les langues de la chrétienté (y compris le grec).

Unité culturelle.

L'unité de la personnalité historique du pape a été moins mise en cause que la cohérence de sa théorie et de sa pratique littéraires. Car une double fracture semble parfois briser son œuvre. D'une part, il existe un écart que certains ont jugé inacceptable entre ses grandes exégèses savantes et ses modestes récits édifiants : la simplicité (abusivement qualifiée de naïve) de ses *Dia-*

logues a pu paraître si indigne d'un consul de Dieu que leur authenticité a été niée. D'autre part, le pape semble par moments renier lui-même les qualités littéraires dont il est pourtant pourvu. En effet, la langue dans laquelle il s'exprime appartient à une latinité à la fois vivante et savante. Ses *Commentaires moraux sur Job* atteignent un haut degré de maîtrise grammaticale et littéraire. Comment donc reconnaître sous cet auteur celui qui déclare à Léandre de Séville qu'il ne veut pas entendre parler des règles de Donat et qui interdit à Didier de Vienne de s'absorber dans ce genre d'études ?

L'unité est à chercher dans la doctrine de Grégoire lui-même. Tout d'abord, ses déclarations contre la grammaire et les raffinements des savants correspondent à sa formation monastique : une vieille tradition, récemment illustrée par Césaire d'Arles, exige des moines qu'ils préfèrent les actes (bons) aux paroles (belles). Ensuite, le pape s'astreint à ce réalisme ascétique, dans toute la mesure où le savoir littéraire lui paraît risquer de devenir une fin en soi. L'orateur et l'écrivain chrétiens doivent être au service de la pastorale et non des belles-lettres. Or, les jeux sophistiqués d'un Avit de Vienne au début du siècle sont un indice alarmant de ces tendances au repli sur soi, dont Grégoire craignait une manifestation chez Didier. Enfin, la *Règle* a fortement indiqué que le pasteur doit s'adapter à son public, s'il veut remplir la mission qui lui est impartie. De ce point de vue le narrateur des *Dialogues* a donné avec humilité et talent l'exemple de la variation littéraire.

6. Grégoire de Tours

Nouveaux paysages.

Quoique Grégoire soit un auteur presque contemporain de son homonyme (dont il connaît l'activité de manière précise), sa vie et son œuvre appartiennent à un cadre historique et culturel déjà plus éloigné du *Tardoantico* si solide encore en Italie. Sans rompre avec la latinité de l'Antiquité tardive, sa production littéraire présente tout de même des caractères dont une partie esquisse les traits d'un nouveau paysage. Lui aussi descend d'une lignée sénatoriale illustre. Né en 538 à Clermont-Ferrand, il reçoit une éducation privée dans le palais de son oncle Gallus, évêque de la cité, puis, après la disparition de celui-ci, son successeur Avitus continue son instruction. Au témoignage de Grégoire lui-même, il ne suit pas alors un *cursus* d'études classique qui l'aurait conduit à maîtriser notamment la grammaire et la rhétorique. Ses éducateurs se contentent certainement de le former directement à la lecture de l'Écriture, à la psalmodie et de lui ouvrir l'accès à la tradition des Pères. L'acquisition de l'écriture dut se faire par une pratique aléatoire.

A la mort de son parent l'évêque Euphronius de Tours, Grégoire, par le choix du roi Sigebert, occupe le siège de l'évêché qui est à cette date le plus important de Gaule, du fait de la tradition des pèlerinages martiniens. Jusqu'à sa mort, Grégoire est mêlé aux destinées des royaumes mérovingiens, c'est-à-dire aux conflits qui opposent les souverains entre eux et aux multiples avatars de la chrétienté en Gaule. Tout en s'acquittant de sa tâche de pasteur, il fréquente tous les grands de l'époque (ses affrontements avec le roi Chilpéric resteront célèbres). Il devient un ami intime (et chaleureux) du poète ravennate Fortunat qui, arrivé en Gaule peu avant l'élection de Grégoire, vient à plusieurs reprises à Tours et à Poitiers, avant, à partir de 591, de devenir évêque de cette dernière cité où il finit ses jours peu d'années après Grégoire. Le Tourangeau meurt en 594.

Œuvre historique.

Le contact avec des auteurs dont la culture répond aux normes les plus élevées de l'éducation antique a sur Grégoire un effet double (Sidoine Apollinaire est une de ses lectures favorites) : il confirme son goût pour la littérature ; il lui donne à voir les lacunes de sa formation et l'imperfection de sa latinité. C'est ainsi que l'évêque commence en 575 la rédaction d'une œuvre historique qui n'a guère son équivalent dans le passé romain, les *Dix Livres d'histoires*, qu'on désigne couramment sous le nom d'*Histoire des Francs*. Il résume rapidement l'histoire ancienne du monde dans le premier livre avant, à partir du deuxième, d'arriver à la période qui précède immédiatement sa propre existence (règne de Clovis), puis d'entrer dans l'histoire immédiate, puisque le livre cinq s'achève à la mort de Sigebert. Les livres suivants sont un reportage effectué en direct sur la vie politique, morale et religieuse des royaumes : les années 580-585 sont couvertes par les livres V et VI ; 585-591 par les livres VII à X. L'extrême fin de l'œuvre, et notamment sa postface, sont achevées en 594.

Depuis Ammien Marcellin, deux siècles plus tôt, l'historiographie latine n'avait pas connu d'écrivain de ce talent. Certes, l'esthétique n'est plus la même. Mais, avec une fraîcheur qui rappelle par moment Hérodote, avec un sens aigu de la vie concrète, avec un parti pris qui donne à ses descriptions leur flamme, l'évêque de Tours a laissé une œuvre d'une valeur inestimable. Toutefois, le basculement culturel est évident : son horizon politique se limite à l'espace gaulois ; l'opposition ethnique Romain/Franc a cédé la place à une distinction purement religieuse qui permet à l'historien de juger du degré de civilisation d'un individu selon la qualité de son christianisme ; à la leçon d'histoire se substitue un enseignement purement religieux ; le fantastique et le familier brisent le cadre hiératique de la vieille historiographie (le *decorum* antique n'est plus respecté). On mesurera mieux la valeur créatrice de ces *Libri* en considérant à quel point ils ont informé tout l'enseignement scientifique de l'histoire mérovingienne : ce n'est que tout récemment que ces siècles ont commencé à faire l'objet d'une présentation révisée dans un sens positif. L'évêque fougueux de Tours a investi d'un moralisme aigu son texte : les historiens modernes ont parfois oublié qu'il a été de la sorte le Tacite des Mérovingiens.

Textes religieux.

La distinction entre écrits historiques et écrits religieux est quelque peu artificielle, puisque les premiers sont également placés sous le signe de la morale chrétienne. Grégoire s'est consacré à une œuvre d'édification plus spécifiquement cléricale d'une ampleur non négligeable. De celle-ci ressortent naturellement les *Quatre livres consacrés aux miracles de saint Martin*, reprise augmentée et en même temps simplifiée de l'ancienne *Vie de saint Martin* de Sulpice Sévère. Étoffée, mieux adaptée à un public à la fois plus vaste et bien moins instruit, la nouvelle rédaction correspond aux besoins d'un culte désormais majeur. Fidèle à ses protecteurs, Grégoire consacre un court récit aux *Miracles de saint Julien* (il avait été prêtre de la basilique de Saint-Julien de Brioude dans son Auvergne natale).

Appliqués à une instruction religieuse moins régionale, les deux importants ouvrages que sont le *Livre sur la vie des Pères* et le *Livre à la gloire des confesseurs* sont destinés à étendre à un auditoire vaste les récits désormais traditionnels de l'hagiographie méditerranéenne. A côté de ces travaux de vulgarisation, le Tourangeau rédige (sans doute entre 575 et 582) un étonnant *Livre au sujet des temps ecclésiastiques*. Désirant pourvoir son clergé d'une méthode sûre pour établir un calendrier liturgique, l'évêque compose un savant exposé « sur la manière dont l'office doit respecter le parcours des astres ».

Culture savante.

Cette rédaction est l'occasion d'une recherche érudite. Il se préoccupe du vocabulaire désignant les astres et effectue un travail de philologue pour l'établir. Sa curiosité l'entraîne dans toute une série d'autres considérations sur les merveilles de l'histoire, à l'occasion de laquelle il compose une brève paraphrase du célèbre poème de

Lactance *Sur l'oiseau phénix*. Car toute l'œuvre de Grégoire est ainsi nourrie d'apports érudits qui enrichissent le tissu de sa rédaction. Lui-même déclare à plusieurs reprises qu'il s'est efforcé de se donner une culture littéraire et grammaticale. Dans le domaine classique, elle demeure certainement courte. Toutefois, il lit et goûte Virgile, et naturellement il s'attache surtout à *L'Énéide* (peut-être n'en a-t-il pas lu les derniers livres). Il n'y a sans doute pas de commune mesure avec sa connaissance des auteurs chrétiens : ils lui sont familiers (Jérôme, Orose, Prudence...). On n'a pas suffisamment mesuré à l'aune de cet étalon la latinité du Tourangeau. Car il lit avec plaisir un auteur dont la langue est aussi difficile que Sidoine. Cette capacité à admirer les fastes d'une poésie aulique sophistiquée et d'une *Kunstprosa* épistolaire dense donne une plus juste idée de ses compétences.

C'est donc avec réserve qu'il convient de prendre ses allégations d'ignorance, quand il déplore l'état lamentable de la langue dans laquelle il compose. La majeure part des fautes qui déparent les manuscrits qui nous sont parvenus (aucun ne remonte à l'époque de l'auteur) sont purement graphiques. Son latin, abstraction faite de cette donnée, garde une excellente tenue. Malheureusement les études non sur sa langue, mais sur son style sont rares : pourtant l'ouverture de l'*Histoire des Francs* (et en particulier sa déploration sur la fin des études), comme diverses préfaces des autres livres (sur la décadence morale du royaume), voire l'émouvante postface du livre X, ne manquent pas de souffle oratoire. Seule une imprégnation littéraire plus profonde qu'on ne l'a dit rend compte de telles réussites. Les parties apparemment spontanées de sa narration relèveraient elles aussi d'une enquête méticuleuse sur les genres littéraires qu'il choisit de mettre en œuvre.

Choix populaires.

Par conséquent, les proclamations d'impuissance linguistique de Grégoire doivent être lues avec d'importantes nuances. Quand il déclare s'exprimer « avec la langue des illettrés », c'est par comparaison avec l'écriture savante d'un Sidoine Apollinaire ou d'un Sulpice Sévère. S'il avait songé au moment de qualifier son écriture à la langue et au style des anciennes versions de la Bible, il se serait exprimé tout autrement : le « style inculte » du latin biblique aurait nettement moins rejeté son propre style hors de la tradition savante. C'est précisément cette tendance excessive à déprécier le langage de la parole sacrée pour honorer les règles de Donat que combat violemment Grégoire le Grand chez les intellectuels de l'Occident (et justement gaulois !). Si les compétences grammaticales de Grégoire ne sont pas tout à fait à la hauteur de ses ambitions et de ses goûts, ces derniers n'en sont pas moins moulés sur le canon traditionnel que l'auteur, par considération pour ses lecteurs, s'applique à respecter.

Le même état d'esprit qui requiert une adaptation humble au public rend compte des surprenantes déclarations — si contradictoires avec celles qui introduisent l'*Histoire des Francs* — qui ornent l'ouverture de plusieurs de ses récits hagiographiques. Dans le cas, en effet, d'une œuvre destinée à un public d'illettrés, Grégoire, encouragé par sa mère, assume pleinement l'imperfection de son latin et la modestie de son style. Ses prises de position s'inscrivent ainsi dans la continuité de la pastorale populaire créée par Augustin et illustrée par Césaire d'Arles. Ainsi, la théorie et la pratique grégorienne se rejoignent-elles dans son acceptation profonde d'un langage qui renonce à être savant pour tenter, en deçà même du registre terre à terre, de s'ouvrir à la communauté des fidèles et à leur expression qui ignore Donat.

7. Isidore de Séville

Conservateur et créateur.

L'évêque de Séville, Isidore, s'investit dans un triple effort : conserver tout ce qui est possible du savoir antique ; consacrer le triomphe du catholicisme ; créer les conditions d'une fusion profonde romano-gothique. Né en 570 d'une puissante lignée romaine de Carthagène, il est éduqué, après la disparition de leur père, par son frère aîné Léandre, à Séville, où la famille s'est réfugiée. L'instruction du cadet est énergiquement menée avec les rudes moyens pédagogiques du temps (son frère est moine). Le siège de la métropole de la Bétique est occupé par Léandre en 576 ; puis, en 600, par Isidore. Arrivé à l'épiscopat après les grands bouleversements qui ont conduit à la conversion des Goths au catholicisme, Isidore n'est plus directement mêlé aux controverses du dernier quart de siècle. En 619, il siège au synode tenu à Séville sous l'égide du roi Sisebut. En 633, il préside l'important quatrième concile de Tolède en présence du roi Sisenand. Il meurt en 636.

Son activité est essentiellement attachée à la réforme culturelle de l'Église d'Espagne : elle avait eu fort à pâtir du long siècle pendant lequel elle avait dû subir la concurrence d'un clergé arien soutenu par l'aristocratie gothique. Le soin des âmes laisse beaucoup à désirer au tournant du siècle ; la médiocrité de l'encadrement pastoral rend largement compte de cette faiblesse. L'émergence d'une monarchie catholique hispanique, en mettant un terme aux luttes de l'Église traditionnelle pour sa survie, permet aux esprits les plus avisés comme Isidore d'engager un long effort pour préparer durablement l'avenir. A l'exemple de Cassiodore, le Sévillan entreprend de doter l'Église des outils intellectuels nécessaires à un renouveau qu'il juge indispensable.

Érudition.

Lui-même s'est pourvu d'une méthode de travail exigeante qui fait de lui l'héritier direct des érudits antiques, à la manière d'un Pline l'Ancien. Il commence par de vastes lectures, sur le sujet qui l'intéresse, afin de repérer les passages importants. Ensuite il constitue des recueils d'extraits référencés. Enfin, il abrège les documents ainsi réunis. La dernière étape consiste en une fusion des différentes pièces pour créer une rédaction continue, occasion d'un nouveau resserrement, accompagné d'un effort de clarification. Seule une bibliothèque exceptionnelle peut nourrir un tel programme ; et un personnel dévoué de copistes est indispensable à son achèvement.

Puisant essentiellement dans l'œuvre de Martianus Capella, le Sévillan compose un court traité de numérologie chrétienne *(Sur les nombres)*, qui fait appel à la fois à des connaissances arithmétiques élémentaires et à la symbolique des chiffres, dont la civilisation médiévale sera imprégnée. Pour répondre à un vœu du roi lettré Sisebut (donc entre 612 et 620), il rédige un ouvrage intitulé *Sur la nature*, où il développe à partir de sources lues directement (notamment de Lucrèce) un exposé de géographie physique (sur les saisons, le temps, le cours des astres, les vents, etc.).

Dans son effort pour restaurer la langue latine, suivant en cela l'exemple des érudits antiques et en particulier de Caton, le Sévillan rédige en deux livres une synthèse sur les *Différences*, où il tente d'établir un tri méthodique entre des mots dont l'usage est devenu confus. Le premier, paru en 610, s'intitule *Différences entre les mots* ; le second *Différences entre les choses.* La maîtrise d'un vocabulaire riche donne au rédacteur l'abondance oratoire *(copia dicendi)* : dans le cadre d'un exercice rhétorique de ce type, Isidore rédige deux livres de *Synonymes* où il développe une longue lamentation (inspirée des Psaumes) de l'âme pécheresse sur le mode continu de la répétition/variation.

Racines historiques.

L'évêque donne à l'Église d'Espagne des repères précis dans le temps historique et dans l'espace des croyances. Il rédige un précis *Sur les hérésies* ; prend à partie la religion juive dans son *Sur la foi catholique* ; donne une liste *Des dates de naissance et de trépas des Pères* ; établit une *Chronique majeure* (publiée en 615) où il part des origines du monde, en répétant la division augustinienne des six âges de l'univers. Reprenant l'œuvre de Jérôme et de Gennade, il déroule les fastes *Des hommes illustres*, c'est-à-dire des auteurs chrétiens de l'Occident.

Parachevant cet effort, il commence la première histoire nationale de l'Espagne en rédigeant une *Histoire des Goths*. Cette œuvre s'efforce de montrer que les Goths (et non pas les Byzantins) sont les héritiers spirituels normaux des Romains, dont ils ont recueilli et embelli l'Empire. De la sorte, l'antinomie ethnique s'efface au profit d'une fusion dans l'unité hispanique, latine et catholique. L'œuvre s'ouvre par un très bel *Éloge de l'Espagne* qui résume non sans lyrisme la foi d'Isidore tant dans la continuité de la civilisation romaine que dans l'avenir de la nouvelle nation.

« *Disciplina ecclesiastica* ».

L'instruction religieuse de l'Espagne et l'organisation pratique de la chrétienté n'ont pas été négligées par l'évêque. Braulion de Saragosse, son ami et élève, admire ses talents de prédicateur. De son œuvre de commentateur de l'Écriture, il nous reste deux traités d'exégèse. Sa participation aux synodes et conciles a laissé des traces visibles dans la rédaction de divers canons du quatrième concile (633). Tel un législateur chrétien, le Sévillan consacre à l'organisation pratique de la société chrétienne une importante série d'ouvrages.

Le cénobitisme reçoit de lui une courte mais précise *Règle des moines*. S'inspirant de l'œuvre d'Ambroise (lui-même parti de Cicéron), et surtout de la *Règle pastorale* de Grégoire, Isidore traite en deux livres *Des offices ecclésiastiques* où il décrit les fins et les moyens de la pastorale en Espagne. Enfin les trois livres des *Sentences*, sans doute rédigés vers la fin de sa vie, tracent le programme d'une vie chrétienne pour l'ensemble des baptisés. Ainsi, l'évêque élabore en une succession d'ouvrages le plan d'une Espagne latine et chrétienne.

L'ambition encyclopédique.

La faveur des circonstances et le courage d'entreprendre conduisent l'évêque à former un projet qui dépasse de loin le programme conservatoire qu'a tracé au siècle précédent Cassiodore. Isidore consacre une part importante de ses forces à bâtir, dans la dernière partie de sa vie, une encyclopédie du savoir. La correspondance qu'il a échangée avec Braulion permet de suivre le lent cheminement d'une œuvre exceptionnelle dans l'histoire de la culture occidentale et tout à fait extraordinaire dans l'Europe du VIIe siècle. Elle est demeurée inachevée, en ce sens que son auteur n'a eu ni le temps ni la force de polir, de corriger et d'ordonner son manuscrit. Par exemple, la division en vingt livres a été établie par Braulion qui en sera l'éditeur.

La méthode suivie est fidèle à la tradition du savoir antique, c'est-à-dire que le rédacteur part des mots, de leur sens, de leur histoire pour établir un immense dictionnaire des connaissances disponibles dans l'Espagne de son temps. Un double souci guide le rédacteur et explique l'armature générale de son encyclopédie : transmettre le contenu d'une éducation profane complète sur la base d'une distribution des connaissances entre les sept arts ; compléter cette érudition par une instruction chrétienne appropriée. Ainsi sont traitées les différentes disciplines : grammaire, rhétorique, mathématique, musique, astronomie, philosophie, médecine ; mais aussi les questions religieuses : Dieu, les anges, l'Église, les hérésies.

Cette synthèse suppose un gigantesque travail de compilation où tous les types de sources (directes, puisées en deuxième main, établies à partir de scolies inversées) sont présents et mélangés. On y a reconnu des emprunts aux grammairiens (Donat), aux commentateurs de Virgile (Servius), à Pline l'Ancien, à Suétone, à Columelle, à Palladius, à Lactance, à Jérôme, à

Augustin, à Grégoire le Grand. La chrétienté hispanique recueille ainsi l'immense héritage des savoirs antiques, profanes et chrétiens, réorganisés en un ensemble dont les limites, les erreurs et les carences ne doivent pas faire oublier l'intérêt.

C'est en effet l'œuvre d'un homme ambitieux et plein de foi en l'avenir, encore capable, comme on l'a joliment remarqué, d'éprouver de l'enthousiasme pour les opérations mathématiques. Or, cette chaleur intellectuelle n'est pas réduite à une satisfaction de cabinet, puisque l'étude du tracé des églises wisigothiques a convaincu les experts modernes que travaillent au VIIe siècle des architectes bons mathématiciens. La place d'Isidore dans le paradis de Dante correspond tout à fait à l'importance de son rôle dans la genèse de la culture européenne.

8. Bède le Vénérable

La raison dans la science.

On pourrait cependant discuter de la place d'Isidore si on le compare à Bède : ce dernier vient juste après le Sévillan dans le paradis. N'aurait-il pas été juste qu'il eût le premier rang ? Son œuvre n'a, en effet, pas d'équivalent dans ces siècles de transition. Elle constitue une des plus belles réussites de la chrétienté insulaire, née de la reconquête purement pacifique de l'ancienne Bretagne romaine par les missionnaires venus du continent. Bède ne voyage pas ; il ne s'aventure même guère en dehors de son monastère ; il n'exerce aucune responsabilité ecclésiale. Contrairement donc à tous les auteurs dont nous venons de parler, sa culture et sa formation sont purement livresques et scolaires. Malgré cela, ses ouvrages sont tous remarquables par leur caractère réaliste et clair, par la maîtrise du savoir qu'ils mettent en jeu, par l'équilibre des jugements qu'ils expriment et par la transparence du latin dans lequel ils sont rédigés. Ces mérites font de ce moine, dans une période où la destinée culturelle de l'Europe présente bien des symptômes alarmants, un médiateur capital entre l'extrême fin de l'Antiquité tardive et les prodromes de la renaissance carolingienne.

Bède naît en Northumbrie en 672 ou 673, dans la région où en 674 Benoît Biscop fonde le monastère de Saint-Pierre (à Wearmouth), puis en 681 celui de Saint-Paul (à Jarrow). A sept ans, Bède, d'abord confié au cloître de Saint-Pierre, passe à celui de Saint-Paul, alors placé sous l'autorité de l'abbé Ceolfrid. C'est là qu'il est éduqué jusqu'à l'âge de dix-neuf ans où il devient diacre. A trente, il est ordonné prêtre. Sa passion pour l'étude trouve un terrain favorable dans un monastère en plein renouveau intellectuel, surtout grâce aux multiples voyages à Rome de Benoît Biscop qui en ramène quantité d'ouvrages. Une relative accalmie dans la tourmente qui trouble l'Angleterre permet à l'érudit de se consacrer entièrement à son activité favorite, apprendre, copier, écrire et enseigner. Plusieurs générations d'élèves (parmi eux figurent de futurs abbés et évêques) sont passées entre ses mains quand il s'éteint en 735.

Le maître d'école.

Bède déclare dans la fiche bio-bibliographique qu'il a laissée de lui-même qu'il a toujours trouvé doux de lire et d'écrire. Son travail de maître d'école comporte une importante activité orale directe. Il assume tous les degrés de l'enseignement, depuis l'acquisition élémentaire de la langue (les enfants qui lui arrivent ne parlent que le vieil anglais) jusqu'aux subtilités de la scansion classique et surtout jusqu'aux exigences du chant liturgique. Mais il convient aussi d'instruire ceux qu'il ne peut toucher directement, et de préparer l'avenir après sa disparition. Il rédige donc à cet effet toute une série d'ouvrages proprement scolaires.

Il compose un petit *Calendrier* (vers 703), un traité de *Géographie* physique, reprend en l'amplifiant à la demande de ses élèves son calendrier sous forme d'un exposé *Sur le décompte du temps,* qui se conclut par une longue et précieuse chonologie universelle (jusqu'à l'année de la rédaction en 725). Ces divers travaux s'inspirent des œuvres d'Isidore qui sont reprises, complétées, améliorées : la chronologie deviendra une référence fondamentale pour les chroniqueurs du Moyen Age. Bède constitue ainsi un manuel élémentaire d'histoire et de géographie : outil indispensable pour se repérer dans le temps et dans l'espace.

Il lui faut également ouvrir aux anglophones la maîtrise de la latinité. De son enseignement nous sont restés divers traités. Tout d'abord un *Sur l'orthographe*. Surtout inspiré des grammairiens Priscien et Charisius, il est composé de longues listes de mots, rangés par ordre quasi alphabétique, accompagnés de remarques sur leur bon usage, sur leur forme, sur leurs homonymes. D'un niveau supérieur est son ouvrage *Sur les figures et les tropes* ; il s'agit d'expliquer les procédés littéraires de l'Écriture. Reprenant notamment l'exemple donné par Augustin, Bède constitue une grille de lecture empruntée à la rhétorique classique (grâce aux développements de Donat et au relais de Cassiodore) qu'il remplit d'exemples tirés de la Bible. Un des apprentissages les plus difficiles est alors celui de la prosodie (placer les accents toniques) et de la métrique (distinguer les syllabes longues et brèves, base de la versification antique). En vingt-cinq chapitres bien charpentés, Bède propose à ses étudiants un cours *Sur l'art métrique*, bâti à partir des grammairiens et illustré d'exemples empruntés à la poésie chrétienne.

L'hagiographe et l'historien.

Les étonnantes qualités pédagogiques et littéraires du moine sont ainsi au service d'une érudition exceptionnelle en ce siècle difficile, tant par son ampleur que par la maîtrise avec laquelle elle est exploitée. Que Bède ait à composer des œuvres d'édification proprement religieuse ne porte nullement atteinte à ces mérites. Il rédige vers 715-720 deux versions, l'une en prose, l'autre en vers de la *Vie de saint Cuthbert*, évêque de Lindisfarne, qui répond à ce qu'on attend de ce type de récit, mais qui use d'une langue claire et bien mesurée. D'une qualité suffisamment remarquable pour qu'on se risque à parler dans ce cas d'un travail d'historien, Bède compose une brève *Histoire des abbés de Wearmouth et de Jarrow*. Document exceptionnel sur la vie culturelle de ce temps, ce texte se caractérise par l'élégante sobriété de sa forme et par la discrétion de son fond. C'est en effet la première fois qu'un récit de ce type échappe aux obligations hagiographiques : soucieux de vérité, Bède n'a inclus aucun récit de miracle dans son œuvre.

Ainsi voit-on apparaître dans l'Angleterre du VIIe siècle certains traits d'un esprit critique où la raison a sa part. La plus célèbre des créations du moine de Jarrow, l'*Histoire ecclésiastique de la nation anglaise,* qu'il dédie en 731 au roi Ceolwulf, mérite ainsi pleinement son titre d'*Histoire*. Fondé sur un dépouillement méthodique des sources écrites (Orose, Gildas, *Vie de saint Germain d'Auxerre*, annales, lettres, archives des institutions religieuses) et aussi orales (enquête auprès des contemporains), ce livre s'efforce de satisfaire aux principes exigeants que Bède énonce dans son introduction. Il demeure une source privilégiée de l'historiographie anglaise.

Nouvelle chrétienté.

Les talents de Bède dans des disciplines qui trouvent toutes leurs racines dans l'Antiquité tardive latine ne l'ont pas empêché de contribuer directement à la naissance de la nouvelle chrétienté anglophone. Il est en effet tout aussi attentif aux réalités ethniques de son pays qu'à sa vérité historique. Dans la lettre pastorale qu'il adresse à Egbert (évêque de Jarrow, frère du roi local), il se préoccupe des conditions concrètes par lesquelles toute la société anglo-saxonne pourra être incitée à mener une vie vraiment chrétienne. Or, il est très conscient de l'insurmontable obstacle que dresse dans cette voie la différence radicale entre la langue vernaculaire et le latin ; de plus, il ne se paie pas d'illusions sur le niveau culturel du clergé : une grande partie de celui-ci ignore la langue de l'Église.

Une telle constatation le conduit à proposer des mesures radicales d'adaptation langagière. Il donne alors au vieil anglais le statut culturel nécessaire au succès de la pastorale et, ce faisant, légitime l'invention de sa *scripta*. Ces gestes fondateurs sont accompagnés d'une activité pratique : Bède établit lui-même les traductions des prières fondamentales ; il s'attaque à la fin de sa vie à la traduction de l'*Évangile selon saint Jean*. Mourant, il chante un poème dans sa langue maternelle. Ainsi ce savant qui parlait aussi le grec, fait alors rarissime, instaure la littérature anglaise : quel plus beau témoignage de l'ampleur de son savoir, de la continuité de son labeur et de la richesse de son cœur ?

8. Paul Diacre

Entre Italie et Europe.

Ce partage entre tradition latine et modernité vernaculaire, si important chez les insulaires, ne concerne pas encore un érudit italien comme Paul Diacre. A son époque, la fusion ethnique entre Latins et Lombards est achevée : comme Isidore un siècle plus tôt, Paul éprouve le sentiment fort d'appartenir à une civilisation homogène, héritière directe de l'Italie romaine. Son attitude à l'égard des Francs est donc au départ celle d'un homme hostile : sa vie et son œuvre traduisent une certaine hésitation entre la nostalgie nationale et l'expansion européenne. L'universalité de la chrétienté et de la latinité abaisseront quelques-unes des barrières qui l'auraient empêché de prendre part à la renaissance culturelle voulue par le souverain franc.

Paul Warnefrid, né vers 720 d'une puissante famille lombarde installée dans le Frioul, éduqué à la cour du roi à Pavie, reçoit une formation grammaticale soignée et apprend même le grec. Devenu sans doute notaire du roi Didier, il noue des liens amicaux avec sa fille, la savante Adelperga, future duchesse de Bénévent, à qui il dédie plusieurs de ses œuvres. Il quitte la carrière civile pour entrer dans un monastère bénédictin fondé sur les bords du lac de Côme. Son frère Arichis et lui-même participent à la résistance des Frioulans contre l'invasion franque. En 776, Arichis est capturé, dépouillé de ses biens et jeté en prison. Paul trouve refuge dans la maison mère, récemment restaurée, du mont Cassin (en Bénévent). C'est de là que, par l'intermédiaire du grammairien Pierre de Pise, il adresse en 782 une longue élégie à Charles pour obtenir un adoucissement du châtiment infligé à son frère.

Le souverain réclame probablement sa présence : à partir de 783, Paul, arrivé d'abord sur les bords de la Moselle, prend part aux activités intellectuelles de la cour franque. Pendant plusieurs années, sa plume est au service de ses hôtes pour lesquels il compose des poèmes et des travaux d'érudition. Il retourne (la date est inconnue, vers 785/790 ?) au mont Cassin où il finit ses jours en servant à la fois le souverain franc et la mémoire des Lombards.

Prestige du grammairien.

La formation scolaire de Paul lui donne les moyens d'une excellente maîtrise de la langue latine. Afin de satisfaire aux besoins de sa première communauté du Frioul, Paul rédige un *Commentaire de la règle de saint Benoît*, qu'il complète par un long poème d'après le livre II des *Dialogues* de Grégoire le Grand.

Lui-même s'est appliqué à développer l'enseignement de la grammaire, alors en plein essor en Italie. Il transpose en vers rythmiques, suivant l'exemple de Pierre de Pise, une partie de l'œuvre du grammairien Diomède *(Sur les formes du prétérit)*. Il procure une édition de l'*Art mineur* de Donat pour la cour franque et en rédige d'abondants *Commentaires* qui revêtent la forme d'un véritable cours élémentaire de grammaire latine où des tableaux détaillent les déclinaisons et les conjugaisons.

Pour répondre à une demande du roi des Francs, il reprend l'œuvre de Festus, trie le texte foisonnant de ses vingt livres et en extrait des passages qu'il résume et transpose en un style plus clair. A cette occasion, Paul s'attache notamment aux antiquités romaines (noms des voies, des portes, des collines de la Ville) et traite Charles comme le dépositaire légitime de cette cité.

Service carolingien.

Paul a beaucoup travaillé au service des Carolingiens. Sur la demande de l'évêque de Metz (la cité des Arnulfiens, si importante pour la dynastie), il compose, lors de son séjour en Austrasie, une histoire des évêques de cette ville, intitulée *Geste des évêques messins*. Non seulement il inaugure ce nouveau genre littéraire, mais il en constitue le canon qui sera désormais imité. Cette réussite formelle n'a pas nui à la qualité historique de l'œuvre qui donne de précieux détails sur de grandes figures du VIIIe siècle, en particulier sur Chrodegang.

L'autre tâche importante a été l'établissement d'un nouvel homéliaire. La réforme de l'Église franque exigeant l'amélioration de ses outils culturels et la normalisation de la liturgie, Paul est chargé par le roi de rassembler un recueil d'homélies, d'en authentifier les auteurs et d'en corriger la langue. C'est revenu au mont Cassin que le moine s'est attelé à ce travail ambitieux d'où sont sortis deux livres contenant plusieurs dizaines de textes empruntés à toutes les époques du christianisme : Origène — en traduction — et surtout Augustin y trouvent place.

Enfin, l'érudit lombard a brodé de nombreuses pièces poétiques de circonstance. A la demande de Charles, il rédige les épitaphes de plusieurs des membres de la famille dont les tombes sont à Metz. Il honore d'une épitaphe la tombe de Venance Fortunat que lui réclame un abbé poitevin. Il invente un certain nombre de ces fables rimées et rythmées qui ont les faveurs de la cour.

Rome et les Lombards.

Pour satisfaire la curiosité d'Adelperga, Paul compose une *Histoire romaine* à partir des dix livres d'Eutrope (abrégé d'histoire romaine jusqu'à Valens) qu'il remanie et complète, appuyé principalement sur les œuvres de Jérôme, d'Orose et de Frontin. Il conduit le récit jusqu'au règne de Justinien (livres X à XVI) grâce à une synthèse des sources disponibles : Jordanès, le *Liber pontificalis*, la *Chronique* d'Isidore et surtout l'*Histoire ecclésiastique* de Bède, le tout fondu dans une recomposition bien menée.

A la fin de sa vie, revenu en Bénévent, il écrit en six livres une ample *Histoire des Lombards* qui s'arrête, sans doute inachevée, à la mort de Liutprand (744). L'exemple de Grégoire de Tours, dont Paul connaît l'œuvre, incline-t-il le moine à cette dernière œuvre ? Comme le Tourangeau avait privilégié le rôle historique des Francs, le Frioulan s'attache à la destinée d'un peuple menacé. Sa documentation est de première qualité : livresque (il dispose d'un premier ouvrage consacré, à l'entrée du VIIe siècle, aux Lombards par Secundus de Trente, complété par un vaste dépouillement des sources récentes) et orales (il a interrogé la tradition non écrite). C'est dans ce dernier champ historique que son originalité est la plus grande. Car ce lettré raffiné — même s'il n'est pas l'égal d'un Fortunat en poésie ou d'un Bède en prose — a su recueillir une quantité d'indications puisées aux traditions aussi bien aristocratiques que populaires. Ainsi son existence s'achève-t-elle en une heureuse synthèse. Comme Bède préparait l'avenir de la culture anglaise, Paul Diacre a réuni une partie des matériaux d'où pourra naître l'identité future de l'Italie.

10. Alcuin

La renaissance.

Alcuin ne s'intéresse pas autant aux cultures vernaculaires. Sa langue porte des traces de germanismes, mais l'Anglo-Saxon est avant tout préoccupé d'érudition latine au service de l'expansion chrétienne. A la différence de Paul Diacre et de Bède, et en dépit d'un attachement profond à sa terre natale, il investit tous ses efforts dans la restauration de l'Antiquité. Il naît en Northumbrie alors que Bède y enseigne encore (730) d'une famille de notables. Son goût précoce de l'étude le conduit à l'école du monastère d'York où il devient l'élève et l'ami d'Aelbert, qui devait à Bède une solide culture. Alcuin découvre le continent et particulièrement Rome au cours de divers voyages avec son maître, puis il fait en France connaissance avec l'élite intellectuelle du royaume. En 778, il succède à Aelbert comme écolâtre d'York ; ses propres disciples essaiment à travers le royaume franc, comme abbés, évêques, conseillers.

En 781, chargé par Eanbald (archevêque d'York) d'une mission à Rome, il rencontre sur le chemin du retour le souverain franc à Parme. Épisode décisif, tout en demeurant diacre de son monastère, il entre au service du roi. Il retourne certes à York deux fois — notamment en 790-793 —, mais finit par adopter la France comme nouvelle patrie. Charles en fait son directeur des études à la cour, tâche d'autant plus agréable pour l'immigré que plusieurs de ses élèves préférés viennent le retrouver. En 796, Charles gratifie son protégé de la plus puissante abbaye du royaume, où Alcuin se retire comme abbé jusqu'à la fin de ses jours en 804. Il a la joie d'y former un des plus brillants esprits du siècle, le tout jeune Raban Maur, après avoir été l'un des principaux acteurs de l'ensemencement d'où éclôt la renaissance carolingienne.

« *Officium latinitatis* ».

La majeure part de l'œuvre écrite par Alcuin est vouée à l'amélioration de la latinité. En disciple fidèle et intelligent de Bède, il s'efforce de donner aux intellectuels du continent les moyens de maîtriser la langue de Rome. Il a d'ailleurs pu constater la dégradation de son usage tant écrit que parlé sur des terres qui à ses yeux sont pourtant toujours latinophones. De courts traités donnent méthodiquement accès aux sources de la correction en faisant appel à des procédés pédagogiques qui rendent les ouvrages animés et lisibles (Alcuin recourt beaucoup à l'enseignement par questions et réponses).

Rappelant que la chrétienté doit sa prospérité aux succès de ses docteurs qui eux-mêmes s'appuyaient sur la pureté de leur langue, il rédige une *Grammaire*, nourrie surtout des *Étymologies*. Puis il dédie à Charles un manuel *Sur l'orthographe* recomposé à partir de Cassiodore et de Bède. Gravissant les degrés du savoir, il puise dans le Cicéron du *De inuentione* et du *De oratore* pour se mettre en scène avec le souverain dans une discussion *Sur la rhétorique*. Enfin, Isidore et Boèce lui fournissent la matière de son traité *Sur la dialectique*. Toutes ces œuvres sont composées de manière claire, bien charpentées et le style en est à la fois classique et limpide.

Corriger et récrire.

Ces talents de latiniste sont mis au service de la réforme ecclésiale. Comme Paul Diacre, Alcuin se voit confier la tâche de reprendre les textes religieux en usage sur le continent et de pratiquer sur eux une *emendatio* qui les remette au niveau d'une latinité de bon aloi. Il est ainsi chargé d'une longue et difficile révision de la Bible. Le renouveau culturel conduit les intellectuels francs à entreprendre une réédition systématique des récits hagiographiques locaux. Alcuin récrit ainsi plusieurs *Vies* (de saint Riquier, de saint Vaast, de saint Willibrord). Son travail est presque exclusivement grammatical et stylistique : il ramène le texte à des normes correctes et l'enjolive de quelques élégances. Il compose aussi une édition de poche de la *Vie de saint Martin* de Sulpice Sévère : Tours oblige.

Une œuvre proprement théologique lui est également due. Il s'efforce notamment de servir de médiateur entre des œuvres patristiques ardues et une aristocratie avide de savoir. Se mêlant à la requête de Charles des querelles christologiques, il compose un traité *Sur la Trinité* qui démarque et simplifie Augustin. Il effectue la même tâche sur les *Commentaires sur l'Évangile selon saint Jean* de l'Africain. Il rédige un exposé *Sur la structure de l'âme*. Ses commanditaires sont souvent des dames de l'aristocratie. Le comte Guy reçoit un abrégé *Sur les vertus et les vices*, rédigé en courtes sentences facilement mémorisables. Quoique bâties avec des assemblages de textes de référence, ces œuvres sont organisées par une réflexion personnelle qui révèle en Alcuin les capacités d'un véritable penseur.

Jeux de l'esprit.

Le goût de l'érudition grammaticale (même de niveau modeste) est associé chez les intellectuels francs à un vif intérêt pour les jeux de l'esprit, à la fois hérités des vieilles traditions gnomiques antiques (tels les *dicta Catonis*), enrichis par interférence avec des coutumes ludiques populaires (vivaces chez les Anglo-Saxons), et mis à l'honneur par les distractions d'une cour où le souverain donne l'exemple de la curiosité. Alcuin rédige donc une brève *Discussion entre Pépin et le Professeur Albinus* — c'est ainsi qu'il se fait appeler en latin, quand ce n'est pas Flaccus, en souvenir d'Horace — qui aligne 101 questions. Jusqu'au numéro 83, l'interrogateur est Pépin ; ensuite, Alcuin. Tout l'art de la réponse réside dans l'effet de surprise.

La même recherche explique la rédaction d'un opuscule renfermant des *Propositions pour aiguiser l'esprit des jeunes*, qui mêlent des questions d'algèbre et de géométrie à de simples exercices de souplesse mentale. Alcuin établit, surtout à l'intention de Charles, de nombreuses notices de ce type qui forment une part importante de sa correspondance. Il déploie par exemple *Au sujet des éclipses de Lune* un savoir qui n'est pas ridicule. De plus, c'est peut-être le plus significatif, il fait preuve d'un bel effort de rationalisme scientifique, digne fruit de l'enseignement de Bède et bel exemple de pensée logique au tournant du siècle.

Poésie et correspondance.

Alcuin, qui est un familier des poètes classiques (avant tout de Virgile, Ovide et Horace), reçoit à la cour le surnom du poète Horace. Le titre est bien mérité : son œuvre poétique est d'une ampleur et d'une qualité remarquables. Écrite exclusivement selon les principes de la métrique classique, elle est surtout fidèle aux deux vers majeurs de l'Antiquité, l'hexamètre et le pentamètre, qu'Alcuin manie avec aisance, malgré quelques erreurs sporadiques. Poésie souvent de circonstance, elle s'émiette en nombreuses dédicaces, épitaphes, éloges, voire divertissements bucoliques — genres que les poètes chrétiens du ve siècle comme Sidoine Apollinaire pratiquaient volontiers. Le poème le plus émouvant et à juste titre le plus célèbre est consacré aux *Saints de l'Église d'York* (peut-être composé entre 780 et 782), qui offre en outre de précieuses données pour les enquêtes sur la culture de cette génération.

L'histoire a tiré grand profit de la correspondance d'Alcuin. Car plus de 400 lettres nous sont parvenues de lui (surtout à partir de 790) : elles sont adressées à tout ce monde européen qu'il fréquente librement, depuis son Angleterre natale jusqu'aux frontières orientales de la chrétienté. Ce ne sont pas des lettres de courtoisie, c'est-à-dire que la réalité vécue de tous les instants y est présente. Elles introduisent le lecteur indiscret dans l'univers alcuinien encore mieux que ses poèmes. Le naturel de leur style, sinon son allégresse parfois débridée jusqu'à user du registre de la langue parlée familière du continent, nous donne à voir cet intellectuel dans ses enthousiasmes, ses amitiés, ses craintes. C'est un beau monument de la littérature.

Le législateur.

L'œuvre écrite par Alcuin est d'une variété et d'une qualité qui font de lui le plus grand des écrivains carolingiens de la première génération. Il appartiendra aux auteurs du IXe siècle de porter à son apogée le mouvement de reconquête intellectuelle amorcé un siècle plus tôt et brusquement accéléré par la collaboration active des protégés de Charles. Outre son aptitude à gravir tous les degrés de l'enseignement, du plus humble au plus savant, Alcuin a joui d'une maîtrise de la pensée en harmonie avec son maniement de la latinité. En digne héritier de Bède, il ne cède jamais au vertige du savoir et prépare donc le retour à un classicisme de la forme qui n'étouffera pas la nouveauté du fond.

Toutefois, la part la plus grande de sa contribution à la renaissance nous échapperait si nous ne prenions pas garde à son rôle de législateur. On a pu démontrer que c'est lui qui tient la plume lorsqu'il s'agit de rédiger ces capitulaires, qui, sous le sceau du souverain, établissent et diffusent la nouvelle législation (religieuse et scolaire). La lecture de ces lois permet de mesurer la fermeté, l'ampleur de vues, peut-être aussi l'optimisme excessif de leur rédacteur. Mais elles portent la double marque de la volonté et de l'espérance.

Médiateurs littéraires

Les auteurs dont nous venons de parler ne représentent qu'une mince partie des écrivains et des auteurs dont au moins une œuvre nous soit parvenue entre le début du Ve et la fin du VIIIe siècle. Nombreuses sont les personnalités, souvent importantes, qui, pour trouver place dans ce chapitre, devraient justement être réduites à un nom : Sidoine Apollinaire, Salvien, Avit (Ve s.) ; Ennode, Césaire d'Arles, Jordanès (VIe) ; Aldhelm, Julien et Hildefonse de Tolède (VIIe) ; Boniface (VIIIe). Il faudrait ajouter cette poussière d'auteurs et d'œuvres mineures qui constellent le haut Moyen Age ; encore ne sont-elles que la partie conservée de toute une activité littéraire ou simplement scriptoriale dont nous savons qu'elle s'est en partie perdue.

Mais ces neuf auteurs sont les plus grands. Ils constituent comme une série de maillons dans la chaîne culturelle ininterrompue qui conduit l'historien de l'Antiquité tardive à l'Europe médiévale, au terme d'une longue période de transition suivie d'une succession d'inventions et d'éclosions. Entre le Ve siècle plutôt antique et le VIIIe déjà presque médiéval, ils jouent le rôle de médiateurs. De l'un à l'autre les changements apparaissent progressivement : les derniers d'entre eux révèlent la métamorphose.

Du point de vue de cette histoire littéraire, la genèse culturelle se place donc sous le double signe de la fidélité et du renouveau. Tous ces écrivains ont été sans exception des conservateurs, dépositaires d'un savoir, responsables d'une continuité. Mais, en même temps, ils ont à chaque fois dégagé la place nécessaire aux nouvelles réalités culturelles et parfois préparé leur triomphe à venir. Grégoire de Tours déblaie la voie vers l'ère de la *scripta rustica ;* Grégoire le Grand vers l'avènement des chrétientés germaniques. Bède tient la littérature anglaise sur ses fonts baptismaux ; Paul Diacre travaille à préserver la nouvelle identité nationale italienne. Seul Alcuin semble réfractaire aux genèses inouïes : mais sa correspondance laisse filtrer son goût pour un langage qui échappe aux canons de la grammaire romaine.

6

Métamorphoses linguistiques

Changements de civilisation

Toute question d'histoire peut conduire à une typologie. A qui regarde en effet la civilisation de l'Occident au Ve siècle d'abord, au VIIIe siècle ensuite, apparaissent de profonds changements. Laissons de côté les traits les plus évidents : disparition de l'unité romaine ; fragmentation de l'administration ; régionalisation du droit. Parmi ces transformations, certaines relèvent d'un niveau d'analyse technique : rétraction de l'usage de l'écrit, diminution de l'alphabétisation, cléricisation de la culture, et d'autres relèvent de questions plus enchevêtrées. C'est notamment le cas de celles qui ressortissent à ce qu'on appelle aujourd'hui l'histoire des mentalités. Ainsi, l'Antiquité tardive était demeurée fidèle à l'idéal du travail de la terre, symbole de la modestie, du courage et de la frugalité ; les traités de Caton ou de Varron (IIe et Ier siècle avant notre ère), répétitivement imités par Columelle (Haut-Empire), puis par Palladius (qui écrivit probablement son ouvrage au Ve siècle), insistaient sur cette représentation privilégiée du *ciuis romanus*. Cette constante référence résiste à l'épreuve du temps, puisque, même à l'époque où la vie urbaine a pris un caractère définitivement prépondérant dans la civilisation antique, ce miroir bucolique, où l'homme romain aimait à se voir, ne s'est pas brisé. Inversement, quand les bouleversements des Ve-VIIe siècles entraînent une décadence de la cité et une ruralisation intense de la vie sociale, le monde agreste perd son caractère de référence positive pour ne plus servir quasiment que de repoussoir. Les arcanes de cette mutation ne nous ont pas encore été entièrement dévoilés par les travaux qui lui ont été consacrés.

1. Société et langage

Langue savante et prestige social.

Si les activités de la campagne et les êtres qui les accomplissent subissent une dégradation dans l'échelle des qualités sociales, telle qu'elle était établie par les élites intellectuelles à l'intention des *potentes*, une partie au moins des qualités qui leur étaient associées semble, paradoxalement, trouver une meilleure place à la faveur de l'apparition des vertus chrétiennes au cœur même de la culture des lettrés. Expliquons-nous. Au temps du paganisme, la situation était la suivante : l'Antiquité classique plaçait au firmament de ses valeurs la maîtrise du langage, sous ses deux formes, écrite et parlée. En d'autres termes, l'un des buts essentiels de l'éducation romaine était d'assurer la pérennité d'un code langagier dont le niveau fût le plus élevé possible. Cette tâche, quand elle était accomplie — et elle le fut pleinement jusqu'à la fin de l'Empire —, dotait ainsi les locuteurs instruits d'une excellente maîtrise de l'expression écrite et orale. Ce résultat était acquis grâce à l'étude de la grammaire *(grammatica)*, conçue comme un des beaux arts, grâce à la lecture des grands auteurs, et grâce enfin à la pratique d'exercices spécifiques. Un écrivain, un orateur restaient avant tout fidèles à l'*elegantia* de leurs modèles : ils étaient les imitateurs volontaires et les conservateurs de la latinité.

Rejet de la langue populaire.

Cette tension permanente pour la préservation d'une norme peu évolutive s'accompagnait d'un effort conscient et soutenu de démarcation sociale. En effet, presque tous les actes de communication où étaient engagés des locuteurs de l'élite impériale (au sens le plus large) étaient, par le fait même de leur soumission à des règles complexes, autant d'occasions de se distinguer de l'expression orale, voire écrite, de ceux qui n'avaient pas eu accès à la formation scolaire requise. Prononcer un discours, écrire une lettre, rédiger un formulaire, impliquait de la part d'un homme cultivé la capacité de montrer l'élégante correction de sa langue, l'étendue de sa culture, la maîtrise de son raisonnement, bref de faire preuve d'urbanité *(urbanitas)*. S'exprimer sans être passé par les filtres de l'*elegantia* urbaine revenait à manifester son appartenance à la masse *(uulgus)* dépourvue de vraie culture, c'est-à-dire à la multitude indifférenciée de tous les citoyens qui, même s'ils habitaient une ville, s'étaient retrouvés, parce que demeurés éloignés des écoles et des précepteurs, dans la même situation que des ruraux mal dégrossis, et qui, à ce titre, étaient taxés de rusticité *(rusticitas)*. A l'apogée de l'Empire, un correspondant pourtant alphabétisé, et donc capable d'écrire des lettres privées, était lui aussi inclus, en dépit de ce savoir, dans la masse des demi-ignorants parce qu'il ne pouvait rédiger qu'en une langue peu correcte.

Dichotomie langagière.

La dichotomie rusticité/urbanité était complète : la parole latine appartenait exclusivement à l'une ou à l'autre catégorie. Seule la forme orale qui devait tout à l'art littéraire jouissait au sens strict d'un vrai droit de cité auprès des élites. D'un côté, un ensemble langagier formé des niveaux prestigieux de la langue était l'objet d'efforts visant à une double préservation : à travers le temps, de la romanité traditionnelle ; à travers l'espace, de l'unité nécessaire entre la forme écrite et la forme parlée. D'un autre côté, un ensemble langagier formé des niveaux dépréciés de la même langue était laissé à la pure logique de l'évolution orale. Ces deux ensembles n'existaient pas de manière séparée. Ils étaient sans cesse au contact l'un de l'autre. Les locuteurs populaires n'étaient pas insensibles aux influences savantes ; les locuteurs savants n'étaient pas sourds aux innovations de l'oralité collective. Mais l'ordre des valeurs était nettement établi : la pratique sociale et langagière s'efforçait de respecter la théorie éthique et normative.

Christianisme et nouveau langage.

Or, la théorie et la pratique des rapports entre le langage savant fondé sur la norme écrite et le langage populaire nourri de l'oralité spontanée furent, sous le Haut-Empire, bouleversés par l'apparition de l'éthique et de l'esthétique chrétiennes. Les origines populaires de la nouvelle religion contraignirent ses messagers à adopter de nouveaux modes de communication. Le fond, en effet, de leur enseignement supposait une activité éducative et intellectuelle importante. Mais la forme sous laquelle leurs auditeurs étaient capables de recevoir cette instruction imposait le renoncement aux traditions aristocratiques et élitistes de l'école antique. Ce changement radical d'attitude mentale correspondait au demeurant à la teneur évangélique de la nouvelle foi. Conformément à cette logique, apparut, à partir du premier siècle, venue de l'Orient hellénophone, une nouvelle idéologie langagière, qui promut brusquement au premier rang la langue des pêcheurs. En Occident, cela signifia, en principe, le renoncement à l'urbanité comme valeur suprême et le choix de la rusticité comme critère essentiel de la communication.

Compromis.

Cette révolution se dévoya en partie au fil des siècles : si les intellectuels païens ont fini par se convertir aux valeurs chrétiennes, ils ont en même temps préparé la conversion du christianisme à la culture antique. Il en résulta qu'à partir du IVe siècle, quand les lettres latines connurent un deuxième apogée, chrétien cette fois, le rapport entre urbanité et rusticité perdit sa clarté initiale.

Certes, les intellectuels chrétiens se consacrèrent aux problèmes que posait l'instruction religieuse des masses de fidèles dont le commerce avec la culture écrite était faible ou nul. Mais, inversement, ils créèrent une langue latine à la fois appropriée à la communication générale et respectueuse de la grande tradition latine. Ainsi naquit au IVe siècle une éloquence chrétienne qui s'avéra être la digne héritière de l'art oratoire classique, dont les modèles perdurèrent sur les lèvres des grands maîtres grecs comme Jean Chrysostome ou Grégoire de Nazianze, et latins comme Ambroise et Augustin.

Peu à peu, le rapport entre tradition orale savante et pratique orale populaire se reforma à l'image de ce qu'il avait toujours été. Malgré les déclarations de principe en faveur de la langue des pêcheurs et des paysans, les pasteurs chrétiens continuèrent de s'exprimer dans une langue châtiée. Toutefois, afin d'ouvrir une vaste surface sociale à leur acte de communication, ils consentirent à simplifier leur expression de manière que, lorsque les circonstances l'exigeaient, ils pussent être compris de tous leurs auditeurs, même dépourvus d'instruction. Comme résultat de ces efforts apparut le concept de *sermo humilis*, le style terre à terre, justement approprié aux moyens intellectuels et aux capacités linguistiques des auditoires populaires. L'évêque était invité à faire varier le niveau de son discours selon les catégories culturelles de ses fidèles. Il retrouvait ainsi les fins et les moyens de l'éducation antique, sensible avant tout à la notion d'adaptation (du *decorum*) : à chaque sujet, à chaque public, à chaque temps, son style.

Écriture et oralité tardives.

Le rapport entre écriture (dans toute la mesure où la parole des orateurs chrétiens se formait sur le modèle de la langue des traités de grammaire et de rhétorique) et oralité (entendue au sens de pratique orale des auditeurs non pourvus ou presque dépourvus d'une formation scolaire) a donc fini par prendre tous les caractères d'un compromis. Compromis entre la nécessité d'instruire un peuple de fidèles de plus en plus étendu dans un langage qu'il pût entendre et le désir de créer une éloquence chrétienne qui ne fût point indigne de ses modèles antiques. Telle est donc la situation sociolinguistique du Ve siècle, alors que l'Empire romain, lentement démembré, cède peu à peu la place aux royaumes dits barbares. Considérée par conséquent dans la perspective d'une typologie, la civilisation de l'Antiquité tardive présente parmi ses traits fondamentaux la caractéristique d'appartenir à la latinité. En d'autres termes, le monde romain est, en Occident, latinophone. Cela signifie que la langue latine est normalement la langue maternelle de toute sa population, quelles que soient les différences (sociales, régionales, culturelles) qui peuvent distinguer ses locuteurs.

Écriture et oralité médiévales.

Cette association entre Antiquité et latinité est dissoute au Moyen Age : l'Occident, considéré du point de vue linguistique, n'appartient plus au monde de l'unité romaine, mais à l'espace des diversités romanes. Ce changement, fondamental dans la perspective d'une anthropologie historique, qui partage deux structures différenciées de notre civilisation européenne, est accompli aux environs de l'an Mil, comme en témoigne l'apparition des premières œuvres littéraires écrites en langues vulgaires (*Cantilène de sainte Eulalie, Chanson de saint Alexis,* puis *Chanson de Roland*). Il est donc en cours dans la période de transition entre Antiquité tardive et Moyen Age que couvrent les VIe, VIIe et VIIIe siècles. Il signifie de profonds bouleversements du rapport entre écriture et oralité. Car il implique qu'à un moment de l'histoire il y eut scission entre écriture et oralité. Est venu un temps où l'écriture latine ne correspondait plus à la parole collective, et où l'oralité populaire ne reflétait plus rien de l'expression orale savante.

Trois stades.

La problématique se place donc autour de la manière dont coexistèrent dans les royaumes barbares, sur le sol de l'ancien Empire latinophone, la langue parlée et la langue écrite, compte tenu des structures évolutives qui viennent d'être brièvement décrites. Afin d'en éclairer quelques aspects, il convient de considérer d'abord quel est l'état actuel de la question et quelles méthodes permettent d'y mieux répondre. Cette mise au point conduira à une plongée diachronique dans les siècles de transition (450-650), avant d'esquisser un profil de la période de ruptures et d'invention que fut le VIIIe siècle, pour conclure sur la notion de cycles créateurs.

2. Anciennes questions, nouvelles méthodes

Latinité vivante.

Étudier le rapport qui exista entre écriture et parole dans les royaumes barbares revient à poser de manière plus générale l'ancienne question : à quelle date a-t-on cessé de parler latin ? Formulée de cette dernière façon, la problématique est incomplète et sa légitimité même a été mise en doute (on a pu se demander, par exemple, si la question avait un sens dans la mesure où il semblait soutenable qu'on n'avait jamais cessé de parler). Afin d'orienter correctement l'enquête, d'autres interrogations doivent être soulevées : à quelle date a-t-on commencé de parler roman ? Comment s'établissait la relation langagière entre locuteurs lettrés et locuteurs illettrés en fonction du siècle considéré ? Y eut-il changement insensible ou métamorphose rapide ? Évolution ou révolution ? Abrégeons ici pour établir un bref état des lieux en prenant la question sous la forme où elle a été le plus souvent posée, c'est-à-dire : pendant combien de temps le latin est-il resté une langue vivante ? Même ainsi réduit, ce sujet n'est pas sans ambiguïté, puisque le concept de langue vivante demande de son côté des éclaircissements. Les lettrés carolingiens parlaient latin, écrivaient en latin, sans doute même pensaient en latin : la vieille langue n'était-elle pas donc dans le cas de leur groupe une langue toujours vivante ?

Langue vivante et langue maternelle.

Une restriction s'impose par référence à la notion d'acquisition immédiate d'une langue. Le latin mériterait, dans cette perspective, l'appellation de langue vivante dans la mesure où il était appris dès l'enfance, en somme comme une langue maternelle. Mais tel était le cas des *pueri* offerts aux monastères dès leur plus jeune âge par certaines grandes familles et qui étaient accoutumés très tôt à la pratique d'une latinité quotidienne. Par conséquent, cette définition n'apporte pas satisfaction, puisque de tels locuteurs formaient, malgré tout, des groupes si minoritaires et si isolés dans le tissu social qu'ils ne sauraient concentrer en eux un de ses caractères fondamentaux. On est ainsi conduit à une définition plus générale d'après laquelle le latin est une langue vivante, au sens le plus extensif et le plus profond du concept, dans la mesure où il est la langue apprise dès l'enfance dans un environnement linguistique spontané, en dehors de références scolaires obligatoires. Le latin est une langue vivante tant que son acquisition dépend de la pure oralité.

Une Antiquité tardive délatinisée ?.

Les bornes ainsi placées assimilent la notion de latinité à celle de corps social globalement latinophone. Ainsi précisée dans l'espace, la définition a donné lieu à de très nombreuses reconstitutions chronologiques. De manière surprenante, elles sont profondément contradictoires entre elles. Toute la gamme des datations a en effet été proposée. Commençons par les plus précoces.

Certains linguistes, en général spécialistes de philologie romane, ont prétendu que le latin avait cessé d'être une langue vivante dès le Haut-Empire. Arguant de changements divers dans la prononciation (mutations phonétiques), ils n'ont pas craint d'affirmer que la langue parlée populaire n'était plus latine au Ier siècle de notre ère. Ainsi les convives du festin de Trimalcion n'auraient plus été latinophones. D'autres savants ont légèrement retardé cette évolution. Des considérations toujours fondées sur des mutations phonétiques surgies pendant les IIe et IIIe siècles les ont conduits à affirmer que l'unité latinophone n'existait plus à partir de la période charnière entre le Haut-Empire et le Dominat, et que l'évolution ainsi déclenchée trouvait au cours du IVe siècle son aboutissement dans la disparition du latin. Certains historiens se sont également penchés sur le problème et ont soutenu que dès la dynastie théodosienne la langue parlée populaire était devenue totalement distincte de la langue parlée châtiée. Leur analyse admettait que l'écriture latine et l'oralité collective souffraient d'un divorce absolu dans l'Antiquité tardive.

Latinité des siècles médians ?

Cette chronologie précoce a été réfutée par d'autres écoles, formées principalement de latinistes. Pour eux, les changements réels observés dans la langue parlée populaire, notamment en phonétique et en phonologie, mais aussi partiellement en morphologie et en syntaxe (le vocabulaire n'est pas pertinent dans ce domaine des études linguistiques), n'obligent pas à admettre un hiatus infranchissable entre écriture et oralité avant, au plus tôt, la fin du VIe siècle. Cela signifie que le latin ne cesserait pas d'être une langue vivante avant les années 600. Cette frontière chronologique demeure cependant floue, car une plage importante d'indétermination existe selon les spécialistes entre 600 et 700. Ces dates ne forment nullement un seuil ultime. Car elles ont été encore abaissées par quelques érudits qui ont estimé que les transformations subies par la langue parlée ne l'avaient pas rendue radicalement différente de la langue écrite avant le VIIIe, voire le IXe siècle. La latinophonie s'étendrait ainsi des origines de Rome aux temps carolingiens.

Chronologie historique et diachronie linguistique.

Ces différentes datations correspondent à des thèses très contradictoires. Depuis plus de cent ans maintenant, elles ont donné naissance à de nombreux débats, dont rien n'indique qu'ils déboucheront un jour sur une certaine unanimité, qui vaudrait certitude scientifique. Or, le choix entre ces thèses importe à l'historien. En effet, il n'est pas illégitime de présumer qu'il exista une corrélation entre l'évolution sociale et l'évolution culturelle de l'Empire : le passage de structures plutôt encore antiques à des structures plutôt déjà médiévales relève d'analyses complexes où les aspects proprement linguistiques sont hautement significatifs. Ce travail d'analyse est accompagné d'une révision de notre perception historique. En effet, depuis une trentaine d'années le concept d'Antiquité tardive prend peu à peu la place de la notion plutôt péjorative de Bas-Empire. Il en est de même en linguistique où la terminologie se renouvelle dans un sens plus objectif, les mots « bas latin » cédant la place à ceux de « latin tardif ». Le moment est sans doute venu de reconsidérer la place de la latinité tardive dans la civilisation des IIIe-VIIIe siècles. Dans toute la mesure où la société romaine, si différenciée soit-elle en ses couches successives, des *humillimi* aux *clarissimi,* continue d'appartenir univoquement au même ensemble linguistique, si divisé soit-il en strates fortement distinctes, ne peut-on soutenir que nous sommes en présence d'un facteur important de continuité dans la civilisation ?

Écoles et théories.

L'analyse linguistique part de la description historique, mais retourne aussi à elle : l'Antiquité tardive présente un visage différent selon que la théorie admet que la culture et la langue savante sont isolées dans un espace clos et coupées de la langue et des traditions populaires, ou qu'au contraire les unes et les autres appartiennent au même ensemble, conflictuel, peut-être, mais symbiotique. C'est même l'interdépendance des jugements relevant de l'un et de l'autre domaine (linguistique et historique) qui rend partiellement compte des variations étonnantes qu'offrent les chronologies proposées dans l'évolution des rapports entre écriture et oralité. Peut-on échapper à cette relation d'incertitude ? Si nous considérons les méthodes d'analyse suivies jusqu'à présent, nous constatons qu'elles suivent trois voies séparées. La première est celle propre à la philologie romane, amorcée par les grands travaux des savants du XIXe siècle, de F. Diez à H. Schuchardt. La deuxième est particulière aux latinistes, dont les initiateurs ont été au tournant du siècle M. Bonnet et E. Löfstedt. La troisième ressortit à l'enquête historico-littéraire. Plus tard venue sur la scène de la recherche, elle a été notamment l'œuvre dans le premier tiers de notre siècle de F. Lot. Ces trois orientations sont-elles les seules possibles ?

Nouveaux outils.

A la batterie traditionnelle des outils de la recherche en sciences humaines se sont ajoutés un certain nombre d'instruments depuis l'entre-deux-guerres. L'anthropologie et la sociologie ont considérablement enrichi les modèles de référence historiques. La dialectologie et la géographie linguistique ont transformé la réflexion linguistique jusqu'à élaborer une science neuve dont les premiers résultats commencent seulement à être disponibles, la dialectométrie. De la conjonction de ces différents renouveaux est surgie une discipline maintenant bien assise, la sociolinguistique. Celle-ci s'efforce d'étudier *in situ* la vie des langues dans leur contexte social. Pour établir en particulier des corrélations pertinentes entre les habitudes langagières d'un groupe donné et ses caractères sociologiques, il a fallu que fussent accomplis de passionnants travaux. Leurs résultats ont dévoilé quelques-uns des mystères devant lesquels butaient les spécialistes attachés à la recherche des causes de la différenciation et du changement linguistiques. L'invention de ce nouvel outillage a conduit à des tentatives pour mettre au point des études de sociolinguistique diachronique, c'est-à-dire rétrospective.

Église et communication.

Le haut Moyen Age se prête à de telles enquêtes, à la condition de centrer les recherches sur les problèmes de la communication. Comme nous l'avons vu, l'Antiquité tardive a été caractérisée par une activité intense d'information. Déterminée à poursuivre son œuvre évangélisatrice, l'Église chrétienne l'accomplissait selon un mode triple : approfondissement, extension, maintenance. Il tenait au cœur de ses pasteurs d'éradiquer des villes le paganisme à tous les niveaux de la société ; de conquérir les espaces ruraux et leurs populations au christianisme et d'y effacer les traditions folkloriques ; de provoquer peu à peu les baptisés à la conversion non plus seulement à la foi, mais aussi à la morale chrétienne et de les faire persévérer, génération après génération, dans cette conduite. Or, une telle tâche implique obligatoirement un système communicatif ouvert en permanence à l'intention de toutes les catégories de locuteurs. A l'évidence, ce système fonctionne à sens unique : c'est un émetteur de la parole ecclésiastique et non un récepteur des réactions laïques. Mais l'Église ne pouvait s'offrir le luxe insensé de s'enfermer dans la logique de sa propre parole sans risquer de compromettre non seulement sa mission, mais aussi son existence.

Sa légitimité sociale exigeait d'elle un réalisme linguistique certain. D'ailleurs, de nombreux actes de la vie institutionnelle supposaient une écoute attentive des locuteurs non clercs : la charge de conseillers des âmes s'accompagnait du privilège de la réception de nombreux héritages. Les fidèles en faisaient souvent don aux domaines ecclésiaux, et notamment aux monastères. A ce moment-là, notamment, les scribes monastiques chargés de coucher par écrit les déclarations des donateurs étaient au contact direct de leur oralité. Il y aurait d'autres exemples, qu'il est inutile d'accumuler. La vie quotidienne suppose trop d'occasions d'interférences entre les différentes catégories de locuteurs, même dans une société hiérarchisée, pour supposer que l'oreille cléricale ou monacale ait été étanche aux mots (et aux cris !) de tous les jours. Ainsi le concept de communication permet-il de mesurer la vitalité du latin : elle est réelle aussi longtemps qu'il reste une langue apte à assumer l'instruction collective d'auditeurs qui n'ont comme langue usuelle que leur langue maternelle, en dehors de toute formation scolaire.

Niveaux de compétence.

La notion de compétence linguistique active des locuteurs se trouve complétée par l'idée d'une compétence linguistique passive. La frontière ultime au-delà de laquelle la latinité serait morte est bornée par cette limite abstraite, mais compréhensible, de la réception du message latin par les auditeurs. Lorsque ces derniers ne seront plus capables de comprendre ce que leur transmet oralement un locuteur dont la langue demeure fidèle au modèle écrit, la dissolution du monde latinophone sera accomplie. Ce procès repose sur des définitions précises, qui ne doivent pas cependant conduire à des descriptions qu'un abus de critères trop élémentaires rendrait simplistes. Il est en particulier capital de comprendre que la notion de latinité est beaucoup plus souple que celle qu'en présentent nos habituels traités de grammaire. Le latin parlé comportait des registres distincts selon l'instruction de ses locuteurs et leur appartenance sociale, et des niveaux différents selon les situations d'expression (solennelle, familière, relâchée). Des modifications, même importantes, de la structure de cette langue ne signifiaient pas obligatoirement ni que la langue quotidienne avait cessé d'être latine, ni que la communauté des auditeurs analphabètes était devenue incapable de comprendre un message émis dans la langue traditionnelle.

Latin parlé tardif.

Il convient en conséquence de réviser certaines des idées reçues afin non pas de les réfuter, mais de les enrichir. La dichotomie traditionnellement enseignée entre latin vulgaire et latin littéraire devrait être abandonnée, en ce sens qu'elle ne préserve suffisamment ni la flexibilité naturelle du latin langue vivante, ni sa diversité native dans la parole quotidienne, ni son unité profonde dans le temps et dans l'espace. La description doit se fonder sur le concept beaucoup plus souple de diasystème latin. Il permet de comprendre qu'il n'y a jamais eu un latin vulgaire distinct du latin littéraire, menant une vie obscure hors du champ d'observation que nous offrent les textes qui sont, par définition, écrits. Plutôt donc que de latin vulgaire, il est pertinent de traiter de latin parlé. Selon qu'il est d'époque classique ou tardive, le latin parlé méritera ces mêmes qualificatifs. On parlera donc au siècle d'Auguste de latin parlé classique. Au Ve siècle, il peut donc être question de latin parlé tardif. En outre, selon les niveaux considérés, la langue sera dite [populaire] ou [savante] (cette séparation binaire n'étant que schématique : de multiples sous-classes sont possibles).

Niveaux et registres du latin.

Ce latin parlé peut prendre une forme populaire, et, en ce domaine, descendre jusqu'aux niveaux les plus relâchés. Les Anciens avaient parfaitement conscience de cette situation. Les grammairiens ont mis toutes leurs forces dans l'établissement des codes qui permissent à leurs élèves de monter les degrés de la meilleure expression orale, fondée sur le conservatisme de la langue écrite. C'est dire qu'ils ne pouvaient ignorer que les parlers familiers étaient gâtés par de nombreux défauts, qu'il convenait d'amender. Toute leur tâche consistait, selon les propres mots de Cicéron, à effacer de leur accent et de leur style tout ce qui paraissait même vaguement paysan et vulgaire. Le vocabulaire des lettrés de l'Antiquité tardive, puis du haut Moyen Age, témoins de l'usage de leur temps, n'a pas dérogé à cette tradition classique. Héritiers souvent talentueux et bien informés de l'enseignement traditionnel, ceux-ci émettent des jugements sur les écrits de leurs contemporains. Leurs appréciations comportent une gamme de dénominations qui se laissent regrouper selon des critères esthétiques et grammaticaux analogues à ceux qui guidaient Cicéron, pour peu qu'ils soient lus et analysés dans le cadre d'une classification attentive à cet aspect de leurs apports. Ils méritent, par conséquent, d'être étudiés.

Documentation.

Un des travaux fondamentaux de la recherche en sociolinguistique rétrospective est de réunir des *corpus* significatifs de témoignages. Ceux-ci tirent leur origine avant tout des grands auteurs dont les œuvres jalonnent ces siècles. *A priori,* aucune de leurs pages n'est à écarter de l'enquête. Telle lettre de Jérôme, tel chapitre du traité de musique d'Augustin, mais aussi telle aventure contée par Grégoire de Tours, tel poème de Venance Fortunat, tel traité de grammaire de Boniface ou d'Alcuin peuvent révéler des informations inattendues. Aucun de ces documents n'est analysable sans l'appui de diverses disciplines : histoire littéraire, histoire des institutions, ethnologie, dialectologie, linguistique latine et romane. Ce traitement pluridisciplinaire conduit à un enrichissement, parfois considérable, de nos connaissances. L'enquête ne saurait d'ailleurs négliger l'apport éventuel des langues dites barbares : dès le VIIe siècle dans les îles Britanniques, à partir du VIIIe en Germanie, la rencontre entre chrétienté, latinité et germanité engendre des tourbillons culturels nouveaux d'où émergent de nombreux enseignements pour l'enquêteur.

Naissance, conscience, « scripta ».

Trois étapes objectives définissent le passage de l'oralité latine à une oralité non latine à travers la coulée des siècles qui rendent cette période si originale. La première consiste en la naissance de la nouvelle oralité : au moment où la structure de la langue parlée cesse d'être latine pour devenir romane. La deuxième est constituée par la prise de conscience de cette métamorphose et de la coexistence d'une écriture et d'une oralité qui ne coïncident plus. La troisième survient quand la nouvelle oralité est consacrée par une forme d'écriture dont la nature révèle qu'il s'agit d'un changement radical ; en d'autres termes il faut qu'une *scripta* spécifique révèle que les locuteurs lettrés ont pris conscience du caractère irréversiblement hétérogène des deux *scriptae,* l'ancienne, latine, et la nouvelle, romane. Aucune règle ne régit *a priori* la chronologie de ces différents stades. Ils peuvent être synchrones, et, dans ce cas, ils constituent les niveaux successifs d'une même révolution linguistique. Dans le cas des langues romanes, ils se sont étirés selon une diachronie plus ou moins longue en fonction des pays.

3. Générations de maintien

Écarts, non rupture.

Dans le passage de l'Antiquité au Moyen Age, les Ve, VIe et VIIe siècles font figure de temps de transition. L'histoire sociolinguistique de cette période présente des caractéristiques semblables. Si l'écriture et l'oralité demeurent en rapports étroits pendant la première partie de ces deux siècles, elles connaissent une évolution divergente par la suite, qui les conduit à un stade avancé de disharmonie au terme de la période considérée.

Toutefois, l'écart entre la forme écrite conservatrice et la forme parlée évolutive de la langue ne provoque pas encore une véritable dissolution de la latinité.

Un V^e^ *siècle de continuité culturelle.*

A la fin de l'Empire, aux IVe et Ve siècles, la littérature latine connaît un deuxième âge d'or quand éclôt l'œuvre des grands écrivains latins chrétiens. De plus, les derniers auteurs païens comme le poète Claudien et surtout l'historien Ammien Marcellin ne doivent plus être lus comme des lettrés de la décadence, mais bien comme des créateurs de premier ordre. Sans insister sur les autres aspects de la civilisation romaine tardive qui témoignent de son intérêt, il importe de comprendre que le contexte culturel et social dans lequel se déploie la communication latine n'est nullement justiciable d'une représentation catastrophiste. Malgré la crise qui conduit l'Empire à sa perte en Occident, l'intense bouillonnement des idées qui parcourt le bassin méditerranéen est favorable à une vie intense de la latinité. Les écoles municipales et urbaines, les maîtres de grammaire et de rhétorique continuent à dépenser leur énergie avec talent et obstination pour que perdurent les règles et les arts de la culture antique. Tout le rituel culturel de la société tardive repose sur une fidélité profonde au passé romain. Romanité et chrétienté ont fini beaucoup plus par s'interpénétrer que par se détruire réciproquement.

Nouvelles voies de la latinité.

Le Ve siècle présente donc une situation très stable dans les rapports entre la langue écrite et la langue parlée. Certes, cette dernière a beaucoup évolué depuis le Haut-Empire, surtout dans le domaine phonétique. Le changement majeur a été la perte au niveau phonologique des oppositions quantitatives et leur remplacement par des distinctions qualitatives. Désormais, seuls des exercices scolaires appropriés permettent aux locuteurs d'apprendre quelles sont dans les mots les voyelles brèves et les voyelles longues. Les premiers manuels destinés à aider cette mémorisation apparaissent : de telles connaissances demeurent indispensables à qui veut composer des poèmes, car leur facture demeure traditionnelle. Toutefois, des efforts sont faits pour mettre au point de nouvelles formes poétiques. Désireux de toucher le plus large public populaire possible, Augustin n'hésite pas devant la radicalisation et rédige un psaume (dit *abécédaire*) qui use d'un rythme accentuel (tel qu'on le retrouvera bien plus tard dans les cantilènes romanes ; la poésie anglaise ou allemande d'aujourd'hui repose sur de telles répartitions rythmiques). Soucieux de conciliation, Ambroise, évêque de Milan, compose de splendides hymnes destinées à être chantées lors des liturgies. Leur forme satisfait à la fois aux critères formels de la poésie traditionnelle (le mètre est bâti souvent à partir de la très ancienne unité de mesure qu'est le trochée) et aux nécessités de la communication générale, parce que les vers peuvent être lus avec un rythme accentuel, grâce à un judicieux choix des mots.

Puissance du latin littéraire.

Il en résulte qu'à partir des années 400 l'Occident commence de faire résonner dans les basiliques des hymnes qui réussissent la synthèse entre une forme littéraire traditionnelle et une exécution orale à laquelle la masse des locuteurs peut participer activement, quel que soit son niveau d'instruction. Si l'on songe que c'est au moment des violents conflits qui opposaient l'évêque catholique de Milan à ses rivaux ariens et à son propre souverain que fut engagée cette création poétique, on voit qu'il s'agissait là non pas d'une recherche esthétique abstraite, mais d'un instrument de combat. Ambroise voulait exalter la christologie catholique, en instruire mieux ses fidèles et exhorter leur courage. Milan, capitale impériale, grand centre urbain, était naturellement un milieu favorable à l'invention littéraire et à sa communication collective : le niveau culturel de la population y était certainement élevé et la proportion d'analphabètes réduite. Malgré tout, on est frappé de constater combien la latinité demeure un outil efficace de lutte idéologique. L'évêque de Milan a imposé, en définitive, son droit aux armes impériales, avec l'appui de ses fidèles galvanisés par la seule force de sa parole. Ainsi s'est réalisée d'une manière inattendue en ces circonstances l'ancienne injonction : *cedant arma togae !* Ces hymnes ambrosiennes ne sont pas demeurées confinées dans le cercle des Milanais, elles se sont au contraire répandues dans l'usage général des Églises.

Apparition du latin terre à terre.

Les hymnes appartiennent à la catégorie supérieure du style latin. A côté des ces sommets culturels existe la pratique plus modeste et plus directe de la prédication aux groupes humbles de fidèles. Ceux-là ont droit, quand l'orateur est parfaitement maître de son talent, à une instruction qui réponde aux critères du *sermo humilis*. Ce « style terre à terre » relève dans la classification rhétorique classique du genre que l'on appelle « *submissum* », c'est-à-dire « simple, discret ». Cette dénomination désigne un registre oratoire distinct du style sublime *(genus grande)* et du style intermédiaire *(genus mixtum)*. Le *sermo humilis* ne représente pas une création intégrale. Il est en réalité le fruit d'une interprétation rigoureuse du style simple, que les exigences de la pastorale ont imposé. Ainsi un maître de la communication comme Augustin a laissé un millier de sermons dont une partie très importante a été composée en *sermo humilis*. Ces textes ont été pris à la volée par les tachygraphes, car l'évêque d'Hippone n'avait ni le loisir ni le souci de les éditer. S'ils ne remplacent pas l'audition directe de l'orateur, du moins donnent-ils une image très fidèle de son discours. Augustin réussit le tour de force de prodiguer un enseignement très riche, de l'exprimer avec une simplicité qui le rende accessible, et de l'animer avec les procédés traditionnels de l'art oratoire de façon à instruire, à charmer et à convaincre ses auditeurs. Le témoignage explicite des textes permet de deviner dans ce public la présence de tout le peuple modeste de l'Afrique romaine : lequel, loin d'assister passivement au déploiement de la parole latine, engage à l'occasion des dialogues parfois houleux avec son pasteur.

Cohésion sociale et géographique.

Pendant les deux derniers siècles de l'Empire, la relation entre écriture et oralité n'a donc pas vraiment changé de nature par rapport à l'époque classique. La christianisation de la culture a conduit, dans certaines limites, à une libération partielle de la langue et des styles traditionnels, qui n'a pu que favoriser le maintien d'une symbiose suffisante entre la forme écrite et la forme parlée du latin. D'autre part, et à rebours, le maintien des structures scolaires et institutionnelles a longtemps resserré les mailles du filet linguistique dans lequel étaient contenues et disciplinées les tendances évolutives de la langue parlée. L'unité impériale dépendait de l'unité langagière, mais elle favorisait également cette dernière, au moins au niveau des structures fondamentales. C'est ainsi qu'on a tout lieu de réfuter l'idée d'une dialectalisation de la langue latine entre les différents royaumes barbares dès le ve siècle. Les études épigraphiques notamment ont été impuissantes à dégager des lignes de clivage profondes entre l'Italie et la Gaule, la Gaule et l'Afrique, voire l'Afrique et le latin balkanique. Qu'en est-il lorsque s'effondrent les facteurs institutionnels de l'unité latine ? Il faudrait d'abord distinguer entre les différents domaines de cet effondrement : tout n'a pas été emporté d'un coup (on songera notamment au conservatisme des souverains barbares en matière fiscale !). Mais il est vrai que l'unité spatiale a disparu. Comment interpréter l'évolution des siècles suivants ?

Caractères du VIe *siècle.*

Tout d'abord, les facteurs de conservatisme, même après la disparition de la structure qui leur donnait leur efficacité, continuent de jouer un certain rôle, ne serait-ce qu'en raison de la profonde empreinte qu'ils ont laissée dans les mentalités. Ensuite, le principal référentiel culturel, l'Église, a préservé son unité à une époque où elle étendait sur tout l'Occident un réseau tutélaire et contraignant. Enfin, la langue parlée appartient encore complètement à la latinité : son évolution vers des formes à la fois différenciées géographiquement et transformées chronologiquement ne fait que s'amorcer. Ainsi, au tournant du demi-millénaire, peu de changements sont intervenus. Il existe toujours une éloquence d'apparat où les fastes d'une latinité savante trouvent un public de connaisseurs pour en apprécier les mérites (homélies d'Avit, évêque de Vienne ; panégyrique de Théodoric par Ennode, évêque de Pavie). A côté de ces créations du *sermo grandis,* l'activité pastorale fondée sur l'emploi du *sermo humilis,* loin de se ralentir, connaît au contraire un regain au moment où l'Église entreprend la conquête religieuse des masses rurales. Car la christianisation des campagnes, à peine amorcée au IVe siècle, notamment par Martin en Gaule, s'accélère, entraînant un enchaînement de multiples conséquences culturelles et linguistiques.

Interpénétration ville/campagne.

C'est un fait connu qu'une partie importante des forces vives de la civilisation antique se retire alors des espaces urbains pour se reporter dans les étendues rurales. Le résultat culturel est double : d'une part, il se produit assurément une certaine ruralisation des anciennes élites citadine ; mais, et en sens inverse, il ne faut pas négliger l'autre versant de ce phénomène, une certaine urbanisation culturelle des sociétés paysannes, brusquement rapprochées de leurs anciens maîtres. L'action missionnaire de l'Église s'inscrit dans ce nouveau contexte. Il est très vraisemblable que les résultantes de son propre mouvement connaissent des effets analogues à ceux qui ont été décrits dans la société tout entière. Une rencontre a lieu entre la culture urbaine qu'elle apporte et les traditions populaires qu'elle affronte. Dans son effort d'adaptation à ce nouvel environnement, l'Église est puissamment aidée par les choix, souvent radicaux, du monachisme. Depuis longtemps au contact des campagnes, les maîtres spirituels du cénobitisme ont déjà engagé la parole chrétienne dans le sens d'un plus grand dépouillement ascétique et d'une plus grande humilité littéraire.

Parole latine à l'intention des paysans.

Ainsi les œuvres que nous avons gardées portent-elles toutes le témoignage net non seulement d'un mouvement d'acculturation des collectivités paysannes, mais aussi d'un effort d'adaptation stylistique et langagière des prédicateurs au bénéfice de celles-ci. Les sermons de Césaire d'Arles dans la première moitié du VIe siècle en Provence, ou de Martin de Braga, dans la seconde moitié de ce même siècle en Hispanie, portent la trace certaine de ce procès. L'un et l'autre héritiers de la prédication augustinienne, infléchie dans un sens plus exigeant par leur formation monastique, ils permettent de suivre de près quel rapport s'instaure au VIe siècle entre une écriture latine refondue et adaptée à ses nouvelles fonctions et un public dont la culture et le langage s'avèrent brusquement plus éloignés sous l'effet d'un déplacement dans l'espace (la ville est loin) et dans le temps (les centres de culture se raréfient ou s'étiolent). Ce bouleversement du tissu social et culturel aurait dû conduire à une rupture linguistique, si les structures profondes garantissant la continuité de la communication ne l'avaient emporté sur les transformations de surface qui menaçaient de la compromettre. Tel n'est pas le cas. Une analyse des sermons conduite selon un point de vue sociolinguistique en donne la garantie. L'écrit latin, par le truchement de la voix de l'évêque, est communiqué aux auditeurs même illettrés dans des conditions d'efficacité suffisantes pour qu'il soit légitime de conclure que leur propre oralité n'est pas irréductible à la littéralité traditionnelle.

Irréductibilité des preuves.

On ne saurait inventer des circuits médiateurs différents : tout indique une continuité dans le passage du document écrit à la transmission orale. Jamais il n'est question de traduction ; tout au contraire, des indices précis assurent que le prêtre ou l'évêque se contentent souvent de lire l'homélie qu'ils ont sous les yeux. L'infléchissement qu'entraîne cette rencontre entre le monde rural et la communication latine chrétienne s'est traduit non seulement dans les faits, mais aussi dans les mots. Car les intellectuels du VIe siècle ont pris acte de leurs obligations langagières et les ont analysées. Il en résulte que le style propre à l'instruction collective se trouve appelé peu à peu non plus *sermo humilis* (langage humble, terre à terre), mais *sermo rusticus* (langage de paysan). Le retour aux sources du vocabulaire cicéronien s'accompagne d'une petite révolution mentale. Le langage paysan n'est plus rejeté comme un repoussoir que le lettré doit éviter à tout prix, mais au contraire proposé comme modèle que son devoir de pasteur l'oblige à rechercher. On n'en conclura pas que l'écart entre écriture latine et oralité collective a été annulé. Les prédicateurs ne parlent pas la langue des paysans. Mais ils s'efforcent de ne pas la rejeter dans les limbes de la non-culture et du non-langage. Inversement, que leur propre choix stylistique puisse être ainsi dénommé (ils le qualifient en somme de latin sans apprêt, mais de latin tout de même) garantit la permanence d'une latinité sociale bien vivante.

Du style terre à terre au style d'illettré.

Notre source d'information essentielle en histoire mérovingienne, Grégoire évêque de Tours, apporte les plus vives lumières sur cette évolution soit grâce à divers *testimonia* adventices dans ses *Libri historiarum* (que l'on traduit par *Histoire des Francs*), soit en raison de prises de position délibérées dans les préfaces de ses récits hagiographiques qui sont la part proprement pastorale de son œuvre. Ses déclarations reprennent et amplifient les recommandations exprimées un demi-siècle avant lui par Césaire. Il affirme sans ambages que le recours à un style de paysan est absolument obligatoire pour assurer la plus large diffusion possible de son enseignement. Même si ses affirmations d'ignorance grammaticale ne sont qu'un prétexte à pousser plus loin encore que Césaire les principes du dépouillement langagier, jamais un tel programme d'esthétique n'avait été formulé en ces termes par des écrivains chrétiens. Son apparition doit être interprétée comme le triple signe de l'abaissement du niveau culturel, de l'évolution des compétences linguistiques de la masse des baptisés, prodrome d'un nouvel état de langue parlée et symptôme des transformations en cours, et de l'attention soutenue des professionnels de la communication aux problèmes que pose celle-ci en ces VIe et VIIe siècles. Non seulement le remplacement de la désignation *sermo humilis* par celle *sermo rusticus* est en soi significative d'une évolution, mais en plus le mot lui-même *rusticus* prend le sens intensif d'illettré.

Continuités et alarmes du VIIe *siècle.*

Le VIIe siècle maintient plus ou moins la situation du VIe. Ces permanences se manifestent un peu partout en Occident latin, chez Grégoire le Grand comme chez Isidore de Séville, qui donne un nom au latin parlé familier sous le terme évocateur de « langue composite », *lingua mixta*. Une telle dénomination révèle-t-elle un sentiment d'insécurité linguistique chez un grammairien comme Isidore ? Ce serait précipiter les étapes de l'évolution (elle s'accélère au VIIe siècle, mais ne parvient pas à son terme). Elle signifie cependant que l'écart entre la langue écrite traditionnelle et l'oralité évolutive tend à s'aggraver. Les Vies de saints qui deviennent notre principale source de témoignages après 600 confirment cette analyse. La *Vie de saint Riquier,* lue aux fidèles du Ponthieu dans la Somme lors des fêtes anniversaires du saint, est, de l'aveu même des moines qui la lisent, écrite d'une manière très fautive, à la grande satisfaction des auditeurs qui la comprennent ainsi plus aisément. L'analyse de sa langue montre que l'incorrection de cette rédaction n'est pas aléatoire : elle trahit la mise en place de structures préromanes. La prédication de saint Éloi reproduit encore, après 650, les thèmes césairiens dont elle imite le style, en le réélaborant dans le sens d'une simplification accrue. La langue des diplômes que ce siècle nous a conservés, souvent en exemplaires originaux, trahit par son incohérence à la fois l'amenuisement des compétences grammaticales des rédacteurs et l'abandon des compétences actives latines des locuteurs.

4. Cent ans de conflits et d'inventions

Compromis linguistiques.

Le VIIe siècle, du point de vue des rapports entre écriture et oralité, présente donc tous les caractères d'une situation d'Antiquité tardive finissante au moins en Gaule du Nord. Faudrait-il introduire des différentiels selon les régions ou les pays considérés ? La réponse positive à une telle question ne peut, de toute façon, que conduire à prolonger quelque peu vers l'aval du VIIIe siècle cette description. Cette fin d'Antiquité signifie notamment que les locuteurs illettrés sont encore aptes à percevoir un message émis en *sermo rusticus*. Autrement dit, la période mérovingienne s'achève par l'établissement d'un compromis linguistique entre les locuteurs illettrés et les orateurs latinophones, compromis implicite qui permet au système de communication traditionnel de poursuivre son existence, fût-elle chétive.

Étiage culturel et créativité langagière.

Ce compromis est mis en péril par la réforme carolingienne, fondée sur un retour à marches forcées vers la norme latine grâce à l'intervention massive des grammairiens venus de toutes les régions de l'Europe. Quand commence au milieu du VIIIe siècle, sous l'impulsion notamment de Boniface, la remise en ordre de l'Église franque, les structures religieuses du royaume sont relâchées, moins peut-être que ne le soutient le réformateur intéressé et sévère, mais suffisamment pour que des variations locales importantes puissent être décelées. La situation sociolinguistique ressemble assurément à ce tableau : les locuteurs illettrés ont en quelques générations permis à l'évolution collective de la langue de mettre en place tout un jeu de nouvelles formes, relais et rivales des anciennes. La pratique orale quotidienne s'est déployée assez librement, et les variations personnelles et sociales ont pu s'exprimer d'autant plus aisément qu'une partie significative des serviteurs de l'Église (clercs et moines) ne dispose que d'une science religieuse légère et que leur oralité est à peine nourrie de latinité écrite. Ainsi le rituel attendu de la lecture de la Vie du saint patron de la cité peut-il se dérouler efficacement parce que les communautés chrétiennes partagent d'immémoriales habitudes qui constituent autant de compromis, voire de complicités culturelles et linguistiques.

Mémoire et compétence.

A côté du *sermo rusticus* parlé par leurs évêques (le possessif n'est pas sans signification), le langage des rus et des bois ne fait pas une figure trop ridicule. Certes, la solennité de la lecture implique que soit maintenue une distance raisonnable par rapport à la diction et aux tournures propres aux lèvres populaires. Mais, cette distance n'étant pas humiliante, les locuteurs illettrés gardent le sentiment d'appartenir à ce substitut des anciennes communautés ethniques que sont les assemblées de cultes régionaux : la simplicité du texte et le peu de normativité de sa prononciation aident la compréhension ; le souvenir de la précédente cérémonie, qui elle-même réitère l'antérieure, de génération en génération, soutient la réception du récit ; enfin, la mémoire, ainsi placée dans un cadre stimulant, peut faire l'effort de retenir le sens de tournures et de morphèmes qui autrement auraient disparu de la conscience langagière collective. De la sorte, il existe une connivence entre les producteurs de la communication et ses consommateurs. La relative anarchie de la fin du VIIe siècle a permis à des isolats culturels de ce type de se mettre en place.

Périls du laisser-aller.

Cette évolution nonchalante des rapports entre écrit et oralité, comme des relations entre Églises locales et autorité centrale (abbatiale, archiépiscopale, voire papale) n'est pas à l'abri de toute extravagance, du moins du point de vue orthodoxe, qu'il soit linguistique ou théologique. De fait, dans le domaine religieux, le relâchement des liens entre l'Espagne et le reste de la chrétienté à la suite de l'occupation arabe conduira à des nouveautés christologiques inattendues comme l'adoptianisme d'Élipand de Tolède ou, plus tard, l'anthropomorphisme d'Hostegise de Malaga. La tourmente iconoclaste qui commence de ravager l'Orient chrétien est déjà là pour signifier les risques d'une fermentation agressive. De toute façon, l'histoire de l'Église comporte une trop longue liste d'hérésies pour qu'elle prenne longtemps le risque de laisser les Églises nationales vivre en autarcie idéologique. Le resserrement commence donc d'abord pour des raisons de principe. Il est souhaité et engagé par le centre fort d'un pouvoir ascendant vers lequel convergent les talents et duquel émanent les ordres. La réforme carolingienne a voulu être une remise en ordre : les professionnels ont été appelés à cette fin.

Intervention des grammairiens.

La chancellerie royale a entrepris, dès les années 750, de restaurer l'orthographe traditionnelle, gâtée le plus souvent par ignorance des règles, mais aussi parfois négligée volontairement dans un mouvement peut-être inconscient d'adaptation à la langue parlée. Ce début de reconquête intellectuelle, sensible dès Pépin III, connaît une ampleur sans précédent à partir du règne de Charles. Toute la langue écrite fait l'objet d'une remise en ordre grâce à l'intervention massive et énergique des grammairiens. Certes, c'est d'abord un épicentre réduit qui est le théâtre de cette restauration : tout part de la cour, avant de se propager dans les grands monastères (Fulda, Saint-Riquier, Tours, Saint-Gall). Mais sont mis à son service des intellectuels immigrés venus de toute l'Europe : après le Saxon Boniface et l'Austrasien Chrodegang, apparaissent, cette fois auprès de Charles, le mozarabe Théodulf, le Frioulan Paul Diacre, le Toscan Pierre de Pise, puis, plus tard, le Franc Éginhard. Le plus grand nom est celui de l'Anglo-Saxon Alcuin. Chacun de ces maîtres n'est naturellement pas que grammairien. Mais sa culture est entièrement bâtie sur le fondement traditionnel d'une formation grammaticale solide. Fort du riche héritage laissé par des savants comme Bède le Vénérable, lui-même lecteur de Cassiodore et de Donat, Alcuin a rédigé divers opuscules grammaticaux, dont un traité *Sur l'orthographe*.

Nouvelle oralité savante ?

Ce retour à la norme écrite s'accompagne-t-il d'une modification de l'oralité savante ? La question, difficile, fait aujourd'hui l'objet de débats et de recherches. Il est certain que chaque locuteur latinophone possède un accent vernaculaire : le substrat du vieil anglais ne peut qu'influencer fortement la prononciation d'Alcuin, comme le substrat francique le fait de la diction de Charlemagne ou d'Éginhard. Il est dès lors indispensable qu'un dénominateur commun se soit inscrit dans leurs rapports oraux, sans quoi la communication aurait été impossible. Quelle fut leur référence ? Il est logique de penser qu'ils recherchent alors une prononciation qui réduise le plus possible l'écart avec l'écriture. Dans ce cas, la parole des lettrés italiens ou espagnols doit avoir servi de modèle à ces efforts pour réduire la distance entre la graphie et la phonie (devenue très importante dans les futures terres d'oïl). Cette tendance, quel que soit son degré de réalisation, trace une première ligne de démarcation sociolinguistique par rapport aux locuteurs illettrés de France. Si minime que soit le succès des orateurs dans leur effort pour se démarquer de la prononciation populaire, il signifie que le compromis et la connivence habituels sont remis en question.

Des Vies méconnaissables.

Or, le clivage langagier s'accroît rapidement, moins dans une pratique difficile à mettre en place sur la vaste échelle du royaume que dans les mentalités. Car la théorie veut que les moines et les clercs se remettant à l'école du grammairien latin recouvrent les bases d'une romanité correcte, tant dans l'écriture que dans la parole. Parler, prier, chanter, lire à haute voix doit faire l'objet d'une purification énergique : cette obligation est réitérée par les capitulaires. La pratique succède rapidement à la théorie dans le Nord du royaume. Le monastère de Tours, sous l'impulsion d'Alcuin, reconstitue un *scriptorium* plus respectueux des règles de la ponctuation et de l'orthographe. Ainsi l'espèce de *no man's land* langagier où se rejoignaient l'écriture latine (approximative) et l'oralité populaire (encore conservatrice) se trouve-t-elle peu à peu effacée. Plus grave, les Vies, si familières à l'oreille et à la mémoire des illettrés, sont récrites : leur teneur change ; leur style s'élève ; la diction du lecteur se démarque des accents communs. S'effondrent les passerelles fragiles qui laissaient circuler un minimum d'information dans le sens lecteur/auditeurs. Non seulement ces derniers sont désorientés par ces remaniements qui ressemblent pour eux à autant de ruptures, mais en plus la connivence ancestrale qui les incitait à un effort de maintenance se trouve niée.

Normalisation de l'oralité populaire.

L'agression à l'égard de leur univers langagier n'est pas qu'indirecte, puisque les injonctions lancées par les réformateurs carolingiens n'omettent pas de prendre en considération comminatoire les croyances, les mœurs et la parole de tous les fidèles : en plus des grands, les humbles, citadins ou ruraux, libres ou esclaves (ou serfs ?), hommes ou femmes, sont l'objet de prescriptions coercitives. Chaque chrétien doit apprendre par cœur les prières fondamentales, le *Pater Noster* et le *Credo*. Obligation lui est faite de pouvoir les réciter par cœur aux prêtres, sans commettre de faute. Le fouet est brandi pour ceux qui n'obtempéreraient pas. Les parrains et les marraines sont soumis à une épreuve probatoire avant que la cérémonie du baptême puisse se dérouler. Ce mouvement descend jusqu'à l'humble niveau de la cure de village. L'évêque doit veiller à ce que les anciennes connivences y soient dissoutes. Pendant près de deux générations, la surface sociale du royaume est donc soumise à cet effort de remise en ordre, de plus en plus exigeant et de plus en plus autoritaire. Naturellement, les conséquences pratiques se font surtout sentir dans les régions les plus proches du centre d'où part la réforme. C'est donc de là que s'amorce la réaction culturelle et linguistique qu'entraîne une telle action.

Désertion populaire.

Cette réaction est aussi radicale que l'action est contraignante. La masse des locuteurs illettrés laisse son oralité suivre librement ses propres choix. Elle renonce à toute compétence passive de la latinité. Ainsi le système langagier d'après lequel fonctionnent écrit et parole savants et le système langagier où se structure la parole populaire se repoussent-ils mutuellement. Les choix carolingiens en mettant fin au compromis mérovingien entraînent un divorce entre écriture et oralité. La nature même du processus rend compte de sa rapidité. Son résultat le plus immédiat est de faire le désespoir des prédicateurs : voilà, en effet, que leurs efforts pour mettre en place un encadrement religieux de plus haut niveau et de plus grande efficacité se heurtent à un obstacle dont il leur est difficile de mesurer la part de cause volontaire et la part de cause spontanée, l'incompréhension langagière. Car les illettrés ont non seulement affirmé l'identité de leur parole, mais ils ont aussi trouvé une protection contre les nouvelles entreprises d'acculturation chrétienne dans une espèce de surdité. Le résultat est de conduire les réformateurs à une aporie : plus ils purifient leur propre langage, moins ils sont en mesure d'épurer les mœurs.

Nouvelle identité et nouveaux choix.

C'est de cette façon que la parole populaire conquiert brusquement droit de cité. L'échec patent d'un recours à une latinité plus artificielle d'un côté, la nécessité absolue d'instruire les masses de l'autre, conduisent les intellectuels à un renversement assez spectaculaire de leurs choix sociolinguistiques : ils jugent qu'il est indispensable de revenir à l'ancien style paysan, ou plus exactement à la langue des illettrés (*rusticus sermo*). Comme eux-mêmes ont payé le prix fort d'un difficile apprentissage grammatical pour acquérir la maîtrise d'une langue de bon aloi, ils mesurent la distance qui sépare désormais leur latinité, devenue plus écrite, de l'oralité collective, elle-même en pleine métamorphose. C'est pourquoi, et pour la première fois dans l'histoire culturelle et linguistique de l'Occident, ils précisent que les évêques devront franchement traduire (*aperte transferre*) les homélies qu'ils lisent à l'intention des fidèles dépourvus de culture écrite en employant la langue que parlent ces derniers. Les intellectuels auront donc l'obligation de renoncer à tout le faste et à tout le prestige de leur beau latin (*lingua romana*) pour se convertir à l'usage de ce méchant latin que parlent leurs fidèles (*lingua romana rustica*). Une partie des prélats dut accueillir non sans surprise et sans réticence ce complet changement de cap langagier : il n'est donc pas étonnant qu'ils aient reçu non pas l'autorisation, mais bien l'ordre formel de traduire. Comme toujours, en effet, au sein de l'Église, les tendances se sont partagées : certains ont précédé et préparé cette révision pénible ; d'autres l'acceptent et obéissent malgré tout ; d'aucuns (comme Agobard de Lyon ou Hincmar de Reims) s'y refusent.

Limites du changement d'attitude chez les lettrés.

La société carolingienne passe donc, dans sa partie anciennement romaine, d'une situation où prédominait une unité langagière qui se diffractait en variétés géographiques et sociales à un nouvel état où ce n'est plus une pluralité de langages qui sont en présence (latin savant dans ses registres variés et oralité populaire dans toutes ses manifestations), mais deux langues régies par leurs propres lois. Pour les contemporains, il est fort malaisé de comprendre la nature de cette révolution. Les grammairiens savent depuis longtemps que la langue écrite et la langue parlée diffèrent et que cette dernière se ramifie en des formes élégantes et des manifestations vulgaires. Comment prendre conscience qu'une différence de niveau est devenue une opposition de nature ? C'est d'autant plus délicat que l'écart entre l'écrit latin et l'oral protoroman n'est pas encore incommensurable. Seul l'effacement de la communication collective a pu provoquer l'indispensable prise de conscience, non sans regrets. Dans ces conditions, l'apparition d'une *scripta* consacrée au latin des illettrés est bien plus étonnante que son absence. Pourquoi, en effet, accorder à la langue vernaculaire un statut écrit qui la consacrerait en la plaçant sur le plan de la littéralité, à égalité avec l'ancien idiome ? Les locuteurs illettrés n'ont que faire d'une écriture qui leur sera, de toute manière, étrangère. Les orateurs lettrés sont habitués à la *scripta* latine : l'exercice de la traduction en vernaculaire se déroule très aisément de manière purement orale, à partir du manuscrit latin qu'ils ont l'habitude de manier et de lire.

Obstacles à une « scripta » romane.

Ajoutons que la mise au point d'une *scripta* vulgaire n'est pas chose aisée. Seuls des maîtres compétents de la grammaire peuvent élaborer une écriture cohérente et utilisable. En outre, l'établissement de textes traduits suppose une réduction de leur rayon d'action. Un sermon de Césaire d'Arles traduit en dialecte de l'Est (lorrain, champenois), même si la différenciation dialectale est moindre au IXe siècle qu'au XIIe, n'est plus lisible à un auditoire provençal ou pyrénéen. Le prédicateur doit remonter au plus grand dénominateur commun : la version latine de l'homélie. On voit donc que ceux-là même qui possèdent les outils nécessaires à l'élaboration d'une *scripta* romane sont également ceux qui ont le moins de raisons d'y consacrer leurs forces. Quelles causes ont donc fini par les faire changer d'attitude ? Ce serait trop long d'en tenter ici une analyse détaillée ; toutefois, du contexte européen de ces siècles de transition peuvent être tirés quelques éclaircissements.

Conception d'une « scripta » insulaire.

En effet, l'évolution décisive ici décrite concerne les régions anciennement latinophones, qui avaient fini par recevoir le beau nom de *Romania* au IVe siècle. Elle est étrangère à l'histoire culturelle et linguistique des pays barbares, c'est-à-dire essentiellement les îles Britanniques et la Germanie. Ces espaces conquis ou reconquis par la chrétienté sont peuplés de locuteurs parlant de nombreux dialectes appartenant à l'ancien fond celtique (Irlande, Galles), au nouvel apport germanique (vieil anglais) ou à l'ensemble traditionnel germanique (francique, saxon, etc.). Dans le cas, en effet, de locuteurs dont leurs pasteurs savent qu'ils ne peuvent recevoir le message chrétien dans sa forme latine originale, les intellectuels n'ont aucun mal à fixer une doctrine claire, dont la forme la plus parfaite est exprimée par Bède le Vénérable dès la fin du VIIe siècle. Ce dernier, analysant avec précision les conditions de la pastorale, s'engage personnellement dans une œuvre de traduction en vieil anglais et établit lui-même une *scripta* dont quelques fragments nous sont parvenus. Car le besoin de coucher par écrit la langue vernaculaire est alors pressant : les latinophones ne forment qu'une minorité du clergé insulaire. Or il importe que la doctrine chrétienne orthodoxe soit diffusée par eux sans erreur : comment d'ailleurs pourrait-on lire les Évangiles à l'assemblée des fidèles, si le prêtre n'est pas assez instruit en latin et s'il ne dispose d'aucune version anglaise du texte sacré ?

Apparition de « scriptae » germaniques.

Un facteur complémentaire a pu jouer. La littérature orale insulaire, très vivace, ne pouvant être éradiquée (or elle est païenne), l'Église bretonne comprend l'intérêt d'une littérature chrétienne qui puisse rivaliser avec ces traditions folkloriques : la constitution d'une *scripta* vernaculaire s'impose donc également par ce biais. La doctrine de Bède passe au VIIIe siècle sur le continent, grâce à la médiation de Boniface, parti de son Wessex natal pour évangéliser les Germains. Puis, à la fin du même siècle, Charlemagne, lui aussi bilingue, cherche à faire consacrer par l'écrit les vieilles légendes germaniques ; il demande aux professionnels de constituer une grammaire du francique. Leur échec montre l'ampleur du travail requis. Les monastères germanophones commencent à établir des traductions de l'Écriture, c'est-à-dire que chaque *scriptorium* constitue sa propre *scripta* (la graphie des plus anciens monuments germaniques est très instable). Aux alentours de l'an 800, au moment même où se fragmente l'unité latinophone en une minorité lettrée et une majorité romanophone, tant dans les faits langagiers que dans les consciences culturelles, l'Europe engendre donc une partie de ses littératures.

Vers un rééquilibrage européen.

L'évolution pourrait, par conséquent, se représenter sur l'ancien espace de la *Romania* de la manière suivante. Initialement, le système linguistique y était équilibré : à l'oralité latine (même diversifiée et évolutive comme nous l'avons vu) correspondait une écriture latine (très conservatrice). Cette symétrie est rompue à partir du moment où existent toujours en corrélation une écriture et une oralité latines, mais où à l'oralité romane ne correspond aucune graphie. Or, contrastant aux VIIIe et IXe siècles avec cette dissymétrie apparaît en parallèle un système équilibré où à l'oralité germanique correspond une *scripta* de cette langue. Dans un espace culturel européeen ouvert, où les intellectuels sont au contact des *realia* sociolinguistiques simultanément romans et germaniques, une telle disparité structurale dans le domaine romanophone ne peut qu'être transitoire. Peut-être est-ce la comparaison avec l'évolution en pays barbares qui a provoqué à terme chez une partie des intellectuels le sentiment qu'un rééquilibrage est indispensable, prélude à la constitution d'une *scripta* en vernaculaire roman.

5. Cycles créatifs

Ambiguïtés de la période.

Cette histoire des rapports entre écrit et oralité dans les royaumes barbares se termine donc sur quelques conclusions et sur beaucoup d'interrogations. Ces dernières sont d'autant plus nombreuses que le sujet traité est vaste : seuls quelques-uns de ses aspects pouvaient être abordés. L'évolution de la relation entre écriture et oralité après l'an 800 dans le Sud de l'Europe n'a été qu'effleurée : il est vrai que la documentation y est riche et son interprétation difficile, au moment où s'accélère le passage à la civilisation médiévale. Les limites de cet exposé tiennent aussi en effet aux caractères mêmes de la période considérée. En amont, au Ve siècle, l'historien étudie l'Antiquité. En aval, au VIIIe siècle, il découvre les prodromes du Moyen Age. Dans une typologie, où classer tel siècle de tel pays ?

Clarté des témoignages sociolinguistiques.

La question des statuts respectifs de la langue écrite traditionnelle et de la langue parlée quotidienne ressortit à une problématique analogue. Au Ve siècle, elles appartiennent au même ensemble langagier. Au IXe, ce n'est plus vraiment le cas. Une enquête faite selon les méthodes de la sociolinguistique rétrospective a permis de montrer, avec de bonnes vraisemblances, que la genèse des langues romanes se produit littéralement sous le regard de l'historien, pour peu qu'il accepte d'interroger sérieusement les contemporains de cet événement.

Ruptures du VIIIe *siècle.*

En effet, rien ne permet d'affirmer que les locuteurs illettrés sont devenus incapables de comprendre un locuteur lettré s'exprimant d'après les modes de l'écrit avant le VIIIe siècle. Tout indique, au contraire, que la crise langagière et la prise de conscience qui devait l'accompagner ont été presque synchrones. Cela signifie que le divorce entre écriture et oralité intervient à la fin du VIIIe siècle, au moins en France. Enfin, le contexte culturel explique fort bien que la création d'une *scripta* romane, c'est-à-dire d'une graphie qui cherche non pas à maintenir la continuité latine, mais à consacrer la rupture linguistique, n'ait été nullement une nécessité immédiate.

Créativité et genèse langagières.

Cette description suppose quelques remarques complémentaires. Tout d'abord, ces siècles portent au moins autant la marque de la créativité que de la décadence. La sortie du latin hors du monde de l'oralité vivante s'est accompagnée de l'entrée en scène de nouvelles langues, spécialement inventées par la collectivité des locuteurs. Le problème de la barbarisation du latin écrit a masqué le fait qu'il s'agissait tout autant d'inventer une autre romanité. C'est un cycle d'inventions en effet qui caractérise cette période : invention de la rection prépositionnelle, du passif analytique, du passé composé, etc... En somme, à côté et à la place de la grammaire latine a été conçue une grammaire romane, avant que les grammairiens ne se soient penchés sur ses structures, ses règles et ses normes. Enfin, commence d'être inventée une écriture adaptée à cette nouvelle oralité.

Attente des littératures nationales

Les serments de Strasbourg en France (IXe siècle), les serments de Capoue en Italie (Xe siècle), les gloses de Silos et de San Millàn de la Cogolla en Espagne (Xe siècle), sont le signe de la fécondité de l'Europe qui saura ne pas s'enfermer, comme d'autres civilisations, dans un partage obstiné entre une langue savante consacrée par une écriture immuable et une langue populaire bannie de l'écrit, de la littérature et de l'enseignement. Il restera aux alentours de l'an Mil à inventer les littératures nationales romanes. Les motifs, les formes et la chronologie de cette aventure culturelle sortent de notre sujet.

7

Avant les littératures médiévales

1. Conclusions : les parts du perdu et du sauvé

Typologie.

On dégagera en premier lieu quelques traits significatifs, qui, par comparaison avec le tableau dressé au chapitre 3 (« Sauvegardes culturelles »), permettront de mesurer le chemin accompli en 774 dans la genèse culturelle de l'Europe.

Civilisation de culture plutôt orale.
Absence d'écoles publiques.
Rareté d'un enseignement privé.
Nouvel itinéraire intellectuel obligé : prières, chant, psalmodie.
Canon des lectures : Écritures saintes.
Bibliothèques uniquement privées (monastères).
Codices, tabulae.
Calame, stylet.
Minuscule caroline.
Rareté de la production écrite usuelle.
Reprise quantitative sporadique de la production écrite noble.
Nouveaux centres d'enseignement et de culture (Jarrow, York, Fulda, Reichenau, Ravenne, Pavie).
Activité épigraphique sporadique et régionalisée.

Administration très partiellement écrite.
Droit écrit limité à certaines régions ; peu d'écoles de droit.
Régionalisation des lois.
Disparition de la notion de citoyenneté, remplacée par les liens d'homme à homme. Culture savante disséminée : priorité absolue à la grammaire.
Changement de la tradition littéraire.
Conservation partielle des arts libéraux ; limitation à l'utilitarisme chrétien.
Effacements et résurgences aléatoires du prestige du passé impérial.
Fragmentation dialectale du latin parlé.
Dispersion interculturelle du latin parlé.
Disparition du latin comme langue de communication générale.
Apparition de *scriptae* des langues vernaculaires.

Barbarie et romanité.

Appuyés sur ce bilan synoptique, nous poserons quelques conclusions. L'époque des royaumes barbares ne mérite que partiellement son nom et sa réputation. Tout d'abord, les royaumes ne recouvrent pas l'ancien sol impérial de manière permanente. En Italie, en Espagne et surtout en Afrique, la reconquête justinienne introduit une discontinuité qu'on a peut-être eu le tort de traiter comme une simple parenthèse historique. D'autre part, si les mouvements de peuples qui entraînent leur irruption sur le sol romain s'accompagnent d'épisodes dramatiquement violents, on ne peut continuer d'employer la dénomination « barbare » à leur sujet qu'au prix d'une entorse à la signification traditionnelle de cet adjectif. Car le barbare désigne dans la civilisation classique celui qui est étranger à la cité ou à l'oikouménè, à l'*orbis romanus*. Or, les peuples germaniques ne répondent plus à cette définition dès la fin du VIe siècle : ils ne sont plus étrangers, non seulement parce qu'ils ont forcé les portes de l'Empire, mais surtout parce qu'ils se fondent en lui. Les deux indices les plus éclatants en ont été leur conversion au christianisme, et souvent au catholicisme (donc à la doctrine de l'ancienne capitale) ; ensuite leur abandon de leurs parlers vernaculaires au profit de la langue de Rome. Pour ces peuples, l'entrée dans le haut Moyen Age signifie donc plutôt l'accélération d'un procès engagé dès le IIIe siècle, le passage de la barbarie à une certaine romanité.

Sauvetés.

Soumises aux déformations qu'entraînent les tensions créées par ces nouveaux venus, les structures traditionnelles de la romanité ne sont, en effet, conservées que partiellement, au prix d'importantes transformations. C'est dans le domaine culturel que la rémanence de l'Antiquité semble être la plus forte. De sorte que le passage de l'Antiquité tardive au Moyen Age s'y produit sans brutalité à travers une série de transmissions au terme desquelles les formes traditionnelles se trouvent si renouvelées qu'elles débouchent sur la naissance d'un monde nouveau. Le Ve siècle conserve toute la palette de la culture antique : aucun des caractères essentiels qui la définit depuis l'époque hellénistique n'est absent, ni transformé au point d'être méconnaissable.

Le choc des invasions et surtout la secousse que leur inflige la dislocation de l'Empire en Occident ne mettent cependant pas en péril les sauvegardes qui prennent le relais des institutions défaillantes et inventent de nouvelles manières de faire vivre les savoirs traditionnels. De ce côté, le rôle du christianisme est considérable, bien secondé par les puissants conservatoires que deviennent les monastères. Car, s'il est juste de souligner que le triomphe du christianisme et la progression de l'idéal monastique entraînent un déclin grave d'une partie des *artes liberales,* il faut observer, en contrepartie, que la disparition d'une société capable d'assurer la transmission des savoirs profanes sous toutes leurs formes aurait pu avoir pour conséquence un hiatus culturel complet en Occident. Les lacunes et les régressions que nous avons observées ne représentent nullement des cas limites : elles ne prennent le caractère d'une éradication que grâce à l'action obstinée des hommes qui travaillent, chacun à leur niveau et à leur place, à assurer la continuité des savoirs ainsi réfugiés dans autant de sauvetés qu'il y eut de lieux de culte et donc de culture.

Niveaux d'héritage.

Trop de forces déviantes interviennent cependant pour que l'entreprise de préservation du patrimoine culturel antique puisse aboutir à sa reproduction récurrente. Il s'engage, au contraire, un procès complexe d'effacements, de conservations, de rénovations au terme duquel les structures de la culture occidentale ont largement changé. Le chemin parcouru entre le Vᵉ et le VIIIᵉ siècle, entre le naufrage de l'Empire romain en Occident et l'interpénétration des mondes franc et italien, conduit à un monde culturel nouveau, celui du Moyen Age dont la genèse s'est ainsi accomplie sous nos yeux. Trois niveaux caractérisent cette évolution séculaire : un niveau fossile, où certains caractères de la culture antique sortent complètement de la vie pour ne persister que sous une coquille cimétériale (comme une mémoire morte) ; un niveau rémanent où d'autres formes de la culture antique continuent de fonctionner de manière active, mais perdent la position dominante qu'elles occupaient dans la civilisation précédente ; un niveau dynamique, où émergent des structures neuves dont l'entrée sur la scène de l'histoire intellectuelle provoque une métamorphose. Ainsi, la mythologie antique n'est préservée qu'accessoirement et ne perdure que dans les marges de la culture, savoir vain et figé. En revanche, les règles oratoires de l'ancienne éloquence, même déchues de leur primauté passée, sont l'objet d'une transmission active. Enfin, la science du grammairien, mise au service de nouveaux langages, fait surgir des limbes de l'analphabétisme des ethnies jusque-là confinées dans la plus pure oralité.

Ces trois cas de figure pourraient être multipliés : ils illustrent l'enchevêtrement des phénomènes à travers lequel s'élabore la genèse culturelle d'où naît l'Europe médiévale. La complexité de ces évolutions transforme en écheveau la présentation chronologique du procès en cours. Les limites extrêmes en apparaissent clairement, espérons-nous, grâce notamment aux deux typologies qui ont été établies (cf. la fin du chap. 3 et ci-dessus). Mais, si les contours de la nouvelle culture se laissent assez bien saisir, leur ordre d'apparition dans le flux du temps est beaucoup moins évident. En réalité, tout se passe comme si le VIe et surtout le VIIe siècle avaient été des siècles préparatoires : sous forme fragmentaire, en ordre dispersé, répartis même entre des régions différentes, les traits de ce qui deviendra la culture européenne sont, pour ainsi dire, élaborés indépendamment les uns des autres. Pendant cette période de transition, l'Europe, soumise à l'épreuve du changement, cherche les moyens de préserver son passé, met à l'essai les instruments pour affirmer son identité, trace des esquisses préparatoires et dégage, parfois involontairement, des modes et un monde neufs. Elle est, en somme, à la recherche d'elle-même.

2. Cristallisation des contraires

Unité de la permanence.

Cette vision quelque peu téléologique de siècles où l'Empire occidental cède la place aux royaumes barbares trahit-elle la réalité historique ? Il n'est pourtant pas abusif d'affirmer qu'une pensée, unitaire sous ses formes diverses dans l'espace et dans le temps, est à l'œuvre, dans cette lente création. Car, qu'est-ce qui obligeait les anciennes provinces impériales à préserver leur continuité culturelle après le choc des invasions et surtout face à l'immense absence de l'Empire ? On a vu combien les structures politiques et sociales du *Tardoantico* pesaient sur les formes de la culture tardive et combien celles-ci retentissaient à leur tour sur les modes de vie et de pensée des citoyens. Dans ces conditions, la question juste qu'il faudrait poser ne serait-elle pas plutôt celle-ci : pourquoi la culture latine, romaine et tardive, n'a-t-elle pas été abandonnée dans sa quasi-totalité, en même temps que s'effondraient les structures traditionnelles de la vie politique ?

Répondre à cette question en invoquant le seul critère utilitaire n'est pas satisfaisant. En effet, à partir du moment où l'on admet que la dissolution de l'Empire aurait pu s'accompagner d'un anéantissement quasi total des traditions culturelles, la préservation finalement plutôt ample de celles-ci oblige à conclure que des motivations autres que purement pratiques sont entrées en jeu. Il serait long de les analyser en détail. Mais il est frappant que tous les peuples envahisseurs aient été assimilés par les régions envahies, au point de devenir eux-mêmes les porteurs de l'identité passée de celles-ci : jamais l'Espagne ne s'est voulue autant romaine et chrétienne qu'au temps des Goths ! Les forces de continuité l'ont plutôt largement emporté sur les facteurs de rupture.

Diversité des créations.

Cela signifie que la longue durée de l'Empire a laissé le temps à sa masse culturelle de devenir un centre de gravité si attractif pour les mentalités (internes et externes à sa surface) que la disparition des structures politiques n'a pas brisé mais, au contraire, laissé en place pour des siècles le moule et, pour ainsi dire, la matrice culturelle de l'Europe. L'unité de l'écriture qui transcende la variété des langues européennes en est un des traits les plus frappants. On peut à ce sujet raisonner par différence : quand, à partir du IXe siècle, l'écriture arabe commence d'être employée pour transcrire le latin ou le roman d'Espagne, la continuité culturelle de la

Péninsule est brusquement rompue (même s'il s'agit encore de textes chrétiens).

Toutefois, l'unité romaine n'a pas résisté à toutes les forces de renouvellement. C'est ainsi qu'à côté des langues germaniques, désormais pourvues d'une *scripta,* apparaissent les langues romanes dont la mise par écrit ne sera décidée que fort lentement. Ce sera un des derniers et des plus difficiles renoncements à l'ancienne unité latine ; les commodités d'une *scripta* qui continue de fonctionner comme si l'ancien diasystème latin était toujours universellement vivant n'incitent guère les détenteurs du code écrit à consacrer cette rupture totale dans le temps (il faut s'éloigner un peu plus de Rome) et dans l'espace (chaque pays — sinon chaque région — s'éloigne brusquement en un mouvement général où fuient loin les uns des autres les continents linguistiques qu'ils sont devenus). Tout est en place dès le VIIIe siècle pour que l'emporte la diversité langagière au niveau essentiel de la consécration écrite.

Genèses conflictuelles.

La création de ces *scriptae* est le signe le plus clair que la genèse culturelle de l'Europe s'achève. Elles sont, en effet, autant de marques par lesquelles de nouvelles entités culturelles, aux contours jusque-là flous, surgissent avec netteté : les nations. Par gain (sur les sols germanophones) ou par perte (sur les terres anciennement latinophones) émergent des langues et des cultures qui sont l'Europe : anglais, allemand, français, occitan, catalan, espagnol (l'italien demeure jusqu'au Xe siècle en réserve de l'Europe). Elles naissent par attraction vers la chrétienté ou par évasion de la latinité. Les modes de la culture chrétienne s'imposent aux peuples périphériques du Nord ; les formes de la parole populaire s'arrachent à la tradition romaine.

Tout s'opère par le truchement vigilant des intellectuels, autrement dit du monde clérical et monacal. Ils ont tenté de toutes leurs forces de faire perdurer ce qui, de la culture du *Tardoantico,* leur paraissait conforme à leur mission de pasteurs, et, dans l'ensemble, ils y ont plutôt bien réussi. Cela signifie qu'ils se sont opposés à un certain nombre d'évolutions et de changements, mais aussi qu'ils en ont provoqué d'autres. Leur confrontation avec les croyances païennes, avec les cultes barbares, avec les traditions populaires a transformé le territoire de l'ancien Empire en un vaste champ de tensions, et l'histoire du haut Moyen Age en un faisceau de vecteurs opposés. Les résultats n'ont été ni conformes à la volonté de ce groupe minoritaire, mais tout-puissant, d'intellectuels, ni fidèles aux vœux, collectifs et parfois conscients, de la masse majoritaire, mais divisée, des analphabètes. Inattendus et involontaires, ils n'en ont pas moins été créateurs.

3. Naissance d'une identité

Confluences culturelles.

Il est en partie vrai que les maîtres de la culture écrite ont cherché à contenir et à masquer la culture populaire. Le modèle clérical offre peu de place aux goûts profanes et laïques (or, il devient dominant au VIIIe siècle, puisqu'il n'y a plus guère d'autre culture écrite que sienne). Cependant, cette censure n'a été que très partiellement étanche aux poussées étrangères à ses propres apports : la montée du culte des saints et surtout les modalités de son triomphe révèlent à quel point les désirs populaires, tancés et réprimandés d'un côté, sont réapparus dans des formes christianisées, mais bien reconnaissables de l'autre. Les angoisses de l'individu illettré n'ont pas été soulagées par le simple geste du baptême : la peur de la faim, de la maladie, des intempéries, des violences armées, ancestralement gérée par toute une logique de croyances et de rituels devait être apaisée au moins symboliquement.

D'ailleurs, les serviteurs les plus humbles de l'Église étaient-ils toujours si étrangers à ces problèmes et si confiants dans les voies chrétiennes de leur solution ? Ainsi, en s'affrontant, culture populaire et culture cléricale ont fini par interagir l'une sur l'autre. La première n'a été à proprement parler que partiellement confisquée par la seconde : dès le VIIIe siècle, le mélange des deux cultures fraie un chemin d'une part aux créations imaginaires de la littérature médiévale (préfigurée par la *Vision de Wettinus* au IXe siècle) et aux inventions fantastiques d'où surgiront les contes et légendes de la tradition orale populaire qui survivra jusqu'au XIXe siècle. La chronologie de cette fusion relève de l'ethnographie rétrospective : pages importantes de l'histoire culturelle prise en son sens le plus large.

Concurrence littéraire.

Les formes et les genres littéraires connurent une évolution semblable. C'est sous l'effet des contraintes que leur imposait leur mission évangélique que les pasteurs ont fini par donner un statut de langue aux parlers populaires, ces latins d'illettrés qu'ils ont désespéré de corriger. C'est également afin d'harmoniser le statut des différents vernaculaires que les intellectuels ont fait place, modestement, à des *scriptae* romanes. A partir du IXe siècle, les chrétientés germaniques entreprennent de se pourvoir d'une littérature édifiante en langue vulgaire. Cette évolution est d'autant plus rapide que, grâce à l'irruption de la civilisation de l'écrit au sein des traditions purement orales des ethnies autrefois païennes, prend forme une littérature vernaculaire. S'instaure ainsi une concurrence entre une tradition orale païenne qui reçoit la consécration d'une *scripta* (et par là accède au prestige de la culture écrite) et une communication chrétienne qui repose uniquement sur la tradition homilétique et hagiographique. Les intellectuels doivent donc inventer une littérature vernaculaire chrétienne.

L'évolution en terres romanophones se déroule de manière semblable. Toutefois, la chronologie semble inversée. Ce sont en effet les clercs et les moines qui produisent les premiers au tournant du xe siècle une œuvre poétique édifiante en langue vulgaire (la *Cantilène de sainte Eulalie* apparaît en langue d'oïl à cette époque). Les débuts de la littérature romane sont lents et entièrement placés sous le signe de la production religieuse : ils ne semblent guère manifester une volonté de réponse à une hypothétique production poétique en vernaculaire. Si cette dernière existe, elle demeure obligatoirement confinée aux registres purement populaires, parce qu'elle ne peut avoir accédé dès cette époque aux formes nobles qu'elle revêt en terres germaniques. Car la création épique, notamment, suppose l'existence d'une demande aristocratique, source, matière et public du genre. En *Romania,* l'élite des royaumes est encore tout entière acquise à la littérature latine, comme le prouve la production de la poésie aulique, de Fortunat à Alcuin. Les grands genres comme l'épopée suivront donc, loin de le précéder, l'effort inventif des intellectuels pour forger une poésie religieuse en langue vernaculaire (qui est, de toute façon, savante).

Préludes à l'invention médiévale.

En fait, pour que naissent les grands genres poétiques médiévaux, deux conditions sont nécessaires. Que l'aristocratie se dote d'une idéologie nettement détachée de l'ordre proprement clérical ; qu'elle éprouve le besoin de marquer son autonomie idéologique par la création d'une littérature fondée sur ses propres valeurs. La première condition sera remplie avec l'installation et la généralisation du système féodal (préludé dès l'époque carolingienne par l'apparition des relations vassaliques) ; à la seconde, il sera également satisfait quand le savoir littéraire clérical et les formes de la poétique latine seront détournés au profit d'une expression littéraire neuve (dont l'esquisse est déjà offerte par la poésie religieuse vernaculaire). Ainsi, la phase finale de l'évolution suivie jusqu'au VIIIe siècle par la culture cléricale prépare-t-elle par l'effet d'une succession d'actions et de réactions l'apparition de la littérature laïque profane. Ces siècles de transition auront donc au sens fort été non seulement le cadre temporel, mais aussi le terrain culturel où a été engendrée l'identité culturelle européenne. Son caractère essentiel semble bien, dès ce haut Moyen Age, sa capacité à préserver la tradition sans s'y engluer, à rester fidèle à un passé prestigieux sans s'interdire l'invention du neuf.

ROQUEMARCEAU (47)
31 mars 1989

Centres de culture en Angleterre et dans les pays celtes au VIIe siècle

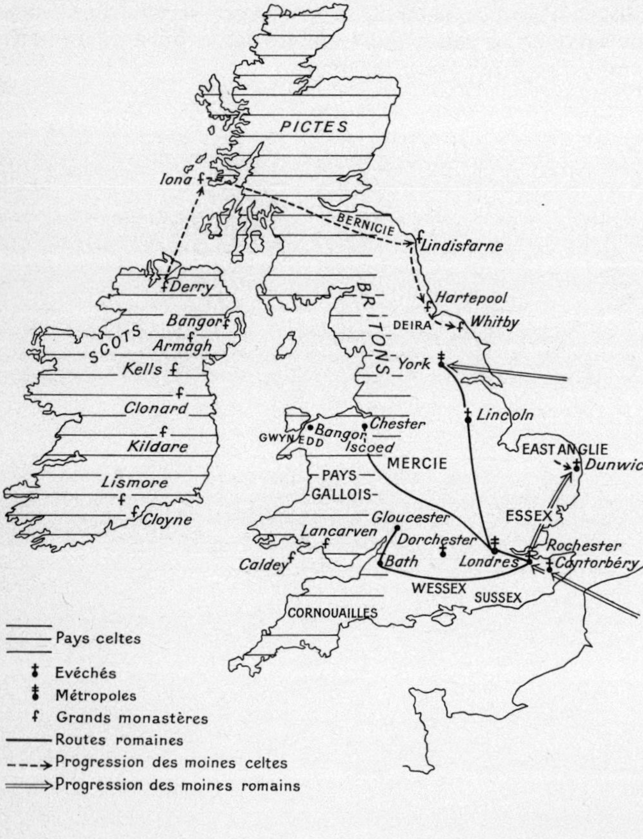

Extrait de Pierre Riché, *Éducation et Culture dans l'Occident barbare*
Paris, Éd. du Seuil, coll. « L'Univers historique », 1962 (3e éd.).

Centres de culture en Germanie au VIIIe siècle

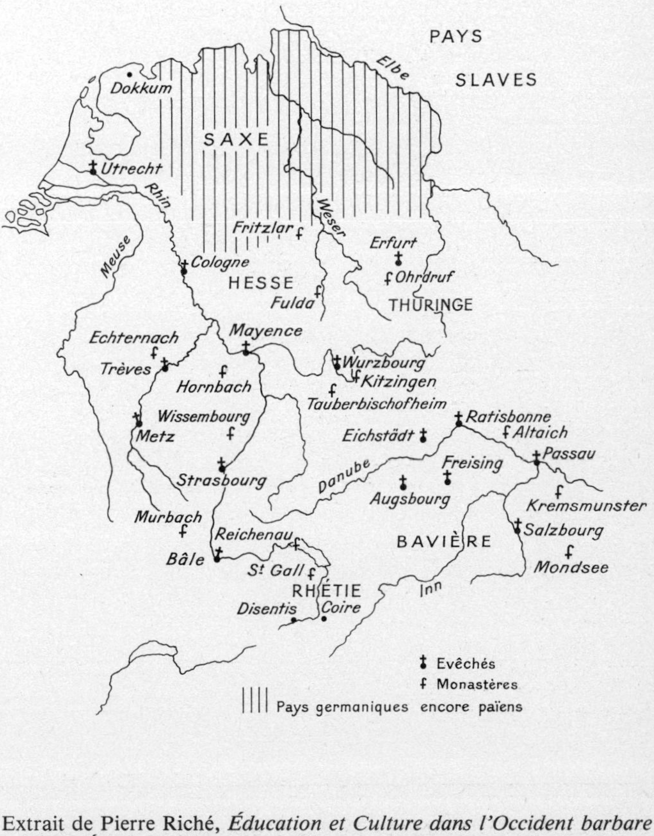

Extrait de Pierre Riché, *Éducation et Culture dans l'Occident barbare* Paris, Éd. du Seuil, coll. « L'Univers historique », 1962 (3e éd.).

Coupe chronologique
Références historiques
400-800

402 L'empereur d'Occident, Honorius, quitte Rome et s'installe à Ravenne.

406-415 Premières percées violentes des barbares à travers le *limes* rhénan et dissémination des vagues de front (Gaule, Espagne, Italie).

407 Les troupes romaines évacuent la Bretagne.

410 Rome est pillée par les Goths (Alaric).

415-423 Stabilisation des envahisseurs qui reçoivent le statut de fédérés (alliés sur le sol de l'Empire) et sont contenus militairement ou diplomatiquement.

432 Début de l'évangélisation de l'Irlande par saint Patrick.

418-451 Les Wisigoths s'installent en Aquitaine (royaume de Toulouse) et mettent peu à peu la main sur l'Espagne (429).

449 Invasion de la Bretagne (Jutes, Angles, Saxons). Constitution de royaumes barbares. Retour au paganisme d'une partie importante de l'île.

429-439 Les Vandales, après avoir traversé la Gaule, l'Espagne, et débarqué en Afrique romaine, s'emparent de cette province.

451 Une armée formée de troupes romaines et de leurs alliés wisigoths, commandés par le patrice Aétius et par le roi Théodoric II, arrête les Huns d'Attila à la bataille du *Campus Mauriacus*.

455 Fin de la dynastie théodosienne (assassinat de Valentinien III) ; prise et sac de Rome par les Vandales.

457-461 L'empereur Majorien tente le dernier effort militaire soutenu de l'Empire en Occident (reprise de Lyon sur les Burgondes en 458 et entrée de l'empereur dans la cité rhodanienne en 461).

vers **450** L'Espagne est sous le contrôle désormais quasi exclusif des fédérés wisigoths.

vers **475** L'Auvergne tombe aux mains des Wisigoths.

476 Les troupes mercenaires barbares cantonnées en Italie se révoltent. Leur chef, Odoacre, dépose le dernier empereur (Romulus Augustule) et obtient son investiture de l'empereur d'Orient.

486 Clovis, roi païen des Francs, défait dans le Nord de la Gaule la dernière armée régulière de Rome commandée par Syagrius : débuts de la dynastie mérovingienne.

493 Les Ostrogoths de Théodoric, au nom de l'empereur d'Orient Zénon, entrent en Italie, bousculent les armées d'Odoacre et constituent un État romano-gothique comprenant l'Italie et la Provence.

496 (ou **506**) Conversion au catholicisme de Clovis.

507 Les Francs, descendant vers l'Aquitaine, défont l'armée wisigothique à Vouillé (près de Poitiers), provoquant le repli de leurs adversaires en Espagne.

511 Mort de Clovis et partage du royaume franc (Austrasie, Neustrie). Début des conflits fratricides entre les héritiers.

533 Lancée sur ordre de l'empereur d'Orient Justinien, la reconquête de l'Occident latin commence par l'Afrique que l'armée romaine conduite par Bélisaire recouvre en 533.

534 Réorganisation administrative de l'Afrique.

536-552 Reconquête et réorganisation administrative de l'Italie (Pragmatique Sanction, 534).

536 Absorption du royaume burgonde par les royaumes francs.

544 Reconquête partielle de l'Espagne (uniquement la pointe Sud-Bétique) par les troupes impériales.

568 Invasion lombarde en Italie du Nord. Repli des positions romaines dans l'exarchat de Ravenne (Rome, quoique menacée, n'est pas prise).

589 Au troisième concile de Tolède est célébrée la conversion du roi Reccarède du christianisme arien au christianisme catholique et engagée la réorganisation religieuse et politique du royaume.

596 Débuts de la rechristianisation de la Bretagne par des missionnaires envoyés par le pape Grégoire le Grand.

629-639 Apogée de la puissance mérovingienne sous la royauté de Dagobert qui réunit sous son seul sceptre l'ensemble du territoire de la Gaule.

633 Au quatrième concile de Tolède, Isidore, évêque de Séville, jette les bases d'une réorganisation religieuse et politique du royaume goth.

vers **650** Conversion des Lombards du christianisme arien au christianisme catholique.

663 Dernier passage d'un empereur d'Orient à Rome (qu'il dépouille d'une partie de ses richesses archéologiques).

672 Première consécration religieuse d'un roi en Occident (sacre du roi wisigoth Wamba).

668 Deuxième mission chrétienne romaine en Bretagne ; reflux du paganisme.

698 Carthage, dernier réduit romain de l'Afrique, tombe aux mains des conquérants musulmans.

711 La défaite du *Rio Guadalete* ouvre aux troupes d'assaut musulmanes de Tarik tout le territoire espagnol, à l'exception d'un étroit réduit chrétien sur la façade atlantique (royaume des Asturies).

716 Accession au pouvoir en Austrasie du maire du palais Charles, dit Martel, qui se rend militairement maître de la Neustrie et fonde ainsi la dynastie carolingienne. Déliquescence de l'ancienne dynastie.

712-744 Liutprand, roi des Lombards, entreprend de se rendre maître de tout le territoire de l'Italie.

732 Combat de Poitiers où les troupes « européennes » (le mot apparaît alors sous la plume d'un chroniqueur) arrêtent une percée engagée depuis l'Espagne par les musulmans.

753 Pépin Ier, dit « le Bref » (le petit), fait légitimer la nouvelle dynastie carolingienne en se faisant oindre roi des Francs à Saint-Denis par le pape Étienne II.

754-756 Donation de Pépin à Saint-Pierre : fondation de

l'État pontifical. Intervention militaire des Francs en Italie contre le royaume lombard.

vers **750** Fin de la présence de l'Empire romain d'Orient en Italie.

756 Exilé d'Orient, le dernier Omeyyade Abd-Al-Rhaman Ier fonde dans la capitale de l'Espagne musulmane l'émirat de Cordoue.

760-768 Expéditions militaires répétées des Francs en Aquitaine.

768 Début du règne de Charlemagne.

772 Première campagne de Charles contre les Saxons.

773-774 Charles conquiert le royaume lombard et se rend à Rome. Le roi des Francs devient également « roi des Lombards et patrice des Romains » (juillet 774).

778 Échec du siège de Saragosse par les Francs ; désastre de Roncevaux.

785 Début de la conquête et de l'organisation de la « Marche d'Espagne » (expansion vers Barcelone).

789 Promulgation de l'« Avertissement général » *(Admonitio generalis)* qui programme la réorganisation de l'Église carolingienne et la renaissance des études.

Bibliographie

Principales abréviations

AB	*Analecta Bollandiana.*
ALMA	*Archivum latinitatis medii aevi (Bulletin Du Cange).*
ANRW	*Aufstieg und Niedergang der Römischen Welt.*
BÉC	Bibliothèque de l'École des Chartes.
CCM	*Cahiers de civilisation médiévale.*
CRAI	Comptes rendus de l'Académie des inscriptions et belles-lettres.
CCM	*Cahiers de civilisation médiévale.*
Francia	*Francia, Forschungen zur Westeuropaïschen Geschichte.*
MedLat	*Medioevo latino, Bollettino bibliografico della cultura europea dal secolo VI al XIII, a cura di C. Leonardi,* depuis 1978 (t.1), Centro italiano di studi sull'alto medioevo.
RBén	*Revue bénédictine.*
RÉL	*Revue des études latines.*
RH	*Revue historique.*
RLiR	*Revue de linguistique romane.*
RLR	*Revue des langues romanes.*
Settimana	*Settimane di studio del centro italiano di studi sull'alto medioevo,* Spolète.
TLL	*Travaux de linguistique et de littérature.*
ZKG	*Zeitschrift für Kirchengeschichte.*
ZRG	*Zeitschrift des Savigny-Stiftung für Rechtsgeschichte.*
ZRGKan	*ZRG, Kanonische Abteilung.*
ZRPh	*Zeitschrift für romanische Philologie.*

La bibliographie historique complète de la période considérée est donnée par les différents volumes de la collection « Nouvelle Clio » (PUF), qui traitent de l'Antiquité tardive et du haut Moyen Age. La bibliographie spécifique des questions culturelles et linguistiques est fournie de manière plus détaillée dans M. BANNIARD, *Viva voce,* cité *infra.*

D'ARCO SILVIO AVALLE, *Protostoria delle lingue romanze,* Turin, 1965.

AUERBACH Erich, *Literary Language and its Public in Late Latin Antiquity and in the Middle Ages,* Londres, 1965.

BALDINGER Kurt, *La Formación de los dominios lingüísticos en la Península Ibérica (2),* Madrid, 1972.

BALOGH J., *Voces paginarum, Beiträge zur Geschichte der lauten Lesens und Schreibens,* in *Philologus,* t. 82, 1927, p. 84-109, 202-240.

BANNIARD Michel, *Le Haut Moyen Age occidental (2),* Paris, PUF, 1986.

— , *Théorie et Pratique de la langue et du style chez Alcuin : rusticité feinte et rusticité masquée,* in *Francia,* t. 13, 1986, p. 579-601.

— , « *Viva voce* », *communication écrite et communication orale du IV*e *au IX*e *siècle en Occident latin,* Paris, Études augustiniennes, à paraître en 1990.

BATTISTI C., *Secoli illitterati. Appunti sulla crisi del latino prima della riforma carolingia,* in *Studi Med.,* 3e série, 1, 1960, p. 362-396.

BEC Pierre, *Manuel pratique de philologie romane,* Paris, Picard, t. 1, 1970, et t. 2, 1971.

BECK H.J., *The Pastoral Care of Souls in South East France, during the Sixth Century,* Rome, 1950.

BENNASSAR Bartolomé, *Histoire des Espagnols,* t. 1, Paris, Colin, 1985.

BEUMANN H., *Gregor von Tours und der sermo rusticus,* in *Festschrift M. Braubach,* Münster, 1964, p. 69-98.

BEZZOLA Retto, *Les Origines de la formation de la littérature courtoise en Occident,* t. 1, *La Tradition impériale de la fin de l'Antiquité au* XIe *siècle,* Paris, 1944.

BISCHOFF Bernard, *Paléographie de l'Antiquité romaine et du Moyen Age occidental,* Paris, Picard, 1985.

BLOCH Marc, *La Société féodale (5),* Paris, Albin Michel, 1968.

— , *Les Rois thaumaturges (2),* Paris, Gallimard, 1983.

BOGLIONI P., *Miracle et Merveilleux religieux chez Grégoire le Grand : théorie et thèmes,* in *Cahiers d'études médiévales,* t. 1, Montréal-Paris, 1974, p. 11-102.

BONNASSIE Pierre, *Survie et Extinction du régime esclavagiste dans l'Occident du haut Moyen Age (*IVe-IXe *s.),* in *CCM,* t. 28, 1985, p. 307-343.

BONNET Max, *Le Latin de Grégoire de Tours,* Paris, 1890.

BORST Arno, *Der Turmbau von Babel, Geschichte der Meinungen über Ürsprung und Vielfalt der Sprachen und Völker,* t. 1, Stuttgart, 1957 ; t. 2, 1958.

BRAUNFELS W.(éd.), *Karl der Grosse, Lebenswerk und Nachleben,* t. 2, *Das geistige Leben* (dir. B. Bischoff), Düsseldorf, 1965.

BROMMER P., *Die bischöfliche Gesetzgebung Theodulfs von Orléans,* in ZRGKan, t. 60, 1974, p. 1-120.

— , *Capitula episcoporum. Bemerkungen zu den bischöflichen Kapitularien,* in *ZKG,* t. 91, 1980, p. 207-236.

BROWN Peter, *La Vie de saint Augustin,* Paris, Éd. du Seuil, 1971.

— , *Genèse de l'Antiquité tardive,* Paris, Gallimard, 1983.

— , *Le Culte des saints, son essor et sa fonction dans la chrétienté latine,* Paris, Éd. du Cerf, 1984.

BROWN T.J., *An Historical Introduction to the Use of the Classical Latin Authors in the British Isles from the Fifth to the Eleventh Century,* in *Settimana 22,* Spolète, 1974, t. 1, p. 237-299.

BRUNHÖLZL Franz, *Geschichte der lateinischen Literatur des Mittelalters,* t. 1, *Von Cassiodor bis zum Ausklang der karolingischen Erneuerung,* Munich, 1976.

BRUNOT Ferdinand, *Histoire de la langue française (2),* t. 1, Paris, Colin, 1966.

CASTELLANI Arrigo, *I più antichi testi italiani. Edizione e commento,* Bologne, 1973.

CAVALLO Giovanni, *Libro e pubblico alla fine del mondo antico,* in *Libri, editori e pubblico nel mondo antico,* Rome, 1975, p. 83-132.

CAZIER Pierre, *L'Église dans la société wisigothique au début du* VIIe *siècle d'après les Sentences d'Isidore de Séville,* thèse pour le doctorat d'État soutenue en 1984, Université de Paris-IV (983 p. dact.).

CHADWICK Henry, *Boethius, The Consolations of Music, Logic, Theology and Philosophy (2),* Oxford/New York, 1983.

COCCHIARA G., *Storia del Folklore in Europa,* Turin, 1953.

COLLINS R., *Beobachtungen zur Form, Sprache und Publikum der Prosabiographien des Venantius Fortunatus in der Hagiographie der römischen Gallien,* in *ZKG,* t. 92, 1981, p. 16-38.

CONGAR Yves, *L'Écclésiologie du haut Moyen Age,* Paris, Bloud et Gay, 1968.

COURCELLE Pierre, *Les Lettres grecques en Occident de Macrobe à Cassiodore (2),* Paris, De Boccard, 1948.

— , *Histoire littéraire des invasions germaniques (3),* Paris, Études augustiniennes, 1964.

CREMASCHI Giovanni, *Guida allo studio del latino medievale,* Padoue, 1959.

CURTIUS Ernst Robert, *Europaïsche Literatur und lateinisches Mittelalter (8),* Berne-Munich, 1973.

DAGENS Claude, *Saint Grégoire le Grand, culture et expérience chrétiennes,* Paris, Études augustiniennes, 1977.

DAGRON Gilbert, *Aux origines de la civilisation byzantine : langue de culture et langue d'État,* in *RH,* t. 241, 1969, p. 23-56.

DE BRUYNE É., *Études d'esthétique médiévale,* t. 1, *De Boèce à Jean Scott Érigène,* Bruges, De Tempel, 1946.

DEVISSE Jean, *Hincmar, archevêque de Reims,* Genève, Droz, 1976, 3 vol.

DEVOTO G., *La bibbia e le forze di conservazione linguistica nell'alto medioevo,* in *Settimana 10,* Spolète, 1963, p. 55-66.

DÍAZ Y DÍAZ M.C., *La Vie littéraire chez les mozarabes de Tolède, du* VIIIe *au* IXe *siècle,* in *Actes du premier congrès international d'études mozarabes* (1976), t. 3, *Arte y cultura mozarabe,* Tolède, 1979, p. 71-101.

— , *Introducción general a san Isidoro de Sevilla : Etimologías (edición bilingüe, I, Libros I-X, versión española y notas*

por J.O. Reta y M.A.M. Casqueros), Madrid, 1982, p. 1-257.
DIESNER Hans, *Isidor von Sevilla und das westgotische Spanien,* Berlin, 1977.
DUBY Georges, *Guerriers et Paysans,* Paris, Gallimard, 1973.
— , *Les Trois Ordres ou l'Imaginaire du féodalisme,* Paris, Gallimard, 1978.
DUDDEN F., *Gregory the Great. His Place in History and Thought,* Londres, 1905, 2 vol.
DURLIAT Marcel, *Des barbares à l'an Mil,* Paris, Mazenod, 1985.

ELLARD G., *Master Alcuin, Liturgist,* Chicago, 1956.
EWIG Eugen, *Saint Chrodegang et la Réforme de l'Église franque,* in *Saint Chrodegang,* Metz, 1967, p. 25-53.
— , *Spätantikes und fränkisches Gallien,* in *Beihefte der Francia,* t. 3, Munich, 1976-1979.

FERNANDEZ ALONSO J., *La Cura pastoral en la España romanovisigoda,* Rome, 1955.
FLANDRIN Jacques, *Un temps pour embrasser,* Paris, Éd. du Seuil, 1983.
FLECKENSTEIN Joseph, *Die Bildungsreform Karls des Grossen, als Verwirklichung der norma rectitutinis,* Bigge, 1953.
FLICHE A., MARTIN V., *Histoire de l'Église depuis les origines jusqu'à nos jours,* t. 1-7, Paris, Bloud et Gay 1937-1948.
FOLZ Robert, *L'Idée d'Empire en Occident du* V^e^ *au* XIVe *siècle,* Paris, 1953.
— , *Le Couronnement impérial de Charlemagne,* Paris, Gallimard, 1964.
FONTAINE Jacques, *Isidore de Séville et la culture classique dans l'Espagne wisigothique (2),* Paris, Études augustiniennes, 1983.
— , *Vita sancti Martini* (éd.), t. 1 et 2, Paris, Éd. du Cerf, coll. « Sources chrétiennes », 1967 ; t. 3, 1968.
— , L'Art préroman hispanique, t. 1, *Les Arts paléochrétien, wisigothique, asturien,* La Pierre-qui-Vire, 1973 ; t. 2, *L'Art mozarabe,* La Pierre-qui-Vire, 1977.
— , *Mozarabie hispanique et Monde carolingien. Les échanges culturels entre la France et l'Espagne du* VIIIe *au* X^e^ *siècle,* in *Anuario de Est. Med.,* t. 13, 1983, p. 17-46.
FOSSIER Robert, *Histoire sociale de l'Occident médiéval,* Paris, Colin, 1970.
— , *Enfance de l'Europe. Aspects économiques et sociaux,* Paris, PUF, 1982, 2 vol.

FOURNIER G., *La Mise en place du cadre paroissial et l'Évolution du peuplement,* in *Settimana 28,* Spolète, 1982, p. 495-563 et 565-575.

GANSHOF F., *Charlemagne et l'usage de l'écrit en matière administrative,* in *Le Moyen Age,* t. 7, 1956, p. 1-25.

GARCIA VILLOSLADA R., *Historia de la Iglesia en España,* t. 1, *La Iglesia en la España romana y visigoda (siglos I-VIII),* Madrid, 1979.

GAUTHIER Nancy, *L'Évangélisation des pays de la Moselle. La province de Première Belgique entre Antiquité et Moyen Age,* Paris, De Boccard, 1980.

GLAUCHE Gunther, *Schullektüre im Mittelalter, Entstehung und Wandlungen des Lektürekanons bis 1200 nach den Lektüren dargestellt,* Munich, 1970.

GRAUS Frantisek, *Volk, Herrscher und Heiliger im Reich der Merowinger,* Prague, 1965.

GRÉGOIRE LE GRAND, Actes du colloque (CNRS) de Chantilly (15-19 septembre 1982), éd. par J. Fontaine, R. Gillet, S. Pellistrandi, Paris, CNRS, 1986.

GRUNDMANN H., *Litteratus-Illitteratus, Die Wandlung einer Bildungsnorm vom Altertum zum Mittelalter,* in *Archiv für Kulturgesch.,* t. 40, 1958, p. 1-65.

GUILLOU André, *Régionalisme et Indépendance dans l'Empire byzantin au* VIIe *siècle. L'exemple de l'exarchat et de la Pentapole d'Italie,* Rome, 1969.

GUYON Jean, *Le Cimetière aux deux lauriers. Recherches sur les catacombes romaines,* Paris, De Boccard, 1987.

HAGENDAHL Harald, *Augustine and the Latin Classics,* Stockholm, 1967.

HALPHEN Louis, *Charlemagne et l'Empire carolingien (2),* Paris, Albin Michel, 1969.

HARTMANN L.M., *Geschichte Italiens im Mittelalter,* 1, *Das italianische Königsreich (2),* Stuttgart-Gotha, 1923.

HEFELE C., LECLERCQ H., *Histoire des conciles d'après les documents originaux,* Paris, 1907-1938, 8 vol.

HEINZELMANN Martin, *Bischoffherrschaft in Gallien,* Munich, 1976.

HEITZ Carol, *Recherches sur les rapports entre architecture et liturgie à l'époque carolingienne,* Paris, Picard, 1963.

HERMAN J., *La Différenciation territoriale du latin et la Formation des langues romanes,* in *Actes du* XVIIe *congrès international de linguistique et de philologie romanes,* t. 2, Marseille, 1982, p. 15-62.

HILLGARTH J.N., *Popular Religion in Visigothic Spain,* in *Visigothic Spain : New Approaches,* New York, Oxford, 1980, p. 3-60.
HOLTZ Louis, *Donat et la Tradition de l'enseignement de l'art grammatical. Étude sur l'« Ars Donati » et sa diffusion (IVe-IXe siècle) et édition critique,* Paris, CNRS, 1981.
— , *La Redécouverte de Virgile aux VIIIe et IXe siècles d'après les manuscrits conservés,* in *Lectures médiévales de Virgile, Actes du colloque organisé par l'École française de Rome,* Rome, 1985, p. 9-30.
HÜBINGER P., *Zur Frage der Periodengrenze zwischen Altertum und Mittelalter,* Darmstadt, 1969.

IOGNA-PRAT Dominique (éd.), *La France de l'an Mil,* Paris, Éd. du Seuil, à paraître.

JUNGMANN Joseph, *Missarum solemnia. Explication génétique de la messe romaine,* Paris, Aubier, 1951-1954, 3 vol. (trad. fr.).

KAHANE H. et R., *Decline and Survival of Western Prestige Languages,* in *Language,* t. 55, 1979, p. 183-198.
KENNEDY George, *Classical Rhetoric and its Christian and Secular Tradition from Ancient to Modern Times,* Chapell Hill, 1980.
KERLOUEGAN François, *Le De excidio Britanniae de Gildas. Les destinées de la culture latine dans l'île de Bretagne au VIe siècle,* Paris, Publications de la Sorbonne, 1987.
KONTZI R., *Die Entstehung der romanischen Sprachen,* Darmstadt, 1980.

LANCEL S., *Fin et Survie de la latinité en Afrique du Nord,* in *RÉL,* t. 59, 1981, p. 269-297.
LAUGESEN A., *La Civilisation germanique au VIIIe siècle,* in *Settimana 20,* Spolète, 1973, p. 659-689.
LAURENSON Christian, *L'Auvergne et ses marges (Velay, Gévaudan), du VIIIe au IXe siècle. La fin du monde antique ?,* Le Puy-en-Velay, Les Cahiers de la Haute-Loire, 1987.
LECLERCQ Jean (Dom), *L'Amour des lettres et le Désir de Dieu. Initiation aux auteurs monastiques du Moyen Age,* Paris, Éd. du Cerf, 1957.
LE GOFF Jacques, *La Civilisation de l'Occident médiéval,* Paris, Arthaud, 1964.
— , *Les Intellectuels au Moyen Age,* Paris, Éd. du Seuil, 1976 (rééd.).

— , *Pour un autre Moyen Age,* Paris, Gallimard, 1977.

LEHMANN Paul, *Erforschung des Mittelalters,* t. 1-5, Stuttgart, 1959-1962.

LEMERLE Paul, *Le Premier Humanisme byzantin. Notes et remarques sur enseignement et culture à Byzance des origines au* X*e* *siècle,* Paris, PUF, 1971.

LENTNER Leopold, *Volkssprache und Sakralsprache. Geschichte einer Lebensfrage bis zum Ende des Konzils von Trient,* Vienne, 1963.

LESNE Émile, *Histoire de la propriété ecclésiastique en France,* t. 4, *Les Livres, ' Scriptoria ' et Bibliothèques, du commencement du* VIII*e* *à la fin du* XI*e* *siècle,* Lille, 1938.

LÉVI-PROVENÇAL E., *Histoire de l'Espagne musulmane (2),* t. 1-2, Paris et Leyde, Maisonneuve et Larose, 1950 ; t. 3, *Le Siècle du califat de Cordoue,* Paris et Leyde, 1952.

LÖFSTEDT B., *Rückschau und Aufblick auf die vulgärlateinischen Forschung, ANRW,* 2, 29, 1982, p. 453-479.

LÖFSTEDT Einar, *Late Latin,* Oslo, 1959.

LONGÈRE Jean, *La Prédication médiévale,* Paris, Études augustiniennes, 1983.

LOT Ferdinand, *La Fin du monde antique et le Début du Moyen Age (2),* Paris, Albin Michel, 1968.

LUBAC DE Henri, *L'Exégèse médiévale. Les quatre sens de l'écriture,* Paris, Aubier, 1959-1961, 4 vol.

LÜDTKE Helmut, *Auf dem Weg zu einer Theorie des Sprachwandels,* in H. Lüdtke (éd.), *Kommunicationstheoretische Grundlagen des Sprachwandels,* Berlin, 1980.

MAC KITTERICK Rosamond, *The Frankish Church and the Carolingian Reforms,* Londres, 1977.

MANITIUS Max, *Geschichte der lateinischen Literatur des Mittelalters,* t. 1, Munich, 1965 (rééd.).

MANSELLI Raoul, *La Religion populaire au Moyen Age. Problèmes de méthode et d'histoire,* Montréal-Paris, 1975.

— , *Resistenze dei culti antichi nella pratica religiosa dei laici nelle campagne,* in *Settimana 28,* Spolète, 1982, p. 57-108 et 109-127.

MARROU Henri Irénée, *Saint Augustin et la Fin de la culture antique (4),* Paris, De Boccard, 1958.

— , *Histoire de l'éducation dans l'Antiquité (6),* Paris, Éd. du Seuil, 1965.

— , *Patristique et Humanisme, (Mélanges),* Paris, Éd. du Seuil, 1976.

— , *Décadence romaine ou Antiquité tardive ?,* Paris, Éd. du Seuil, 1977.

— , *Christiana tempora,* Paris, De Boccard, 1978.

— , *L'Église de l'Antiquité tardive, 303-604 (2),* Paris, Éd. du Seuil, coll. « Points », 1985.

MENENDEZ PIDAL R., *Historia de España,* t. 3, *España Visigoda,* Madrid, 1940 ; t. 6, 2, *España Christiana,* Madrid, 1950.

MICHEL Alain, *La Parole et la Beauté. Rhétorique et esthétique dans la tradition occidentale,* Paris, Belles Lettres, 1982.

MOHRMANN Christine, *Études sur le latin des chrétiens,* Rome, 1965-1977, 4 vol.

MOMIGLIANO Arnaldo, *Cassiodorus and the Italian Culture of his Time,* in *PBA,* t. 41, 1955, p. 207-245.

MOSSÉ Fernand, *Manuel de l'allemand du Moyen Age,* Paris, Aubier, 1941.

— , *Manuel de l'anglais du Moyen Age,* t. 1, *Vieil anglais,* Paris, Aubier, 1945.

MULLER Henry François, *L'Époque mérovingienne. Essai de synthèse de philologie et d'histoire,* New York, 1945.

MURPHY Joseph, *Rhetoric in the Middle Ages : a History of Rhetorical Theory from Saint Augustine to the Renaissance,* Berkeley, 1974.

MUSSET Lucien, *Les Invasions. Les vagues germaniques,* Paris, PUF, 1965.

NICKL Georg, *Der Anteil des Volkes an der Messliturgie in Frankenreich von Chlodwig bis Karl den Grossen,* Innsbruck, 1930.

NORBERG Dag, *Syntaktische Forschungen auf dem Gebiete des Spätlateins und des frühen Mittellateins,* Upsal, 1943.

NORDEN Eduard, *Die antike Kunstprosa vom VI Jahrhundert vor Chr. bis in die Zeit der Renaissance,* Leipzig, 1898, 2 vol.

OLDONI M., *Gregorio di Tours e i Libri Historiarum : letture e fonti, metodi e ragioni,* in *Studi Med.,* t. 13, 2, 1972, p. 563-700.

PASCHOUD François, *Roma aeterna. Études sur le patriotisme romain dans l'Occident latin à l'époque des grandes invasions,* Rome, 1967.

PAUL Jacques, *Histoire intellectuelle de l'Occident médiéval,* Paris, Colin, 1971.

— , *L'Église et la Culture en Occident, IXe-XIIe siècle,* Paris, PUF, 1986, 2 vol.

PIÉTRI Charles, *Roma Christiana,* Paris, De Boccard, 1976, 2 vol.

PIRENNE Henri, *Mahomet et Charlemagne (2),* Paris, PUF, 1970.

—, *L'Instruction des marchands au Moyen Age,* in *Annales d'hist. éc. et soc.,* t. 1, 1929, p. 13-28.

—, *De l'état de l'instruction des laïcs à l'époque mérovingienne,* in *RBén,* t. 46, 1934, p.165-177.

REICHENKRON Georg, *Historische Latein-Altromanische Grammatik,* 1 *Das sogennante Vulgärlatein und das Wesen der Romanisierung,* Wiesbaden, 1965.

REMONDON Roger, *La Crise de l'Empire romain de Marc-Aurèle à Anastase,* Paris, PUF, 1964.

REYDELLET Marc, *La Royauté dans la littérature latine de Sidoine Apollinaire à Isidore de Séville,* Paris, De Boccard, 1981.

REYNOLDS L., WILSON N., *D'Homère à Érasme,* Paris, CNRS, 1984.

RICHÉ Pierre, *Éducation et Culture dans l'Occident barbare,* VIe-VIIIe *siècle (3),* Paris, Éd. du Seuil, 1973.

—, *Écoles et Enseignement dans le haut Moyen Age,* Paris, Aubier, 1979.

RICHTER M., *Kommunicationsprobleme im lateinischen Mittelalter,* in *Historische Zeitschrift,* t. 222, 1976, p. 43-80.

ROGER Maurice, *L'Enseignement des lettres classiques d'Ausone à Alcuin,* Paris, 1905.

ROUCHE Michel, *L'Aquitaine des Wisigoths aux Arabes (418-781),* Paris, EHESS, 1979.

—, *Les Mondes nouveaux (350-950),* t. 1 de *Le Moyen Age,* dir. R. Fossier, Paris, Colin, 1982.

SABATINI F., *Dalla ' scripta latina rustica ' alle ' scriptae romanze ',* in *Studi Med.,* t. 3, 9, 1968, p. 320-358.

SALMON P., *Le Texte biblique des lectionnaires mérovingiens,* in *La Bibbia nell'alto medioevo,* in *Settimana 10,* Spolète, 1963, p. 491-519.

SANCHEZ-ALBORNOZ C., *Pervivencía y crisis de la tradicíon juridica en la España goda,* in *Settimana 9,* Spolète, 1961, p. 128-199 et 217-237.

SCHANZ Martin, *Geschichte der römischen Literatur,* t. 3 ; t. 4, t. 1 et 2, Munich, 1959.

SCHIEFFER Theodor, *Europa im Wandel von der Antike zum Mittelalter,* Stuttgart, 1976.

SIMON M., BENOÎT A., *Le Judaïsme et le Christianisme antique,* Paris, PUF, 1968.

SIMONET Francesco, *Historia de los mozárabes de España,* Madrid, 1897 (réimp. 1967).

SOTOMAYOR M., *Penetracíon de la Iglesia en los medios rurales de la España tardoromana e visigoda,* in *Settimana 28,* Spolète, 1982, p. 639-670.

SOURDEL D. et J., *La Civilisation de l'Islam classique (2),* Paris, Arthaud, 1983.

STEIN Ernest, *Histoire du Bas-Empire,* t. 1, *De l'État romain à l'État byzantin (284-476),* Paris, 1959 ; t. 2, *De la disparition de l'Empire d'Occident à la mort de Justinien,* Paris, 1949.

STRAKA Georges, *Les Sons et les Mots,* Paris, Klincksieck, 1979.

STROHEKER Karl, *Der senatorische Adel im spätantiken Gallien,* Darmstadt, 1970.

TEILLET Suzanne, *Des Goths à la nation gothique : essai sur les origines de l'idée de nation,* Paris, Belles Lettres, 1984.

TOUBERT Pierre, *Les Structures du Latium médiéval,* Paris, De Boccard, 1973, 2 vol.

TRAUBE Ludwig, *Vorlesungen und Abhandlungen (2),* Munich, 1965, 3 vol.

UYTFANGHE VAN Marc, *Le Latin des hagiographes mérovingiens et la Protohistoire du français,* in *Romanica Gandensia,* t. 16, 1976, p. 5-89.

— , *Stylisation biblique et Condition humaine dans l'hagiographie mérovingienne, 600-750,* Bruxelles, 1987.

VÄÄNÄNEN Veikko, *Recherches et Récréations latino-romanes,* Naples, 1981.

VIOLANTE C., *Le strutture organizzative della cura d'anime nelle campagne dell'Italia centrosettentrionale, secoli V-X,* in *Settimana 28,* Spolète, 1982, p. 963-1158.

VIVES J., MARIN T., *Concilios visigoticos e hispano-romanos,* Barcelone-Madrid, 1963.

VOGEL Cyril, *Introduction aux sources de l'histoire du culte chrétien,* Spolète, 1965.

— , *Les Échanges liturgiques entre Rome et les pays francs jusqu'à l'époque de Charlemagne,* in *Settimana 7,* Spolète, 1960, p. 185-295.

WALLACH Luitpold, *Alcuin and Charlemagne, Studies in Carolingian History and Literature,* New York, 1959.

WARTBURG VON W., *La Fragmentation linguistique de la Romania,* Paris, Klincksieck, 1967 (trad. J. Allières).

WEITZMANN Karl, *Age of Spirituality,* New York, 1979, 2 vol.

WERNER Karl Ferdinand, *Les Origines,* Paris, Fayard, 1984 (t. 1 de l'*Histoire de France* dirigée par J. Favier).

WOLFF Philippe, *L'Éveil intellectuel de l'Europe,* t. 1, Paris, Éd. du Seuil 1971.

— , *Les Origines linguistiques de l'Europe occidentale (2),* Toulouse, Privat, 1982.

WRIGHT Roger, *Late Latin and Early Romance in Spain and Carolingian France,* Liverpool, 1982.

ZINK Michel, *La Prédication en langue romane avant 1300,* Paris, Belles Lettres, 1976.

ZUMTHOR Paul, *Langue et Technique poétique à l'époque romane (XIe-XIIIe siècle),* Paris, Klincksieck, 1963.

Index

Index des noms de personnes

Index thématique

Table

COMPOSITION : NORD COMPO, À VILLENEUVE D'ASCQ (NORD)
IMPRESSION : IMP. BRODARD ET TAUPIN, À LA FLÈCHE (SARTHE)
DÉPÔT LÉGAL NOVEMBRE 1989. N° 10972 (6517B-5)

Collection Points

1. Histoire du surréalisme, *par Maurice Nadeau*
2. Une théorie scientifique de la culture *par Bronislaw Malinowski*
3. Malraux, Camus, Sartre, Bernanos, *par Emmanuel Mounier*
4. L'Homme unidimensionnel, *par Herbert Marcuse* (épuisé)
5. Écrits I, *par Jacques Lacan*
6. Le Phénomène humain, *par Pierre Teilhard de Chardin*
7. Les Cols blancs, *par C. Wright Mills*
8. Stendhal, Flaubert, *par Jean-Pierre Richard*
9. La Nature dé-naturée, *par Jean Dorst*
10. Mythologies, *par Roland Barthes*
11. Le Nouveau Théâtre américain, *par Franck Jotterand* (épuisé)
12. Morphologie du conte, *par Vladimir Propp*
13. L'Action sociale, *par Guy Rocher*
14. L'Oganisation sociale, *par Guy Rocher*
15. Le Changement social, *par Guy Rocher*
16. Les Étapes de la croissance économique, *par W. W. Rostow*
17. Essais de linguistique générale, *par Roman Jakobson* (épuisé)
18. La Philosophie critique de l'histoire, *par Raymond Aron*
19. Essais de sociologie, *par Marcel Mauss*
20. La Part maudite, *par Georges Bataille* (épuisé)
21. Écrits II, *par Jacques Lacan*
22. Éros et Civilisation, *par Herbert Marcuse* (épuisé)
23. Histoire du roman français depuis 1918 *par Claude-Edmonde Magny*
24. L'Écriture et l'Expérience des limites, *par Philippe Sollers*
25. La Charte d'Athènes, *par Le Corbusier*
26. Peau noire, Masques blancs, *par Frantz Fanon*
27. Anthropologie, *par Edward Sapir*
28. Le Phénomène bureaucratique, *par Michel Crozier*
29. Vers une civilisation du loisir ?, *par Joffre Dumazedier*
30. Pour une bibliothèque scientifique, *par François Russo* (épuisé)
31. Lecture de Brecht, *par Bernard Dort*
32. Ville et Révolution, *par Anatole Kopp*
33. Mise en scène de Phèdre, *par Jean-Louis Barrault*
34. Les Stars, *par Edgar Morin*
35. Le Degré zéro de l'écriture, *suivi de* Nouveaux Essais critiques *par Roland Barthes*
36. Libérer l'avenir, *par Ivan Illich*
37. Structure et Fonction dans la société primitive *par A. R. Radcliffe-Brown*
38. Les Droits de l'écrivain, *par Alexandre Soljénitsyne*
39. Le Retour du tragique, *par Jean-Marie Domenach*
41. La Concurrence capitaliste *par Jean Cartell et Pierre-Yves Cossé* (épuisé)
42. Mise en scène d'Othello, *par Constantin Stanislavski*
43. Le Hasard et la Nécessité, *par Jacques Monod*
44. Le Structuralisme en linguistique, *par Oswald Ducrot*

45. Le Structuralisme : Poétique, *par Tzvetan Todorov*
46. Le Structuralisme en anthropologie, *par Dan Sperber*
47. Le Structuralisme en psychanalyse, *par Moustafa Safouan*
48. Le Structuralisme : Philosophie, *par François Wahl*
49. Le Cas Dominique, *par Françoise Dolto*
51. Trois Essais sur le comportement animal et humain
par Konrad Lorenz
52. Le Droit à la ville, *suivi de* Espace et Politique
par Henri Lefebvre
53. Poèmes, *par Léopold Sédar Senghor*
54. Les Élégies de Duino, *suivi de* les Sonnets à Orphée
par Rainer Maria Rilke (édition bilingue)
55. Pour la sociologie, *par Alain Touraine*
56. Traité du caractère, *par Emmanuel Mounier*
57. L'Enfant, sa « maladie » et les autres, *par Maud Mannoni*
58. Langage et Connaissance, *par Adam Schaff*
59. Une saison au Congo, *par Aimé Césaire*
61. Psychanalyser, *par Serge Leclaire*
63. Mort de la famille, *par David Cooper*
64. A quoi sert la Bourse ?
par Jean-Claude Leconte (épuisé)
65. La Convivialité, *par Ivan Illich*
66. L'Idéologie structuraliste, *par Henri Lefebvre*
67. La Vérité des prix, *par Hubert Lévy-Lambert* (épuisé)
68. Pour Gramsci, *par Maria-Antonietta Macciocchi*
69. Psychanalyse et Pédiatrie, *par Françoise Dolto*
70. S/Z, *par Roland Barthes*
71. Poésie et Profondeur, *par Jean-Pierre Richard*
72. Le Sauvage et l'Ordinateur, *par Jean-Marie Domenach*
73. Introduction à la littérature fantastique
par Tzvetan Todorov
74. Figures I, *par Gérard Genette*
75. Dix Grandes Notions de la sociologie, *par Jean Cazeneuve*
76. Mary Barnes, un voyage à travers la folie
par Mary Barnes et Joseph Berke
77. L'Homme et la Mort, *par Edgar Morin*
78. Poétique du récit, *par Roland Barthes, Wayne Booth*
Philippe Hamon et Wolfgang Kayser
79. Les Libérateurs de l'amour, *par Alexandrian*
80. Le Macroscope, *par Joël de Rosnay*
81. Délivrance, *par Maurice Clavel et Philippe Sollers*
82. Système de la peinture, *par Marcelin Pleynet*
83. Pour comprendre les média, *par M. McLuhan*
84. L'Invasion pharmaceutique
par Jean-Pierre Dupuy et Serge Karsenty
85. Huit Questions de poétique, *par Roman Jakobson*
86. Lectures du désir, *par Raymond Jean*
87. Le Traître, *par André Gorz*
88. Psychiatrie et Anti-Psychiatrie, *par David Cooper*
89. La Dimension cachée, *par Edward T. Hall*

90. Les Vivants et la Mort, *par Jean Ziegler*
91. L'Unité de l'homme, *par le Centre Royaumont*
1. Le primate et l'homme,
par E. Morin et M. Piattelli-Palmarini
92. L'Unité de l'homme, *par le Centre Royaumont*
2. Le cerveau humain, *par E. Morin et M. Piattelli-Palmarini*
93. L'Unité de l'homme, *par le Centre Royaumont*
3. Pour une anthropologie fondamentale
par E. Morin et M. Piattelli-Palmarini
94. Pensées, *par Blaise Pascal*
95. L'Exil intérieur, *par Roland Jaccard*
96. Semeiotiké, recherches pour une sémanalyse
par Julia Kristeva
97. Sur Racine, *par Roland Barthes*
98. Structures syntaxiques, *par Noam Chomsky*
99. Le Psychiatre, son « fou » et la psychanalyse
par Maud Mannoni
100. L'Écriture et la Différence, *par Jacques Derrida*
101. Le Pouvoir africain, *par Jean Ziegler*
102. Une logique de la communication
par P. Watzlawick, J. Helmick Beavin, Don D. Jackson
103. Sémantique de la poésie, *par T. Todorov, W. Empson*
J. Cohen, G. Hartman et F. Rigolot
104. De la France, *par Maria-Antonietta Macciocchi*
105. Small is beautiful, *par E. F. Schumacher*
106. Figures II, *par Gérard Genette*
107. L'Œuvre ouverte, *par Umberto Eco*
108. L'Urbanisme, *par Françoise Choay*
109. Le Paradigme perdu, *par Edgar Morin*
110. Dictionnaire encyclopédique des sciences du langage
par Oswald Ducrot et Tzvetan Todorov
111. L'Évangile au risque de la psychanalyse (tome 1)
par Françoise Dolto
112. Un enfant dans l'asile, *par Jean Sandretto*
113. Recherche de Proust, *ouvrage collectif*
114. La Question homosexuelle
par Marc Oraison
115. De la psychose paranoïaque dans ses rapports
avec la personnalité, *par Jacques Lacan*
116. Sade, Fourier, Loyola, *par Roland Barthes*
117. Une société sans école, *par Ivan Illich*
118. Mauvaises Pensées d'un travailleur social
par Jean-Marie Geng
119. Albert Camus, *par Herbert R. Lottman*
120. Poétique de la prose, *par Tzvetan Todorov*
121. Théorie d'ensemble, *par Tel Quel*
122. Némésis médicale, *par Ivan Illich*
123. La Méthode
1. La Nature de la Nature, *par Edgar Morin*
124. Le Désir et la Perversion, *ouvrage collectif*

125. Le Langage, cet inconnu, *par Julia Kristeva*
126. On tue un enfant, *par Serge Leclaire*
127. Essais critiques, *par Roland Barthes*
128. Le Je-ne-sais-quoi et le Presque-rien
1. La manière et l'occasion
par Vladimir Jankélévitch
129. L'Analyse structurale du récit, Communications 8
ouvrage collectif
130. Changements, Paradoxes et Psychothérapie
par P. Watzlawick, J. Weakland et R. Fisch
131. Onze Études sur la poésie moderne
par Jean-Pierre Richard
132. L'Enfant arriéré et sa mère, *par Maud Mannoni*
133. La Prairie perdue (Le roman américain)
par Jacques Cabau
134. Le Je-ne-sais-quoi et le Presque-rien
2. La méconnaissance, *par Vladimir Jankélévitch*
135. Le Plaisir du texte, *par Roland Barthes*
136. La Nouvelle Communication, *ouvrage collectif*
137. Le Vif du sujet, *par Edgar Morin*
138. Théories du langage, Théories de l'apprentissage
par le Centre Royaumont
139. Baudelaire, la Femme et Dieu, *par Pierre Emmanuel*
140. Autisme et Psychose de l'enfant, *par Frances Tustin*
141. Le Harem et les Cousins, *par Germaine Tillion*
142. Littérature et Réalité, *ouvrage collectif*
143. La Rumeur d'Orléans, *par Edgar Morin*
144. Partage des femmes, *par Eugénie Lemoine-Luccioni*
145. L'Évangile au risque de la psychanalyse (tome 2)
par Françoise Dolto
146. Rhétorique générale, *par le Groupe μ*
147. Système de la Mode, *par Roland Barthes*
148. Démasquer le réel, *par Serge Leclaire*
149. Le Juif imaginaire, *par Alain Finkielkraut*
150. Travail de Flaubert, *ouvrage collectif*
151. Journal de Californie, *par Edgar Morin*
152. Pouvoirs de l'horreur, *par Julia Kristeva*
153. Introduction à la philosophie de l'histoire de Hegel
par Jean Hyppolite
154. La Foi au risque de la psychanalyse
par Françoise Dolto et Gérard Sévérin
155. Un lieu pour vivre, *par Maud Mannoni*
156. Scandale de la vérité, *suivi de*
Nous autres, Français, *par Georges Bernanos*
157. Enquête sur les idées contemporaines
par Jean-Marie Domenach
158. L'Affaire Jésus, *par Henri Guillemin*
159. Paroles d'étranger, *par Elie Wiesel*
160. Le Langage silencieux, *par Edward T. Hall*
161. La Rive gauche, *par Herbert R. Lottman*

162. La Réalité de la réalité, *par Paul Watzlawick*
163. Les Chemins de la vie, *par Joël de Rosnay*
164. Dandies, *par Roger Kempf*
165. Histoire personnelle de la France, *par François George*
166. La Puissance et la Fragilité, *par Jean Hamburger*
167. Le Traité du sablier, *par Ernst Jünger*
168. Pensée de Rousseau, *ouvrage collectif*
169. La Violence du calme, *par Viviane Forrester*
170. Pour sortir du XXe siècle, *par Edgar Morin*
171. La Communication, Hermès 1, *par Michel Serres*
172. Sexualités occidentales, Communications 35
ouvrage collectif
173. Lettre aux Anglais, *par Georges Bernanos*
174. La Révolution du langage poétique
par Julia Kristeva
175. La Méthode
2. La Vie de la Vie, *par Edgar Morin*
176. Théories du symbole, *par Tzvetan Todorov*
177. Mémoires d'un névropathe
par Daniel Paul Schreber
178. Les Indes, *par Édouard Glissant*
179. Clefs pour l'Imaginaire ou l'Autre Scène
par Octave Mannoni
180. La Sociologie des organisations, *par Philippe Bernoux*
181. Théorie des genres, *ouvrage collectif*
182. Le Je-ne-sais-quoi et le Presque-rien
3. La volonté de vouloir, *par Vladimir Jankélévitch*
183. Traité du rebelle, *par Ernst Jünger*
184. Un homme en trop, *par Claude Lefort*
185. Théâtres, *par Bernard Dort*
186. Le Langage du changement, *par Paul Watzlawick*
187. Lettre ouverte à Freud, *par Lou Andréas-Salomé*
188. La Notion de littérature, *par Tzvetan Todorov*
189. Choix de poèmes, *par Jean-Claude Renard*
190. Le Langage et son doube, *par Julien Green*
191. Au-delà de la culture, *par Edward T. Hall*
192. Au jeu du désir, *par Françoise Dolto*
193. Le Cerveau planétaire, *par Joël de Rosnay*
194. Suite anglaise, *par Julien Green*
195. Michelet, *par Roland Barthes*
196. Hugo, *par Henri Guillemin*
197. Zola, *par Marc Bernard*
198. Apollinaire, *par Pascal Pia*
199. Paris, *par Julien Green*
200. Voltaire, *par René Pomeau*
201. Montesquieu, *par Jean Starobinski*
202. Anthologie de la peur, *par Éric Jourdan*
203. La Paradoxe de la morale, *par Vladimir Jankélévitch*
204. Saint-Exupéry, *par Luc Estang*
205. Leçon, *par Roland Barthes.*

Collection Points

SÉRIE ACTUELS

Derniers titres parus

A46. La Malbouffe, *par Stella et Joël de Rosnay*
A47. Médecin de la liberté, *par Paul Milliez*
A48. Un Juif pas très catholique, *par Alexandre Minkowski*
A49. Un voyage en Océanie, *par Jean-Claude Guillebaud*
A50. Au coin de la rue, l'aventure
par Pascal Bruckner et Alain Finkielkraut
A51. John Reed, *par Robert Rosenstone*
A52. Le Tabouret de Piotr, *par Jean Kéhayan*
A53. Le Temps qui tue, le temps qui guérit
par le Dr Fernand Attali
A54. La Lumière médicale, *par Norbert Bensaïd*
A55. Californie (Le nouvel âge)
par Sylvie Crossman et Édouard Fenwick
A56. La Politique du mâle, *par Kate Millett*
A57. Contraception, Grossesse, IVG
par Pierrette Bello, Catherine Dolto et Aline Schiffmann
A58. Marthe, *anonyme*
A59. Pour un nouveau-né sans risque
par Alexandre Minkowski
A60. La Vie, tu parles, *par Libération*
A61. Les Bons Vins et les Autres
par Pierre-Marie Doutrelant
A62. Comment peut-on être breton?
par Morvan Lebesque
A63. Les Français, *par Theodore Zeldin*
A64. La Naissance d'une famille, *par T. Berry Brazelton*
A65. Hospitalité française, *par Tahar Ben Jelloun*
A66. L'Enfant à tout prix
par Geneviève Delaisi de Parseval et Alain Janaud
A67. La Rouge Différence, *par Françoise Edmonde Morin*
A68. Regard sur les Françaises, *par Michèle Sarde*
A69. A hurler le soir au fond des collèges
par Claude Duneton avec la collaboration de Frédéric Pagès
A70. L'Avenir en face, *par Alain Minc*
A71. Je t'aime d'amitié, *par la revue «Autrement»*
A72. Couples !, *par la revue «Autrement»*
A73. Le Sanglot de l'homme blanc, *par Pascal Bruckner*
A74. BCBG, le guide du bon chic bon genre
par Thierry Mantoux
A75. Ils partiront dans l'ivresse, *par Lucie Aubrac*
A76. Tant qu'il y aura des profs
par Hervé Hamon et Patrick Rotman
A77. Femmes à 50 ans, *par Michèle Thiriet et Suzanne Képès*

A78. Sky my husband, *par Jean-Loup Chiflet*
A79. Tous ensemble, *par François de Closets*
A80. Les Instits. Enquête sur l'école primaire
par Nicole Gauthier, Catherine Guigon et Maurice A. Guillot
A81. Objectif bébé. Une nouvelle science : la bébologie
par la revue « Autrement »
A82. Nous l'avons tant aimée, la révolution
par Dany Cohn-Bendit
A83. Enfances, *par Françoise Dolto*
A84. Orient Extrême, *par Robert Guillain*
A85. Aventurières en crinoline, *par Christel Mouchard*
A86. A la soupe !, *par Plantu*
A87. Kilos de plume, kilos de plomb
par Jean-Louis Yaïch et Gérard Apfeldorfer
A88. Grands reportages, *ouvrage collectif*

Collection Points

SÉRIE HISTOIRE

H1. Histoire d'une démocratie : Athènes
des origines à la conquête macédonienne
par Claude Mossé
H2. Histoire de la pensée européenne
1. L'éveil intellectuel de l'Europe du IXe au XIIe siècle
par Philippe Wolff
H3. Histoire des populations françaises et de leurs attitudes devant la vie depuis le XVIIIe siècle, *par Philippe Ariès*
H4. Venise, portait historique d'une cité
par Philippe Braunstein et Robert Delort
H5. Les Troubadours, *par Henri-Irénée Marrou*
H6. La Révolution industrielle (1780-1880)
par Jean-Pierre Rioux
H7. Histoire de la pensée européenne
4. Le Siècle des Lumières, *par Norman Hampson*
H8. Histoire de la pensée européenne
3. Des humanistes aux hommes de science
par Robert Mandrou
H9. Histoire du Japon et des Japonais
1. Des origines à 1945, *par Edwin O. Reischauer*
H10. Histoire du Japon et des Japonais
2. De 1945 à 1970, *par Edwin O. Reischauer*
H11. Les Causes de la Première Guerre mondiale
par Jacques Droz
H12. Introduction à l'histoire de notre temps. L'Ancien Régime et la Révolution, *par René Rémond*
H13. Introduction à l'histoire de notre temps. Le XIXe siècle
par René Rémond
H14. Introduction à l'histoire de notre temps. Le XXe siècle
par René Rémond
H15. Photographie et Société, *par Gisèle Freund*
H16. La France de Vichy (1940-1944), *par Robert O. Paxton*
H17. Société et Civilisation russes au XIXe siècle
par Constantin de Grunwald
H18. La Tragédie de Cronstadt (1921), *par Paul Avrich*
H19. La Révolution industrielle du Moyen Age, *par Jean Gimpel*
H20. L'Enfant et la Vie familiale sous l'Ancien Régime
par Philippe Ariès
H21. De la connaissance historique, *par Henri-Irénée Marrou*
H22. Malraux, une vie dans le siècle, *par Jean Lacouture*
H23. Le Rapport Khrouchtchev et son histoire
par Branko Lazitch
H24 Le Mouvement paysan chinois (1840-1949)
par Jean Chesneaux

H25. Les Misérables dans l'Occident médiéval
par Jean-Louis Goglin
H26. La Gauche en France depuis 1900, *par Jean Touchard*
H27. Histoire de l'Italie du Risorgimento à nos jours
par Sergio Romano
H28. Genèse médiévale de la France moderne, XIVe-XVe siècle
par Michel Mollat
H29. Décadence romaine ou Antiquité tardive ? IIIe-VIe siècle
par Henri-Irénée Marrou
H30. Carthage ou l'Empire de la mer, *par François Decret*
H31. Essais sur l'histoire de la mort en Occident
du Moyen Age à nos jours, *par Philippe Ariès*
H32. Le Gaullisme (1940-1969), *par Jean Touchard*
H33. Grenadou, paysan français
par Ephraïm Grenadou et Alain Prévost
H34. Piété baroque et Déchristianisation en Provence
au XVIIIe siècle, *par Michel Vovelle*
H35. Histoire générale de l'Empire romain
1. Le Haut-Empire, *par Paul Petit*
H36. Histoire générale de l'Empire romain
2. La crise de l'Empire, *par Paul Petit*
H37. Histoire générale de l'Empire romain
3. Le Bas-Empire, *par Paul Petit*
H38. Pour en finir avec le Moyen Age, *par Régine Pernoud*
H39. La Question nazie, *par Pierre Ayçoberry*
H40. Comment on écrit l'histoire, *par Paul Veyne*
H41. Les Sans-culottes, *par Albert Soboul*
H42. Léon Blum, *par Jean Lacouture*
H43. Les Collaborateurs (1940-1945), *par Pascal Ory*
H44. Le Fascisme italien (1919-1945)
par Pierre Milza et Serge Berstein
H45. Comprendre la révolution russe, *par Martin Malia*
H46. Histoire de la pensée européenne
6. L'ère des masses, *par Michael D. Biddiss*
H47. Naissance de la famille moderne, *par Edward Shorter*
H48. Mythe de la procréation à l'âge baroque
par Pierre Darmon
H49. Histoire de la bourgeoisie en France
1. Des origines aux temps modernes
par Régine Pernoud
H50. Histoire de la bourgeoisie en France
2. Les Temps modernes, *par Régine Pernoud*
H51. Histoire des passions françaises (1848-1945)
1. Ambition et amour, *par Theodore Zeldin*
H52. Histoire des passions françaises (1848-1945)
2. Orgueil et intelligence, *par Theodore Zeldin*
H53. Histoire des passions françaises (1848-1945)
3. Goût et corruption, *par Theodore Zeldin*
H54. Histoire des passions françaises (1848-1945)
4. Colère et politique, *par Theodore Zeldin*

H55. Histoire des passions françaises (1848-1945)
5. Anxiété et hypocrisie, *par Theodore Zeldin*
H56. Histoire de l'éducation dans l'Antiquité
1. Le monde grec, *par Henri-Irénée Marrou*
H57. Histoire de l'éducation dans l'Antiquité
2. Le monde romain, *par Henri-Irénée Marrou*
H58. La Faillite du Cartel, 1924-1926
(Leçon d'histoire pour une gauche au pouvoir)
par Jean-Noël Jeanneney
H59. Les Porteurs de valises
par Hervé Hamon et Patrick Rotman
H60. Histoire de la guerre d'Algérie (1954-1962)
par Bernard Droz et Evelyne Lever
H61. Les Occidentaux, *par Alfred Grosser*
H62. La Vie au Moyen Age, *par Robert Delort*
H63. Politique étrangère de la France (La Décadence 1932-1939)
par Jean-Baptiste Duroselle
H64. Histoire de la guerre froide
1. De la révolution d'Octobre à la guerre de Corée
1917-1950, *par André Fontaine*
H65. Histoire de la guerre froide
2. De la guerre de Corée à la crise des alliances, 1950-1963
par André Fontaine
H66. Les Incas, *par Alfred Métraux*
H67. Les Écoles historiques, *par Guy Bourdé et Hervé Martin*
H68. Le Nationalisme français, 1871-1914, *par Raoul Girardet*
H69. La Droite révolutionnaire, 1885-1914, *par Zeev Sternhell*
H70. L'Argent caché, *par Jean-Noël Jeanneney*
H71. Histoire économique de la France du XVIIIe siècle à nos jours
1. De l'Ancien Régime à la Première Guerre mondiale
par Jean-Charles Asselain
H72. Histoire économique de la France du XVIIIe siècle à nos jours
2. De 1919 à la fin des années 1970
par Jean-Charles Asselain
H73. La Vie politique sous la IIIe République, *par Jean-Marie Mayeur*
H74. La Grèce archaïque d'Homère à Eschyle, *par Claude Mossé*
H75. Histoire de la « détente » 1962-1981, *par André Fontaine*
H76. Études sur la France de 1939 à nos jours
par la revue « L'Histoire »
H77. L'Afrique au XXe siècle, *par Elikia M'Bokolo*
H78. Les Intellectuels au Moyen Age, *par Jacques Le Goff*
H79. Fernand Pelloutier, *par Jacques Julliard*
H80. L'Église des premiers temps, *par Jean Daniélou*
H81. L'Église de l'Antiquité tardive, *par Henri-Irénée Marrou*
H82. L'Homme devant la mort
1. Le temps des gisants, *par Philippe Ariès*
H83. L'Homme devant la mort
2. La mort ensauvagée, *par Philippe Ariès*
H84. Le Tribunal de l'impuissance, *par Pierre Darmon*
H85. Histoire générale du XXe siècle

1. Jusqu'en 1949. Déclins européens
par Bernard Droz et Anthony Rowley

H86. Histoire générale du xxe siècle
2. Jusqu'en 1949. La naissance du monde contemporain
par Bernard Droz et Anthony Rowley

H87. La Grèce ancienne, *par la revue « L'Histoire »*

H88. Les Ouvriers dans la société française
par Gérard Noiriel

H89. Les Américains de 1607 à nos jours
1. Naissance et essor des États-Unis, 1607-1945
par André Kaspi

H90. Les Américains de 1607 à nos jours
2. Les États-Unis de 1945 à nos jours
par André Kaspi

H91. Le Sexe et l'Occident, *par Jean-Louis Flandrin*

H92. Le Propre et le Sale, *par Georges Vigarello*

H93. La Guerre d'Indochine, 1945-1954, *par Jacques Dalloz*

H94. L'Édit de Nantes et sa révocation, *par Janine Garrisson*

H95. Les Chambres à gaz, secret d'État
par Eugen Kogon, Hermann Langbein, Adalbert Rückerl

H96. Histoire générale du xxe siècle
3. Depuis 1950. Expansion et indépendance (1950-1973)
par Bernard Droz et Anthony Rowley

H97. La France hexagonale, *par Michel Winock*

H98. La Révolution en questions, *par Jacques Solé*

H99. Les Byzantins, *par Alain Ducellier*

H100. Les Croisades, *par la revue « L'Histoire »*

H101. La Chute de la monarchie (1787-1792)
par Michel Vovelle

H102. La République jacobine (10 août 1792-9 Thermidor an II)
par Marc Bouloiseau

H103. La République bourgeoise (de Thermidor à Brumaire, 1794-1799)
par Denis Woronoff

H104 La France napoléonienne (1799-1815)
I. Aspects intérieurs, *par Louis Bergeron*

H105 La France napoléonienne (1799-1815)
II. Aspects extérieurs, *par Roger Dufraisse* (à paraître)

H106 La France des notables (1815-1848)
I. L'évolution générale, *par André Jardin et André-Jean Tudesq*

H107. La France des notables (1815-1848)
II. La vie de la nation, *par André Jardin et André-Jean Tudesq*

H108. 1848 ou l'Apprentissage de la république (1848-1852)
par Maurice Agulhon

H109. De la fête impériale au mur des fédérés (1852-1871)
par Alain Plessis

H110. Les Débuts de la Troisième République (1871-1898)
par Jean-Marie Mayeur

H111. La République radicale ? (1898-1914)
par Madeleine Rebérioux

H112. La Fin d'un monde (1914-1929)
par Jean-Jacques Becker et Serge Berstein (à paraître)
H113. La Crise des années 30 (1929-1938)
par Dominique Borne et Henri Dubief
H114. De Munich à la Libération (1938-1944)
par Jean-Pierre Azéma
H115. La France de la Quatrième République (1944-1958)
1. L'ardeur et la nécessité (1944-1952)
par Jean-Pierre Rioux
H116. La France et la Quatrième République (1944-1958)
2. L'expansion et l'impuissance (1952-1958)
par Jean-Pierre Rioux
H117. La France de l'expansion (1958-1974)
1. La République gaullienne (1958-1969)
par Serge Berstein
H118. La France de l'expansion (1958-1974)
2. Croissance et crise (1969-1974)
par Serge Berstein et Jean-Pierre Rioux (à paraître)
H119. La France de 1974 à nos jours
par Jean-Jacques Becker (à paraître)
H121. Les Paysans dans la société française
par Annie Moulin
H122. Portrait historique de Christophe Colomb
par Marianne Mahn-Lot
H123. Vie et Mort de l'ordre du Temple
par Alain Demurger
H124. La Guerre d'Espagne, *par Guy Hermet*
H125. Histoire de France
sous la direction de Jean Carpentier et François Lebrun
H126. Empire colonial et Capitalisme français
par Jacques Marseille
H127. Genèse culturelle de l'Europe, Ve-VIIIe siècle
par Michel Banniard

Collection Points

SÉRIE ROMAN

R1. Le Tambour, *par Günter Grass*
R2. Le Dernier des Justes, *par André Schwarz-Bart*
R3. Le Guépard, *par Giuseppe Tomasi di Lampedusa*
R4. La Côte sauvage, *par Jean-René Huguenin*
R5. Acid Test, *par Tom Wolfe*
R6. Je vivrai l'amour des autres, *par Jean Cayrol*
R7. Les Cahiers de Malte Laurids Brigge
par Rainer Maria Rilke
R8. Moha le fou, Moha le sage, *par Tahar Ben Jelloun*
R9. L'Horloger du Cherche-Midi, *par Luc Estang*
R10. Le Baron perché, *par Italo Calvino*
R11. Les Bienheureux de La Désolation, *par Hervé Bazin*
R12. Salut Galarneau !, *par Jacques Godbout*
R13. Cela s'appelle l'aurore, *par Emmanuel Roblès*
R14. Les Désarrois de l'élève Törless, *par Robert Musil*
R15. Pluie et Vent sur Télumée Miracle
par Simone Schwarz-Bart
R16. La Traque, *par Herbert Lieberman*
R17. L'Imprécateur, *par René-Victor Pilhes*
R18. Cent Ans de solitude, *par Gabriel Garcia Marquez*
R19. Moi d'abord, *par Katherine Pancol*
R20. Un jour, *par Maurice Genevoix*
R21. Un pas d'homme, *par Marie Susini*
R22. La Grimace, *par Heinrich Böll*
R23. L'Age du tendre, *par Marie Chaix*
R24. Une tempête, *par Aimé Césaire*
R25. Moustiques, *par William Faulkner*
R26. La Fantaisie du voyageur, *par François-Régis Bastide*
R27. Le Turbot, *par Günter Grass*
R28. Le Parc, *par Philippe Sollers*
R29. Ti Jean L'horizon, *par Simone Schwarz-Bart*
R30. Affaires étrangères, *par Jean-Marc Roberts*
R31. Nedjma, *par Kateb Yacine*
R32. Le Vertige, *par Evguénia Guinzbourg*
R33. La Motte rouge, *par Maurice Genevoix*
R34. Les Buddenbrook, *par Thomas Mann*
R35. Grand Reportage, *par Michèle Manceaux*
R36. Isaac le mystérieux (Le ver et le solitaire)
par Jerome Charyn
R37. Le Passage, *par Jean Reverzy*
R38. Chesapeake, *par James A. Michener*
R39. Le Testament d'un poète juif assassiné
par Elie Wiesel
R40. Candido, *par Leonardo Sciascia*
R41. Le Voyage à Paimpol, *par Dorothée Letessier*

R42. L'Honneur perdu de Katharina Blum, *par Heinrich Böll*
R43. Le Pays sous l'écorce, *par Jacques Lacarrière*
R44. Le Monde selon Garp, *par John Irving*
R45. Les Trois Jours du cavalier, *par Nicole Ciravégna*
R46. Nécropolis, *par Herbert Lieberman*
R47. Fort Saganne, *par Louis Gardel*
R48. La Ligne 12, *par Raymond Jean*
R49. Les Années de chien, *par Günter Grass*
R50. La Réclusion solitaire, *par Tahar Ben Jelloun*
R51. Senilità, *par Italo Svevo*
R52. Trente Mille Jours, *par Maurice Genevoix*
R53. Cabinet Portrait, *par Jean-Luc Benoziglio*
R54. Saison violente, *par Emmanuel Roblès*
R55. Une comédie française, *par Erik Orsenna*
R56. Le Pain nu, *par Mohamed Choukri*
R57. Sarah et le Lieutenant français, *par John Fowles*
R58. Le Dernier Viking, *par Patrick Grainville*
R59. La Mort de la phalène, *par Virginia Woolf*
R60. L'Homme sans qualités, tome 1, *par Robert Musil*
R61. L'Homme sans qualités, tome 2, *par Robert Musil*
R62. L'Enfant de la mer de Chine, *par Didier Decoin*
R63. Le Professeur et la Sirène
par Giuseppe Tomasi di Lampedusa
R64. Le Grand Hiver, *par Ismaïl Kadaré*
R65. Le Cœur du voyage, *par Pierre Moustiers*
R66. Le Tunnel, *par Ernesto Sabato*
R67. Kamouraska, *par Anne Hébert*
R68. Machenka, *par Vladimir Nabokov*
R69. Le Fils du pauvre, *par Mouloud Feraoun*
R70. Cités à la dérive, *par Stratis Tsirkas*
R71. Place des Angoisses, *par Jean Reverzy*
R72. Le Dernier Chasseur, *par Charles Fox*
R73. Pourquoi pas Venise, *par Michèle Manceaux*
R74. Portrait de groupe avec dame, *par Heinrich Böll*
R75. Lunes de fiel, *par Pascal Bruckner*
R76. Le Canard de bois (Les Fils de la Liberté, I)
par Louis Caron
R77. Jubilee, *par Margaret Walker*
R78. Le Médecin de Cordoue, *par Herbert Le Porrier*
R79. Givre et Sang, *par John Cowper Powys*
R80. La Barbare, *par Katherine Pancol*
R81. Si par une nuit d'hiver un voyageur, *par Italo Calvino*
R82. Gerardo Laïn, *par Michel del Castillo*
R83. Un amour infini, *par Scott Spencer*
R84. Une enquête au pays, *par Driss Chraïbi*
R85. Le Diable sans porte (*tome 1* : Ah, mes aïeux!)
par Claude Duneton
R86. La Prière de l'absent, *par Tahar Ben Jelloun*
R87. Venise en hiver, *par Emmanuel Roblès*
R88. La Nuit du Décret, *par Michel del Castillo*

R89. Alejandra, *par Ernesto Sabato*
R90. Plein Soleil, *par Marie Susini*
R91. Les Enfants de fortune, *par Jean-Marc Roberts*
R92. Protection encombrante, *par Heinrich Böll*
R93. Lettre d'excuse, *par Raphaële Billetdoux*
R94. Le Voyage indiscret, *par Katherine Mansfield*
R95. La Noire, *par Jean Cayrol*
R96. L'Obsédé (L'Amateur), *par John Fowles*
R97. Siloé, *par Paul Gadenne*
R98. Portrait de l'artiste en jeune chien, *par Dylan Thomas*
R99. L'Autre, *par Julien Green*
R100. Histoires pragoises, *par Rainer Maria Rilke*
R101. Bélibaste, *par Henri Gougaud*
R102. Le Ciel de la Kolyma (Le Vertige, II) *par Evguénia Guinzbourg*
R103. La Mulâtresse Solitude, *par Simone Schwarz-Bart*
R104. L'Homme du Nil, *par Stratis Tsirkas*
R105. La Rhubarbe, *par René-Victor Pilhes*
R106. Gibier de potence, *par Kurt Vonnegut*
R107. Memory Lane, *par Patrick Modiano dessins de Pierre Le Tan*
R108. L'Affreux Pastis de la rue des Merles *par Carlo Emilio Gadda*
R109. La Fontaine obscure, *par Raymond Jean*
R110. L'Hôtel New Hampshire, *par John Irving*
R111. Les Immémoriaux, *par Victor Segalen*
R112. Cœur de lièvre, *par John Updike*
R113. Le Temps d'un royaume, *par Rose Vincent*
R114. Poisson-chat, *par Jerome Charyn*
R115. Abraham de Brooklyn, *par Didier Decoin*
R116. Trois Femmes, *suivi de* Noces, *par Robert Musil*
R117. Les Enfants du sabbat, *par Anne Hébert*
R118. La Palmeraie, *par François-Régis Bastide*
R119. Maria Republica, *par Agustin Gomez-Arcos*
R120. La Joie, *par Georges Bernanos*
R121. Incognito, *par Petru Dumitriu*
R122. Les Forteresses noires, *par Patrick Grainville*
R123. L'Ange des ténèbres, *par Ernesto Sabato*
R124. La Fiera, *par Marie Susini*
R125. La Marche de Radetzky, *par Joseph Roth*
R126. Le vent souffle où il veut *par Paul-André Lesort*
R127. Si j'étais vous..., *par Julien Green*
R128. Le Mendiant de Jérusalem, *par Elie Wiesel*
R129. Mortelle, *par Christopher Frank*
R130. La France m'épuise, *par Jean-Louis Curtis*
R131. Le Chevalier inexistant, *par Italo Calvino*
R132. Dialogues des Carmélites, *par Georges Bernanos*
R133. L'Étrusque, *par Mika Waltari*
R134. La Rencontre des hommes, *par Benigno Cacérès*

R135. Le Petit Monde de Don Camillo
par Giovanni Guareschi
R136. Le Masque de Dimitrios, *par Eric Ambler*
R137. L'Ami de Vincent, *par Jean-Marc Roberts*
R138. Un homme au singulier, *par Christopher Isherwood*
R139. La Maison du désir, *par France Huser*
R140. Moi et ma cheminée, *par Herman Melville*
R141. Les Fous de Bassan, *par Anne Hébert*
R142. Les Stigmates, *par Luc Estang*
R143. Le Chat et la Souris, *par Günter Grass*
R144. Loïca, *par Dorothée Letessier*
R145. Paradiso, *par José Lezama Lima*
R146. Passage de Milan, *par Michel Butor*
R147. Anonymus, *par Michèle Manceaux*
R148. La Femme du dimanche
par Carlo Fruttero et Franco Lucentini
R149. L'Amour monstre, *par Louis Pauwels*
R150. L'Arbre à soleils, *par Henri Gougaud*
R151. Traité du zen et de l'entretien des motocyclettes
par Robert M. Pirsig
R152. L'Enfant du cinquième Nord, *par Pierre Billon*
R153. N'envoyez plus de roses, *par Eric Ambler*
R154. Les Trois Vies de Babe Ozouf, *par Didier Decoin*
R155. Le Vert Paradis, *par André Brincourt*
R156. Varouna, *par Julien Green*
R157. L'Incendie de Los Angeles, *par Nathanaël West*
R158. Les Belles de Tunis, *par Nine Moati*
R159. Vertes Demeures, *par William Henry Hudson*
R160. Les Grandes Vacances, *par Francis Ambrière*
R161. Ceux de 14, *par Maurice Genevoix*
R162. Les Villes invisibles, *par Italo Calvino*
R163. L'Agent secret, *par Graham Greene*
R164. La Lézarde, *par Edouard Glissant*
R165. Le Grand Escroc, *par Herman Melville*
R166. Lettre à un ami perdu, *par Patrick Besson*
R167. Evaristo Carriego, *par Jorge Luis Borges*
R168. La Guitare, *par Michel del Castillo*
R169. Épitaphe pour un espion, *par Eric Ambler*
R170. Fin de saison au Palazzo Pedrotti, *par Frédéric Vitoux*
R171. Jeunes Années. Autobiographie 1, *par Julien Green*
R172. Jeunes Années. Autobiographie 2, *par Julien Green*
R173. Les Égarés, *par Frédérick Tristan*
R174. Une affaire de famille, *par Christian Giudicelli*
R175. Le Testament amoureux, *par Rezvani*
R176. C'était cela notre amour, *par Marie Susini*
R177. Souvenirs du triangle d'or, *par Alain Robbe-Grillet*
R178. Les Lauriers du lac de Constance, *par Marie Chaix*
R179. Plan B, *par Chester Himes*
R180. Le Sommeil agité, *par Jean-Marc Roberts*
R181. Roman Roi, *par Renaud Camus*

R182. Vingt Ans et des poussières, *par Didier van Cauwelaert*
R183. Le Château des destins croisés, *par Italo Calvino*
R184. Le Vent de la nuit, *par Michel del Castillo*
R185. Une curieuse solitude, *par Philippe Sollers*
R186. Les Trafiquants d'armes, *par Eric Ambler*
R187. Un printemps froid, *par Danièle Sallenave*
R188. Mickey l'Ange, *par Geneviève Dormann*
R189. Histoire de la mer, *par Jean Cayrol*
R190. Senso, *par Camillo Boito*
R191. Sous le soleil de Satan, *par Georges Bernanos*
R192. Niembsch ou l'immobilité, *par Peter Härtling*
R193. Prends garde à la douceur des choses
par Raphaële Billetdoux
R194. L'Agneau carnivore, *par Agustin Gomez-Arcos*
R195. L'Imposture, *par Georges Bernanos*
R196. Ararat, *par D. M. Thomas*
R197. La Croisière de l'angoisse, *par Eric Ambler*
R198. Léviathan, *par Julien Green*
R199. Sarnia, *par Gerald Basil Edwards*
R200. Le Colleur d'affiches, *par Michel del Castillo*
R201. Un mariage poids moyen, *par John Irving*
R202. John l'Enfer, *par Didier Decoin*
R203. Les Chambres de bois, *par Anne Hébert*
R204. Mémoires d'un jeune homme rangé
par Tristan Bernard
R205. Le Sourire du Chat, *par François Maspero*
R206. L'Inquisiteur, *par Henri Gougaud*
R207. La Nuit américaine, *par Christopher Frank*
R208. Jeunesse dans une ville normande
par Jacques-Pierre Amette
R209. Fantôme d'une puce, *par Michel Braudeau*
R210. L'Avenir radieux, *par Alexandre Zinoviev*
R211. Constance D., *par Christian Combaz*
R212. Épaves, *par Julien Green*
R213. La Leçon du maître, *par Henry James*
R214. Récit des temps perdus, *par Aris Fakinos*
R215. La Fosse aux chiens, *par John Cowper Powys*
R216. Les Portes de la forêt, *par Elie Wiesel*
R217. L'Affaire Deltchev, *par Eric Ambler*
R218. Les amandiers sont morts de leurs blessures
par Tahar Ben Jelloun
R219. L'Admiroir, *par Anny Duperey*
R220. Les Grands Cimetières sous la lune
par Georges Bernanos
R221. La Créature, *par Étienne Barilier*
R222. Un Anglais sous les tropiques, *par William Boyd*
R223. La Gloire de Dina, *par Michel del Castillo*
R224. Poisson d'amour, *par Didier van Cauwelaert*
R225. Les Yeux fermés, *par Marie Susini*
R226. Cobra, *par Severo Sarduy*

R227. Cavalerie rouge, *par Isaac Babel*
R228. Tous les soleils, *par Bertrand Visage*
R229. Pétersbourg, *par Andréi Biély*
R230. Récits d'un jeune médecin, *par Mikhaïl Boulgakov*
R231. La Maison des prophètes, *par Nicolas Saudray*
R232. Trois Heures du matin à New York
par Herbert Lieberman
R233. La Mère du printemps, *par Driss Chraïbi*
R234. Adrienne Mesurat, *par Julien Green*
R235. Jusqu'à la mort, *par Amos Oz*
R236. Les Envoûtés, *par Witold Gombrowicz*
R237. Frontière des ténèbres, *par Eric Ambler*
R238. Les Deux Sacrements, *par Heinrich Böll*
R239. Cherchant qui dévorer, *par Luc Estang*
R240. Le Tournant, *par Klaus Mann*
R241. Aurélia, *par France Huser*
R242. Le Sixième Hiver, *par Douglas Orgill et John Gribbin*
R243. Naissance d'un spectre, *par Frédérick Tristan*
R244. Lorelei, *par Maurice Genevoix*
R245. Le Bois de la nuit, *par Djuna Barnes*
R246. La Caverne céleste, *par Patrick Grainville*
R247. L'Alliance, tome 1, *par James A. Michener*
R248. L'Alliance, tome 2, *par James A. Michener*
R249. Juliette, chemin des Cerisiers, *par Marie Chaix*
R250. Le Baiser de la femme-araignée
par Manuel Puig
R251. Le Vésuve, *par Emmanuel Roblès*
R252. Comme neige au soleil, *par William Boyd*
R253. Palomar, *par Italo Calvino*
R254. Le Visionnaire, *par Julien Green*
R255. La Revanche, *par Henry James*
R256. Les Années-lumière, *par Rezvani*
R257. La Crypte des capucins, *par Joseph Roth*
R258. La Femme publique, *par Dominique Garnier*
R259. Maggie Cassidy, *par Jack Kerouac*
R260. Mélancolie Nord, *par Michel Rio*
R261. Énergie du désespoir, *par Eric Ambler*
R262. L'Aube, *par Elie Wiesel*
R263. Le Paradis des orages, *par Patrick Grainville*
R264. L'Ouverture des bras de l'homme
par Raphaële Billetdoux
R265. Méchant, *par Jean-Marc Roberts*
R266. Un policeman, *par Didier Decoin*
R267. Les Corps étrangers, *par Jean Cayrol*
R268. Naissance d'une passion, *par Michel Braudeau*
R269. Dara, *par Patrick Besson*
R270. Parias, *par Pascal Bruckner*
R271. Le Soleil et la Roue, *par Rose Vincent*
R272. Le Malfaiteur, *par Julien Green*
R273. Scarlett, si possible, *par Katherine Pancol*

R274. Journal d'une fille de Harlem, *par Julius Horwitz*
R275. Le Nez de Mazarin, *par Anny Duperey*
R276. La Chasse à la licorne, *par Emmanuel Roblès*
R277. Red Fox, *par Anthony Hyde*
R278. Minuit, *par Julien Green*
R279. L'Enfer, *par René Belletto*
R280. Et si on parlait d'amour, *par Claire Gallois*
R281. Pologne, *par James A. Michener*
R282. Notre homme, *par Louis Gardel*
R283. La Nuit du solstice, *par Herbert Lieberman*
R284. Place de Sienne, côté ombre
par Carlo Fruttero et Franco Lucentini
R285. Meurtre au comité central, *par Manuel Vásquez Montalbán*
R286. L'Isolé soleil, *par Daniel Maximin*
R287. Samedi soir, dimanche matin, *par Alan Silitoe*
R288. Petit Louis, dit XIV, *par Claude Duneton*
R289. Le Perchoir du perroquet, *par Michel Rio*
R290. L'Enfant pain, *par Agustin Gomez-Arcos*
R291. Les Années Lula, *par Rezvani*
R292. Michael K, sa vie, son temps, *par J.M. Coetzee*
R293. La Connaissance de la douleur *par Carlo Emilio Gadda*
R294. Complot à Genève, *par Eric Ambler*
R295. Serena, *par Giovanni Arpino*
R296. L'Enfant de sable, *par Tahar Ben Jellain*
R297. Le Premier Regard, *par Marie Susini*
R298. Regardez-moi, *par Anita Brookner*
R299. La Vie fantôme, *par Danièle Sallenave*
R300. L'Enchanteur, *par Vladimir Nabokov*
R301. L'Ile atlantique, *par Tony Duvert*
R302. Le Grand Cahier, *par Agota Kristof*
R303. Le Manège espagnol, *par Michel del Castillo*
R304. Le Berceau du chat, *par Kurt Vonnegut*
R305. Une histoire américaine, *par Jacques Godbout*
R306. Les Fontaines du grand abîme, *par Luc Estang*
R307. Le Mauvais Lieu, *par Julien Green*
R308. Aventures dans le commerce des peaux en Alaska
par John Hawks
R309. La Vie et demie, *par Sony Labou Tansi*
R310. Jeune Fille en silence, *par Raphaële Billetdoux*
R311. La Maison près du marais, *par Herbert Lieberman*
R312. Godelureaux, *par Éric Ollivier*
R313. La Chambre ouverte, *par France Huser*
R314. L'Œuvre de Dieu, la part du Diable, *par John Irving*
R315. Les Silences ou la vie d'une femme, *par Marie Chaix*
R316. Les Vacances du fantôme, *par Didier van Cauwelaert*
R317. Le Levantin, *par Eric Ambler*
R318. Béno s'en va-t-en guerre, *par Jean-Luc Benoziglio*
R319. Miss Lonelyhearts, *par Nathanaël West*
R320. Cosmicomics, *par Italo Calvino*
R321. Un été à Jérusalem, *par Chochana Boukhobza*

R322. Liaisons étrangères, *par Alison Lurie*
R323. L'Amazone, *par Michel Braudeau*
R324. Le Mystère de la crypte ensorcelée
par Eduardo Mendoza
R325. Le Cri, *par Chochana Boukhobza*
R326. Femmes devant un paysage fluvial, *par Heinrich Böll*
R327. La Grotte, *par Georges Buis*
R328. Bar des flots noirs, *par Olivier Rolin*
R329. Le Stade de Wimbledon, *par Daniele Del Giudice*
R330. Le Bruit du temps, *par Ossip E. Mandelstam*
R331. La Diane rousse, *par Patrick Grainville*
R332. Les Éblouissements, *par Pierre Mertens*
R333. Talgo, *par Vassilis Alexakis*
R334. La Vie trop brève d'Edwin Mulhouse,
par Steven Millhauser
R335. Les Enfants pillards, *par Jean Cayrol*
R336. Les Mystères de Buenos Aires, *par Manuel Puig*
R337. Le Démon de l'oubli, *par Michel del Castillo*
R338. Christophe Colomb, *par Stephen Marlowe*
R339. Le Chevalier et la Reine, *par Christopher Frank*
R340. Autobiographie de tout le monde, *par Gertrude Stein*
R341. Archipel, *par Michel Rio*
R342. Texas, tome 1, *par James A. Michener*
R343. Texas, tome 2, *par James A. Michener*
R344. Loyola's blues, *par Erik Orsenna*
R345. L'Arbre aux trésors, *par Henri Gougaud*
R346. Les Enfants des mots, *par Heinrich Böll*
R347. Les Cent Premières Années de Niño Cochise
par A. Kinney Griffith et Niño Cochise
R348. Vente à la criée du lot 49, *par Thomas Pynchon*
R349. Confessions d'un enfant gâté, *par Jacques-Pierre Amette*
R350. Boulevard des trahisons, *par Thomas Sanchez*
R351. L'Incendie, *par Mohammed Dib*
R352. Le Centaure, *par John Updike*
R353. Une fille cousue de fil blanc, *par Claire Gallois*
R354. L'Adieu aux champs, *par Rose Vincent*
R355. La Ratte, *par Günter Grass*
R356. Le Monde hallucinant, *par Reinaldo Arenas*
R357. L'Anniversaire, *par Mouloud Feraoun*
R358. Le Premier Jardin, *par Anne Hébert*
R359. L'Amant sans domicile fixe
par Carlo Fruttero et Franco Lucentini
R360. L'Atelier du peintre, *par Patrick Grainville*
R361. Le Train vert, *par Herbert Lierberman*
R362. Autopsie d'une étoile, *par Didier Decoin*
R363. Un joli coup de lune, *par Chester Himes*
R364. La Nuit sacrée, *par Tahar Ben Jelloun*
R365. Le Chasseur, *par Carlo Cassola*
R366. Mon père américain, *par Jean-Marc Roberts*
R367. Remise de peine, *par Patrick Modiano*

R368. Le Rêve du singe fou, *par Christopher Frank*
R369. Angelica, *par Bertrand Visage*
R370. Le Grand Homme, *par Claude Delarue*
R371. La Vie comme à Lausanne, *par Erik Orsenna*
R372. Une amie d'Angleterre, *par Anita Brookner*
R373. Norma ou l'exil infini, *par Emmanuel Roblès*
R374. Les Jungles pensives, *par Michel Rio*
R375. Les Plumes du pigeon, *par John Updike*
R376. L'Héritage Schirmer, *par Eric Ambler*